D1731889

Vogel

Beiträge zu einer medizinischen Menschenkunde

Beiträge zu einer medizinischen Menschenkunde

Von der Pathologie zur Therapie
Arbeitsunterlagen des
Bad Boller Medizinischen Seminars

Band 1: Teil I

Von Dr. med. Heinz-Hartmut Vogel

Mit 29 Abbildungen

Karl F. Haug Verlag · Heidelberg

CIP-Kurztitelaufnahme der Deutschen Bibliothek

Beiträge zu einer medizinischen Menschenkunde:

Arbeitsunterlagen d. Bad Boller Med. Seminars. – Heidelberg : Haug

NE: Bad Boller Medizinisches Seminar <1976 – 1983>

Bd. 1. Von der Pathologie zur Therapie / von Heinz-Hartmut Vogel.
Teil I (1984).

ISBN 3-7760-0738-9

NE: Vogel, Heinz-Hartmut [Mitverf.]

Herstellerische Betreuung: Hendrik Bruch

Verlags-Nr. 8434 · ISBN 3-7760-0738-9

Gesamtherstellung: Pilger-Druckerei GmbH, 6720 Speyer

Inhalt

Vorwort

Die in diesem Band (als Teil I und Teil II) abgedruckten Vorlesungs-Manuskripte sind im Laufe der letzten 8 Jahre als „Arbeitsunterlagen des Bad Boller Medizinischen Seminars" entstanden und an die Hörer abgegeben worden. Auf vielfach geäußerten Wunsch werden sie nunmehr gesammelt und nach Themengebieten geordnet herausgegeben. Es ist beabsichtigt, in einem 2. Band weitere „Beiträge zur medizinischen Menschenkunde" verschiedener Autoren mit besonderer Berücksichtigung der Therapie mit homöopathischen Heilmitteln zu veröffentlichen.

Da es sich bei den „Beiträgen zur medizinischen Menschenkunde" um die Inhalte frei vorgetragener ein- bis zweistündiger Seminarvorlesungen handelt, die sich an einem durchgängigen menschenkundlichen Bild orientieren, wird auf dieses „Grundkonzept" immer wieder Bezug genommen. Inhaltliche Überschneidungen mußten deshalb in Kauf genommen werden.

Besonderer Dank gilt Frau *Vera Knür,* der Sekretärin des Bad Boller Medizinischen Seminars, für die langjährige Betreuung der Seminarveranstaltungen und Frau *Brunhilde Hartwig* für die sachkundige Herstellung und Bearbeitung der Tonbandabschriften. Den Mitdozenten verdankt der Herausgeber durch die Teilnahme an deren Seminaren wesentliche Hinweise und Hilfen aus ihrem Fachgebiet.

Die künstlerische Gestaltung der Abbildungen und Skizzen besorgte der Graphiker *Fred Stolle,* Zürich, dem an dieser Stelle herzlich gedankt sei.

Schließlich sei Herrn Dr. *Ewald Fischer* und dem Karl F. Haug Verlag für die Aufforderung und Bereitschaft, die vorliegenden Manuskripte in Buchform herauszubringen, herzlich gedankt.

Bad Boll, im Juni 1984

Dr. med. *Heinz-Hartmut Vogel*

Einführung

Die vorliegenden Vortragsnachschriften sind auf dem Hintergrund einer Anschauung vom Menschen und seiner Sonderstellung in der Natur zu verstehen, deren erste Versuche in der Naturphilosophie im Übergang vom 18. zum 19. Jahrhundert ihren Niederschlag fanden. Das Zeitalter *Goethes* und *Goethe* selbst brachten Entwürfe hervor von einer Evolution von Kosmos und Erde, als deren Achse der Mensch selbst mit einbezogen war[1].

Noch bevor sich das naturwissenschaftlich-physikalische Zeitalter durchzusetzen begann, entfaltete *Goethe* eine Welt- und Naturanschauung, die die in der Natur wirksamen Kräfte nicht vom Menschen trennt, sondern die äußere Natur und ihre ausgebreiteten vielfältigen Erscheinungen als wirkende Kräfte im Menschen wiederfindet: Der Mensch erscheint als „Mikrokosmos im Makrokosmos" *(Goethe)*; „das Tierreich als der auseinandergelegte Mensch" *(Oken)*; im Menschen finden die aus dem Schoße der Natur entlassenen Geschöpfe zur gemeinsamen „Mutter" zurück.

Auf der Suche nach dem Schöpfungsursprung, nach Urbildern, den „Müttern" von Mineral-, Pflanzen- und Tierreich fand *Goethe* als Naturforscher die entsprechenden Grundbegriffe für das Mineralsein im Urgestein; für das Pflanzensein in der Urpflanze und für das Tiersein im Typus des Tierwesens.

Die Spur des Menschen entdeckt *Goethe* in den „Verwandten", in der werdenden Natur (Natura naturans) *) und im Gesetz der Metamorphose. Im Gestaltwandel verborgen wirkt das Naturwesen selbst als Entelechie. Ihre Offenbarung ist die gewordene Natur (Natura naturata).*) Im Menschen tritt das sich wandelnde Wesen selbst in Erscheinung. Er ist der durch die Evolution hindurchschreitende, die werdende Natur in sich tragende „Wanderer". So sind Urgestein, Urpflanze und der Typus des Tieres „Mütterwesen" der Schöpfungsentelechie, die in den Naturreichen draußen stufenweise ihre Abdrücke hinterlassen haben, die jedoch im Menschen urphänomenal das in steter Weiterentwicklung und in Wandlungen befindliche, von Anfang an durchgängige Ich-Wesen

---

*) *Schelling*

9

„Mensch" begleiten. Die Natura naturans nimmt durch den Menschen weiter an der Evolution teil; ja, sie ist identisch mit der sich stetig weiterentwickelnden menschlichen Natur.

Eine Anthropologie, die im Menschen die „Natura naturans" als potentiell wirkende Kräfte aufsucht, gewinnt ein besonderes Verhältnis zur äußeren „gewordenen Natur" und ihren Substanzen.

Samuel Hahnemann (1755—1843), ein unmittelbarer Zeitgenosse *Goethes* (1749—1832) hat mit der Formulierung des therapeutischen Prinzips des similia similibus curentur in genialer Weise die „Verwandtschaft" der äußeren Naturerscheinungen mit der innermenschlichen „Werde-Natur" für die Medizin entdeckt. Aber nicht nur dies. Im pharmazeutischen Prozeß des Potenzierens, dem er die Naturstoffe unterwarf, sah er mit dem gleichen genialen Blick eine Dynamisierung. *Hahnemann* war der Überzeugung, auf dem Wege des Potenzierens (stufenweises Verdünnen durch Schütteln und Verreiben) den bloßen Naturstoff in „geistartige Substanz" zu verwandeln. *Hahnemann* entdeckte und erschloß damit die in der gewordenen Natur schlummernden Kräfte (Potenzen) der werdenden Natur.

Allein die Idee von der Dynamisierung der Naturstoffe zur homöopathischen „geistartigen Arznei" und deren Wirkung auf die „Dynamis" des Menschen rechtfertigen es, *Hahnemann* zum Kreis der Goetheanisten zu zählen[**]. Er schlug so die Brücke auch zu einer neuen Krankheitslehre. Durch die Homöopathie *Hahnemanns* und die Ähnlichkeitsregel wurde der Krankheitsprozeß über die empirisch gefundenen Arzneimittelbilder in seiner „Verwandtschaft" mit der äußeren Natur erkennbar und für die Medizin fruchtbar gemacht: „Die Erkenntnis der Heilmittelwirkungen beruht auf dem Durchschauen der in der außermenschlichen Welt vorhandenen Kraftentwicklungen. Denn, um einen Heilvorgang zu veranlassen muß man Substanzen in den Organismus einführen, die in diesem sich so ausbreiten, daß der Krankheitsvorgang allmählich in einen normalen übergeht. Nun liegt eben das Wesen des krankhaften Vorganges darin, daß innerhalb des Organismus sich etwas abspielt, das sich nicht eingliedert in die Gesamttätigkeit desselben. Das hat ein solcher Vorgang gemeinsam mit einem solchen der äußeren Natur.

[**] hier auch *Karl König*: Samuel Hahnemann und seine Zeit; in „Beiträge zu einer Erweiterung der Heilkunst", Januar/Februar 1955, Stuttgart, Trossinger Straße 53

Man kann sagen: „Entsteht im Inneren des Organismus ein Vorgang, der einem solchen der äußeren Natur ähnlich ist, so tritt Erkrankung ein"[²].

Die Krankheitsanlagen liegen im Menschen, insofern er die Möglichkeit in sich trägt, partiell „Natur" zu werden. Gesund ist der Mensch, wenn er ständig in sich die Tendenz zum Mineralisieren, zum Vegetabilisieren, zum Animalisieren, d. h. selbst zur äußeren Natur zu werden, überwindet. Die Möglichkeit, Gleiches mit Gleichem, Ähnliches mit Ähnlichem zu heilen, ist nur auf diesem Hintergrund verständlich. Der außermenschliche Naturprozeß im Inneren des Organismus, den wir nunmehr Krankheit nennen können, wird dadurch überwunden, daß der entsprechende äußere Naturprozeß (die homöopathisch zubereitete Arznei) wie eine Zweit- oder Kunstkrankheit *(Hahnemann)* ihrerseits überwunden wird. Sie wird dadurch überwunden, daß die dynamisierte (geistartige) Arznei die entsprechenden innermenschlichen potentiellen Kräfte zur Selbsttätigkeit aufruft.

Das Heraustreten der Naturreiche und deren äußerste Differenzierung in Einzelerscheinungen ist vom Gesichtspunkt der Evolution selbst ein „Krankheitsprozeß", da jede Einzelerscheinung des Mineral-, Pflanzen- und Tierseins eine Endform, eine „Sackgasse" *(Goethe)* darstellt und damit den universellen, ganzheitlichen Zusammenhang, wie ihn der Mensch in sich bewahrt, verloren hat.

Heilmittel aus dem Mineral-, Pflanzen- und Tierreich sind somit die Erscheinungsformen eines Naturtypus extremer und endgültiger Einseitigkeit. Diesen Typus im Krankheitsprozeß wiederzufinden, ist die Aufgabe des Arztes. Die Homöopathie stellt die Beziehung von Naturprozeß und Krankheitsprozeß her: „Denn sie hat den Vorzug, daß sie … auf das Ganze des Menschen hingeht, daß sie ein Bild von den Gesamtwirkungen immer ins Auge faßt, daß sie … bestrebt ist, die Brücke hinüberzuschlagen zu den Heilmitteln"[³].

Welches sind die über die Naturreiche hinausführenden, die Universalität und Einheit der Welterscheinungen potentiell im Menschen bewahrenden Kräfte?

Für uns ist dies eine anthropologisch-medizinische Frage. Die menschliche Gestalt ist die in die Erscheinung tretende Entelechie. Wir sprachen vom Menschen als dem Wesen, das im Gestaltwandel sich entfaltet und offenbart. Im Vergleich zur tierischen Organisation ist beim Menschen die Gestalt-*Gliederung* nicht zu übersehen[⁴].

11

Das Tier „schießt" beschleunigt in seiner Embryonalentwicklung in die einseitige Überformung *eines* Gliedbereiches: der Kopfbildung, der Thoraxbildung oder der Leibes-Gliedmaßenbildung. Wir sprechen dann vom Sinnes-Nerven-Typus, vom Atmungs-Herz-Kreislauf-Typus oder vom Stoffwechsel-Bewegungs-Typus.

Neben der einseitigen Ausbildung eines der drei Organisationsprinzipien: Kopf-, Thorax-, Leibesbildung drängt beim Tier eines der vier Kräftezentren — Leber, Lunge, Herz, Nieren — jeweils in den Vordergrund, so daß man auch von Leber-, Lungen-, Herz- oder Nierentieren sprechen könnte.

Sowohl die niederen als auch die höheren Tiere kann man entweder im Sinne einseitig betonter Gestaltgliederung oder nach ihrer organischen Prägung typischen Gruppen zuordnen. Die im Typus fixierte tierische Gestalt- und Kräfteorganisation kennzeichnet das Tier als ein durch seine gesamte Organgestaltung festgelegtes und instinktgebundenes Wesen.

Der Mensch zeigt in seiner Organisation die oben geschilderte *Dreigliedrigkeit*[5] in idealer Weise, insofern die Gliederung in eine obere (Sinnes-Nerven-)Organisation, in eine mittlere (rhythmische) Organisation und eine untere (Stoffwechsel-Gliedmaßen)-Organisation deutlich hervortritt.

Beim Menschen sind die *Verhältnisse* der drei Organisationsglieder das Besondere. Kopf-, Thorax-, Leibesglieder sind in ihrer charakteristischen Ausbildung relativ selbständig, d. h. sie greifen nicht wie beim Tier auf die anderen Teilorganisationen — diese beherrschend — über. Diese relative Freiheit im Zusammenwirken der Gliedorganisationen bedingt zugleich ein freies Kräftespiel in den Beziehungen dieser Gliedorganisationen untereinander. Wir kommen damit zu der entscheidenden, den Menschen auszeichnenden Sonderstellung, indem die drei eigentümlichen Organisationsprinzipien in ein von Augenblick zu Augenblick neues Verhältnis zueinander übergeführt werden. Das durchgängige, die drei Glieder zu einer Einheit Verbindende, nennen wir das Ich.

Es integriert von der Mitte aus (rhythmisches System) den Sinnes-Nerven-Pol mit dem Stoffwechsel-Gliedmaßen-Pol.

Die Paracelsische Medizin sprach von den drei Prinzipien Sal, Merkur, Sulfur. Unter Sal verstand sie die *Verdichtung der lebenden Substanz* im Bereich des Sinnes-Nerven-Systems mit gleichzeitiger Freisetzung jener Kräfte, die im unteren Stoffwechselpol, der Sulfur genannt wurde, die *Bildung der lebenden Substanz* bewirken. Merkur nannte man die integrierende und synthetisierende Kraft, die die Pole ineinander verwandelt, die das Sal-Prinzip in den Sulfur- und das Sulfur-Prinzip in den Sal-Zustand überführt. Durch das merkurielle Prinzip nehmen alle drei Organisationsglieder an der Ganzheit des Organismus teil. Das Ich ist selbst die Ganzheit. Es wirkt in der Wärme und verhindert das Herausfallen der differenzierenden Organkräfte aus der merkurialen Mitte. Hier liegen die gesundenden und die Gesundheit erhaltenden Kräfte verborgen. Jede Therapie, die den Namen verdient, wendet sich an diese, die Heilung, d. h. die Ganzheit wiederherstellende merkuriale Mitte-Funktion.

Ich hoffe, daß diese therapeutische Idee in den nachfolgenden Beiträgen zu einer medizinischen Menschenkunde bei aller Vielfalt der Themen ein geschlossenes Bild vom Wesen der Krankheiten und ihrer Therapie vor dem Auge des Lesers entstehen läßt.

Anmerkungen

[1] In unmittelbarer Nähe *Goethes* steht die Naturphilosophie *Schellings,* der eine naturphilosophische Ärzteschule begründete, die auch auf die Ideen *Hahnemanns* gewirkt hat.
Zu diesem Kreis gehören vor allem die *Schelling*-Schüler, der Arzt *Paul Vitalis Troxler* (1780—1866): „Blicke in das Wesen des Menschen"; *Gotthilf Heinrich von Schubert* (1780—1860): „Geschichte der Natur", „Geschichte des Lebens", „Geschichte der Seele"; *Carl Gustav Carus* (1789—1869): „Physis", „Physiologie", „Symbolik der menschlichen Gestalt", „Psyche".
Friedrich Wilhelm Josef von Schelling (1775—1854): „Vom Ich als Prinzip der Philosophie"; „Ideen zu einer Philosophie der Natur"; „Von der Weltseele"; „Die Weltalter".
Schelling: „Die Natur ist das werdende Ich".
Gegen Ende des 19. und im ersten Drittel des 20. Jahrhunderts tritt die Weltansicht *Goethes* und des „Goethezeitalters" durch die Anthroposophie *Rudolf Steiners* (1861—1925) ins volle Licht der Gegenwart.
[2] *Rudolf Steiner, Ita Wegman:* „Grundlegendes für eine Erweiterung der Heilkunst nach geisteswissenschaftlichen Erkenntnissen", 1925, 15. Kapitel, Das Heilverfahren.
[3] *Rudolf Steiner:* 1. Ärztekurs 1920, 20. Vortrag „Geisteswissenschaft und Medizin", Seite 302; Verlag Zbinden & Hugin, Basel 1937.
[4] *Hermann Poppelbaum:* „Mensch und Tier, fünf Einblicke in ihren Wesensunterschied". Rudolf Geering Verlag, Basel 1942.
Friedrich Kipp: „Höherentwicklung und Menschwerdung", Hippokrates-Verlag, Stuttgart 1948; sowie „Die Evolution des Menschen im Hinblick auf seine lange Jugendzeit", Verlag Freies Geistesleben, Stuttgart 1980.

[5] *Rudolf Steiner:* „Von Seelenrätseln", 6. Anhang, 1917.
Rudolf Steiner: „Der Leib als Ganzes ist für Denken, Fühlen und Wollen Träger des Seelenlebens". „Dreigliederung".

Weitere Grundschriften zur Erarbeitung einer neuen medizinischen Anthropologie:

1. Einleitungen zu Goethes naturwissenschaftlichen Schriften (in: Kürschners deutsche Nationalliteratur), 1884.
2. Grundlinien einer Erkenntnistheorie der Goetheschen Weltanschauung, 1886.
3. Die Philosophie der Freiheit, 1894.
4. Im besonderen ist hinzuweisen auf die vor Ärzten gehaltenen Kurse und das gemeinsam mit Frau Dr. *Ita Wegman* herausgegebene Buch: „Grundlegendes für eine Erweiterung der Heilkunst nach geisteswissenschaftlichen Erkenntnissen", 1925.

Was ist ein Heilmittel?

Was ist ein Heilmittel? — Eine Frage, die wir uns immer wieder neu zu stellen haben. So möchte ich Sie ermuntern, über diese Frage mit mir nachzudenken. Sie läßt sich nur beantworten, wenn wir uns die Vorfrage stellen: Was ist unsere therapeutische Absicht? Was ist eine Krankheit? Wenn wir die Frage nach der Krankheit stellen, müssen wir ein Kriterium haben, um zu beurteilen: Was ist menschliche Gesundheit? Und — von da ausgehend — was macht den Menschen krank?

So ist es von der Fragestellung her notwendig, daß wir uns mit dem Menschen selbst beschäftigen; mit dem Menschen als einem Wesen, das auch ein Naturwesen ist und doch weit über die Natur hinausragt, ja, sich der Natur gegenüberstellen kann.

Was ist die Besonderheit des Menschen? Was ist seine Wesensnatur, aus der heraus wir alleine verstehen können, was seine Gesundheit ist. Zunächst kann man ganz allgemein sagen, daß der Mensch nicht von vornherein gesund ist, daß er sich eigentlich ständig *auf dem Wege* zu seiner Gesundheit befindet; und daß das Gesundsein, das auf-dem-Wege-zur-Gesundheit-sich-Befinden, mit seiner Fähigkeit zusammenhängt, die er — bewußt oder unbewußt — ständig anwendet, die Fähigkeit nämlich, sich in ein individuelles Verhältnis zur Welt, zur Mitwelt und Umwelt zu setzen. Dies beginnt bereits mit der Aufrichte. Der Mensch droht ständig zu fallen. In der Überwindung dieser Tendenz entwickelt und erlebt er die Aufrichte. Dies kann ein Bild sein für die ständige Bedrohung, krank zu werden. Für sein Verhältnis zur Umwelt heißt dies: Der Mensch fühlt sich erst dann zufrieden, wenn er sich in einem ausgewogenen Verhältnis zur Welt befindet. Dies gilt zunächst ganz allgemein. Wenn sich der Mensch dagegen außerhalb seiner Umwelt von ihr isoliert fühlt, sei es von der mitmenschlichen Umwelt, die er schätzt, sei es von einer Einrichtung, von dem Betrieb, in dem er arbeitet, d.h. wenn er das Gefühl hat: Ich bin ein Außenseiter, ich stehe nicht inmitten der mich umgebenden Umwelt meiner Mitmenschen, dann werden wir sagen können, er fühlt sich in sich nicht wohl. Er sucht nach Gründen, weshalb er sich nicht wohl fühlt. Häufig sucht er dann allerdings die Ursachen dafür in der Umgebung bei anderen. Er fragt nicht in jedem Falle: Wie ist *mein* Verhältnis zu den anderen?

Was will ich damit sagen? Ich stelle diese Grundfrage allgemein, damit wir sie aus unserer Alltagssituation heraus verstehen. Wir müssen diese Grundfrage unseres Lebens aus dem alltäglichen Leben heraus beantworten können. Das Wohlgefühl des Menschen, seine innere Befriedigung, sein Gesundheitsgefühl hängen offenbar davon ab, in welchem Maße es ihm gelingt, sich mit seinem Lebensumkreis in Übereinstimmung, möglicherweise sogar identisch, gleichsam eins zu fühlen. Wenn dieses Erlebnis nicht eintritt, wenn der Mensch sich nicht — um ein anderes Wort für Einordnen zu gebrauchen — integriert fühlt, sich — von ihm aus gesehen — nicht aktiv eingefügt erlebt in seinen Beruf, in sein Schicksal, dann ist dies bereits ein Zeichen beginnender Desintegration, beginnender Isolierung, d. h. aber beginnender Krankheit. Hier soll eingefügt werden, daß zur Umwelt auch die natürliche Umgebung gerechnet werden muß. Wir dürfen deshalb auch für unsere weitere Betrachtung der Heilmittel-Frage nicht aus den Augen verlieren, daß auch die Natur zu dieser Umgebung gehört, daß wir auch zu ihr ein inneres Verhältnis, gleichsam eine Übereinstimmung finden müssen. Der erste Schritt in die Krankheit ist folglich bereits ein sich-isoliert-Erleben von einem allgemeinen — uns selbstverständlich nicht bewußten — Lebenszusammenhang. Wir müssen alles daran setzen, diese Isolierung zu überwinden. Damit komme ich zum nächsten Schritt in der Betrachtung: daß der Mensch während der Evolution, während seiner Entwicklung gleichsam in und aus der Natur heraus gebildet ist; daß er durch die drei Naturreiche hindurch gegangen ist, daß er das Mineralreich, Pflanzenreich, Tierreich sowohl in sich trägt, als auch gleichzeitig in sich ständig überwindet.

Wir haben Mineralisches in uns, wir haben Vegetativ-Pflanzliches, wir haben Animalisch-Tierisches in uns und stehen doch — darauf werden wir noch zu sprechen kommen — im Laufe der Entwicklung als Menschheit und im Laufe unseres individuellen Lebens ständig vor der Aufgabe, dieses Mineralische, dieses Pflanzliche, dieses Animalische zu überwinden. Wir nehmen diese Naturprozesse zwar ständig in uns auf, wir tragen sie in uns, aber wir überhöhen sie sozusagen, so daß Mineralisches nicht zur Sklerose, zur Steinbildung, zu Rheumatismus, zu Verhärtungskrankheiten führt, daß wir nicht zu vegetativ und schläfrig sind, d. h. von den Aufbaukräften unseres vegetativen Lebens nicht überwältigt werden. Das Pflanzliche in uns muß, wie das Mineralische, ständig überwunden werden. Schließlich stehen wir vor der Aufgabe,

16

das Animalische, das Tierische, das Seelenhafte, das Emotionale in uns ebenfalls aufzugreifen, es umzusetzen und zu verwandeln.

Im Hinblick auf das Menschsein und die Sonderstellung des Menschen in der Natur stellt sich damit die Frage: zu welchem Ziel hat dies alles zu geschehen?

Der Mensch, das Wesen, das wir damit schon in Umrissen charakterisiert haben, soll frei handeln, frei seine Motivationen selbst finden, um schließlich einmal frei über die ihm dienenden organischen Kräfte disponieren zu können. Etwas können wir auch jetzt schon. Wir können z. B. auf unsere Temperamentsanlagen, unsere Phlegmatik, Cholerik, Sanguinik, Melancholik Einfluß nehmen. Wir können Einfluß nehmen auf unsere Emotionen. Wir können sie zurücknehmen, wir können die Emotionalität — diese bedeutsame seelische Begabung — aufgreifen und unseren menschlichen Zielen einordnen. Denn ohne die Fähigkeit zur Emotionalität wird es auch keinen Enthusiasmus, keine Begeisterung geben. Von dem anzustrebenden Ziel haben wir schon gesprochen. Wir haben es ganz allgemein formuliert und es — ebenfalls ganz allgemein — mit dem Wesen der Gesundheit zusammen gesehen; d. h. der Bemühung, sich in ein ausgewogenes, produktives Verhältnis zur Welt zu setzen. Wenn der Mensch sich in dieser Richtung bewegt, in dem Maß, wie ihm diese Übereinstimmung gelingt, so sagten wir, wird er gesund. Als einziges Wesen innerhalb der gesamten Natur ist er gleichsam unfertig. Er hat die ständige Aufgabe, eine neue Einheit — das verstehen wir im umfassenden Sinne unter Gesundheit — anzustreben. Keiner wird von uns behaupten, dieses hohe Maß an Gesundheit, d. h. an Harmonie in sich verwirklicht zu haben. Wir wären sonst nicht veranlaßt, uns um die Lösung dieser Frage zu kümmern. Die Medizin, die wir zu treiben haben, die Wissenschaft, die uns motiviert, dient ja der Frage nach dem Zusammenhang von Mensch und Natur, von Mensch und Welt.

Lassen Sie mich, um konkret zu werden, mit einem Beispiel beginnen, das für uns von großer therapeutischer Wichtigkeit ist, weil es grundlegend mit der menschlichen Existenz zu tun hat. Betrachten wir die Substanz des Kiesels (SiO^2 = Kieselsäure). Wir haben sie in uns. Wir haben den Kiesel als sog. Spurenelement in unseren Grundgeweben. Der Kiesel ist jedoch mehr als ein Spurenelement. Der Begriff „Spurenelement" muß neu gesehen werden. Eisen, z. B., enthalten wir in massiver Form in unseren Blutkörperchen, im Serum. Kupfer ist im

Organismus reichlich vorhanden, Kalzium sehr reich in den Knochen; aber auch im Blut, in den Gewebeflüssigkeiten. Wir haben weitere Metalle in uns, die eine große Rolle spielen, die mehr sind als Spurenelemente, wie Natrium und Kalium, auf die wir noch zu sprechen kommen werden.

Kiesel galt bisher — wie gesagt — als Spurenelement. Es ist aber jedoch relativ reichlich vorhanden. Kiesel ist eine Substanz, die in den Säften des Grundgewebes enthalten ist. Wenn ich von Gewebe spreche, so handelt es sich um die ursprüngliche muköse Flüssigkeit, die den embryonalen Körper bildet. Wir haben es noch mit Schleimstoffen des embryonalen Mesenchyms zu tun. Das ist der Ursprung unserer Kieselsubstanz. Wenn wir im Laufe des späteren Lebens den Kiesel suchen, dann finden wir ihn immer dort, wo sich Organe befinden, die sich aus der Grundsubstanz, dem ursprünglichen Mesenchym, entwickeln: das Bindegewebe, die Bindegewebsorgane wie Faszien, Bänder, Sehnen, Knorpel, der Nucleus pulposus der Zwischenwirbelscheiben, der Glaskörper des Auges. Es sind die Folgeorgane der mesenchymalen Grundsubstanz. Schließlich ist das Bindegewebe des festen Knochens, in das der lebendige Kalk eingebaut ist, nichts anderes als eine Spätausformung des embryonalen Bindegewebes. Innerhalb des Knochens, im Knochenmark — gleichsam die äußerste Polarität zum Knochen — das embryonale plasmatische System der Blutbildung. Es ist jenes plasmatische System, das uns an den Ursprung der Entwicklung zeitlebens anschließt. Hier sind wir noch ganz am Anfang, gleichsam im Keimstadium, und bleiben es zeitlebens. In ihm haben wir ein flüssiges Continuum, aus dem über das gesamte Leben hin, das vitale, produktive und gestaltende Leben gespeist wird. Der Begriff „Gewebe" ist irreführend. Man denkt dabei an eine Textur. Es hat in Wirklichkeit keine Begrenzung, sondern durchzieht als eine Einheit sämtliche Organe. Für diejenigen, die im besonderen an der Histologie, an der Gestalt und dem Aufbau eines Organs interessiert sind, erwähne ich das sog. Interstitium. Jenes allgemeine, universelle, lockere embryonale System jedes Organs, der Leber, der Nieren, der Nervenscheiden und vor allem jener Organe, die große Oberflächen bilden, die Organüberzüge, die Pleura, Peritonaeum und — was man ins Zentrum dieser Betrachtung rücken müßte — die Haut. Sie bildet und sie gewährleistet zeitlebens bis hinein in die Organgestalt, die Ganzheit, die Totalität des Organismus. Die Haut ist zeitlebens — wenn wir einmal von der Epidermis bzw. von der

Hornschicht absehen, die ihrerseits natürlich ihre besondere Bedeutung hat — in einem aktiven Zustand. Daher verstehen wir auch — von der Universalität der Haut her gesehen — welche Bedeutung alles dasjenige hat, was wir therapeutisch über die Haut tun. Die Behandlung über die Haut ist von größter Bedeutung, weil die Haut den ganzen Menschen repräsentiert und von ihr starke, ich möchte sagen dynamische Kräftebeziehungen zu den inneren Organen bestehen. Es würde keine Akupunktur geben mit ihren Meridianen und mit ganz bestimmten Punkten, die es erlauben, gezielt auf innere Organe — ja z. B. sogar auf bestimmte Organteile, wie z. B. die Gallengänge der Leber, einzuwirken. Diese universelle Bedeutung der Haut hängt damit zusammen, daß wir im Hautbindegewebe das embryonale System aktiv tätig haben, und es wundert uns nicht, daß das Universalorgan Haut mit das kieselreichste Organ überhaupt ist. An dieser Stelle darf ich an Betrachtungen und Studien früherer bedeutender Naturforscher, wie *Goethe,* erinnern, der in einem Gespräch mit *Falk* — nachdem er ihn durch sein Naturalien- und Mineralien-Kabinett geführt hat, zum Abschied seinem Besucher einen Granit in die Hand gibt und folgendes (frei zitiert) sagt:

„Hier haben Sie das älteste Dokument des Menschengeschlechtes".

Goethe sieht den Granit in einem ganz bestimmten Zusammenhang mit dem Menschen. Welcher Gedanke liegt dem zugrunde? *Goethe* und Naturforscher seiner Zeit, wie *Oken,* sprachen vom Menschen als einem Mikrokosmos im Makrokosmos. Man sah die Evolution des Menschen im Zusammenhang mit der Evolution der Erde, und dies nicht nur organisch, sondern auch geistig. Dies erscheint uns wichtig bei der Beurteilung einer Substanz, d. h. jeder Stoff hat nicht nur physikalische und chemische Eigenschaften, sondern in ihm wirkt eine Idee, ein geistiges Prinzip, eine Energie.

Andere bedeutende Naturforscher, wie z. B. der Paläontologe *Teilhard de Chardin,* sehen die Natur einschließlich des Menschen als ein Ganzes. *T. de Chardin* spricht in seinem Hauptwerk „Der Mensch im Kosmos" denselben Gedanken aus. Der Mensch ist von Anfang an in die Gesamtentwicklung einbezogen. Er läßt die Natur schrittweise hinter sich zurück. Er befreit sich gleichsam von ihren Einseitigkeiten, von den mineralischen, pflanzlichen, vegetativen und animalischen Überschüssen.

Wenn wir mit den genannten Naturforschern den Kiesel als einen frühesten Repräsentanten des Menschengeschlechtes ansehen, d. h. als eine Substanz, die wir — das bitte ich sehr zu beachten — nicht so sehr in ihrer Stofflichkeit sehen müssen, sondern in ihrer Qualität, in ihrer Gestalthaftigkeit, in ihrer Form — wenn wir die Chemie des Kiesels, seine physikalischen Eigenschaften untersuchen, so dürfen wir ihn nicht darauf fixieren, sondern wir müssen darin den Ausdruck seiner Potenz, seiner geistigen Eigenschaften sehen. Denn im Organismus haben wir die Kieselsäure (SiO_2) natürlich nicht in ihrer äußeren mineralischen Form, wie im Bergkristall bzw. wie im Granit vor uns, sondern wir haben ihn im lebendigen, organischen Zusammenhang als Stoff aufgehoben, dafür aber dynamisch wirksam. So dynamisch, wie wir uns vorstellen müssen, daß der Kiesel gebildet wurde bei seiner Entstehung. Denn eine intendierende Kraft hat — davon dürfen wir ausgehen — den Kiesel in seine bleibende Form gebracht, ihn so durchsichtig gemacht, ihm seine Eigenschaften verliehen. Der Kiesel hat einen Prozeß durchgemacht. Wenn man den Kiesel und seine Qualitäten so anschaut, seine Durchsichtigkeit, seine Nichtbrennbarkeit, seine Gestalthaftigkeit, seine Sechseck-Form, seine Härte und seine Qualitäten dazunimmt, die er vor allem im organischen und halborganischen Zustand hat, nämlich in seiner Eigenschaft, sich in einer besonderen Weise mit dem Wasser zu einem Gel zu verbinden, dann offenbart er sich uns als biologisches Phänomen. Besonders die Gel-Bildung und die Möglichkeit, sich zwischen Sol und Gel zu verflüssigen und zu verdichten, in der Gel-Form das Wasser in sich hereinzunehmen und die Kieselphase in der Peripherie zu halten, schlagen die Brücke vom kolloidalen Zustand allen organischen Lebens zu diesem Leben selbst. Der Kiesel hat die Tendenz, die Peripherie, d. h. Oberflächen, Häute, Grenzflächen zu bilden. So ist er auch ein entschiedener Bildner der Haut. Soviel zunächst vom Kiesel.

Wenn ich nun auf die Frage zu sprechen komme: Was ist ein Heilmittel, und diese Frage an die Ausführungen über den Kiesel anschließe, dann haben Sie — so hoffe ich — die Möglichkeit, dem Gedanken zu folgen, daß wir die ganze Schöpfung, die ganze Natur in uns haben. So gesehen ist die Natur ein gewaltiger ausgedehnter, ausgebreiteter Mensch. Dieser Gedanke fordert uns auf, die gegenseitigen Bezüge zu finden. Sie werden mir dann auch folgen können, wenn ich sage, Krankheit vom Standpunkt des Menschen ist — im Sinne des bisher

Gesagten — der Verlust dieses Zusammenhanges, oder — anders gesagt: die Verselbständigung von Naturprozessen gegen die Ganzheitsnatur des Menschen.

Wenden wir diesen Gedanken auf eine Substanz oder auf ein Organ an, dann können wir sagen, der Mensch ist dadurch krank, daß er dem mineralischen Kieselprozeß verfällt, daß der kieselhafte Zustand in ihm beginnt, sich zu verselbständigen. Es ist die bedeutsame Wiederentdeckung *Hahnemanns*: Das Gesetz der inneren Verwandtschaft von Mensch und Natur, von Mensch und Substanz, das sogenannte Ähnlichkeitsgesetz. Ihm liegt der Gedanke zugrunde, Gleiches mit Gleichem zu behandeln. Es wird *der* Naturprozeß von außen zugeführt, der im Inneren sich übersteigert hat. Der Silicea-Kranke fällt tendenziell in einen frühen Zustand der Evolution zurück. Er wird partiell Natur. Wenn wir das Kiesel-Arzneimittelbild der Homöopathie studieren, dann taucht vor unserem Blick alles auf, was wir jetzt besprochen haben.

Warum ist der Kiesel in sehr häufigen Fällen ein ausgezeichnetes und notwendiges homöopathisches Mittel zur Behandlung einer frühkindlichen Erkrankung wie der Rachitis, die wir als eine Inkarnationsschwäche und -störung bezeichnen können? Das neugeborene und kleine Kind inkarniert sich über seinen Kopfpol von oben her. Der ganze Säugling, das kleine Kind ist gleichsam ein kosmisch-weicher Kopf. Die Beine hängen fast beziehungslos daran und sind beim rachitischen Kind völlig erschlafft. Sie werden vom Kopf aus, vom kindlichen Wesen nicht ergriffen. Wenn wir ein solches Kind anschauen, finden wir neben seiner Blässe, seiner Lebensschwäche, seinem gealterten Aussehen keinen Turgor, keine Gewebespannung. So ist es verständlich, daß die rachitische Therapie eine Art Hauttherapie ist. Wenn in der Haut nicht bestimmte Substanzen durch das Licht für den inneren Lichtprozeß gebildet werden, kann das Skelett nicht aufgebaut werden. Die Gestaltung des ganzen Menschen — so können wir sagen — geht von der Haut, von der Peripherie aus. Es ist eine der neueren Entdeckungen des bekannten Embryologen *Blechschmidt* (Göttingen), der sagt, daß von den Hautarealen der Extremitätenknospen die Gestaltung der Gliedmaßen ausgeht, von der Peripherie zum Zentrum. Sie sprossen von der Haut aus und nicht von innen etwa, wie der Zweig eines Baumes.

Nun können Sie sich vorstellen, daß der Kieselprozeß in der Haut — betrachten Sie ihn jetzt als organisch wirksamen Kiesel — die Licht-/

Wärme-Beziehung aus der Peripherie nicht genügend herstellt, daß die Inkarnation des geistigen Menschenwesens, das sich über Licht und Wärme verkörpert, behindert ist. Vergleichen Sie das Geistige in uns mit Licht und Wärme. Deshalb hat der Kiesel als Formkraft eine unmittelbare Beziehung zur Gestaltung aus der Peripherie. Bei der Rachitis verdichtet sich der Kiesel in der Haut vorzeitig. Der Säugling wird zu einem Zeitpunkt, in dem er noch im reinen Aufbau lebt, zu früh überformt. Man kann deshalb jeden rachitischen Säugling mit Silicea behandeln und erst später mit Kalk und Phosphor in homöopathischen Dosen. Um es noch einmal zusammenzufassen: Das geistige Wesen des Kindes kommt aus der Peripherie und zieht erst allmählich in den Organismus ein. Durch dieses Einziehen des Ichs als einem Wärmewesen gestaltet die Haut die Organe und schließlich den Knochen. Es wundert uns nicht, daß bei der Osteoporose, bei der vorzeitigen Entkalkung ein ähnlicher Vorgang vorliegt. Man könnte deshalb sagen: die Alters-Osteoporose ist eine umgekehrte Rachitis (vgl. Arbeitsunterlagen des Bad Boller Medizinischen Seminars über Polarität Kiesel/Kohlenstoff). Wir haben also gelernt, daß der Mensch, seine Gestalt, so wie er vor uns steht, ein Kieselproblem ist. Seine proportionierte Gestalt, seine leicht von einem Schimmer überzogene Haut, ihre Elastizität, ihre Durchwärmung — alles dies können wir als die Kieselwirksamkeit ansehen. Überprüfen wir daraufhin das Kieselarzneimittelbild der Homöopathie, dann entdecken wir insbesondere das Verhältnis zur Wärme und das Verhältnis zum Licht und die Beziehung zum Flüssigkeitsorganismus. In der Lebensfunktion des Kieselprozesses kommt somit die Universalität der Beziehungen zum Ausdruck, die auch dem Wesen des Menschen selbst zukommt. Es wurde gesagt: Der Mensch ist ein Wärmewesen. Wenn wir an den Enthusiasmus, auch an den „heiligen Zorn" denken, dann haben wir darin den geistigen Ausdruck des Ichs. Die Wärmequalität ist eine geistige Qualität. Der Silicea-Mensch hat das Gefühl, von innen her zu Eis zu werden. Er fühlt sich eiskalt von innen, ja, sogar die Knochen werden wie kalt empfunden. Wenn wir einen Menschen vor uns haben, der von innen her friert, der auch im Sommer friert — auch, wenn es draußen warm ist —, dann haben wir den Typus des Silicea-Arzneimittelbildes.

Ich denke dabei an einen 20jährigen jungen Mann, der sich im Sommer mit Wollschals einhüllte und trotz Außenwärme fröstelte. Der ganze Mensch ist fahl, wirkt gealtert, vitalitätsschwach, die Haut ist fal-

tig, unrein, pergamentartig. Es besteht unangenehmer Kopf- und Fußschweiß. Ich will das jetzt im einzelnen nicht schildern.

Gehen wir einen Schritt weiter, damit Sie die Dynamik der Sub-
stanzbetrachtung für den ganzen Menschen vor sich sehen. Ich lege
eine Skizze zugrunde, die ich dem ersten Medizinerkurs, den *Rudolf
Steiner* vor Ärzten gehalten hat, entnehme. Hier steht „kieselsaure Salze" SiO_2 (s. Abb. 1):

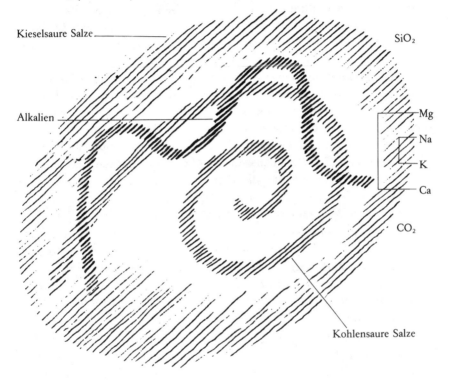

Kieselsaure Salze — SiO_2

Alkalien — Mg / Na / K / Ca

CO_2

Kohlensaure Salze

Wir müssen selbstverständlich im organischen Zusammenhang an
die Alkalisalze der Kieselsäure denken. Denn Kieselsäure (SiO_2) ist als
reine Kieselsäure unlöslich. Wenn sie in dieser Form auftritt, ist sie bereits zu Kiesel, sozusagen zu „Bergkristall" geworden. Die kieselsauren
Salze, vor allem Natrium- und Kalisalze, sind die biologisch-aktive
Form der Kieselsäure. Wir müssen immer wieder daran denken, daß
der Kiesel*prozeß* ein allgemeiner Lebensprozeß ist. Was hier nun als
ausgedehnte Fläche, als Hintergrund gestrichelt gezeichnet wurde, das
ist sozusagen der interstitielle Raum des mesenchymalen Bindegewe-

bes, das als Kontinuum den ganzen Menschen durchzieht. Es ist das „innere Milieu", wie es der Embryologe und Histologe *Pischinger* (Wien) nennt. Das innere Milieu, das ist der ganze innere Mensch, der Universalmensch, der periphere Mensch oder die innere Peripherie. Dazu ist natürlich auch der Hautumkreis zu rechnen. Wir müssen als Einheit zusammen denken, daß wir auch im Inneren einen gewaltigen Umkreis haben. Die Paradoxie: Peripherie im Inneren der Organe. Wenn wir den Blutkreislauf als Einheit ansehen, dann berührt der in sich geschlossene Kreislauf im Inneren, im Interstitium der Organe, diese Peripherie. In den Organen breitet sich das Kapillarsystem aus und begegnet in der inneren Peripherie der mesenchymalen, embryonalen ursprünglichen Lebenssituation als einem inneren Umkreis. Beziehen wir dies auf unsere Skizze, so wird nunmehr in diese Fläche (innere Peripherie) eine einwickelnde Spirale gezeichnet. Es ist sozusagen der Inkarnationsweg des Menschen über das Blut, der schließlich sich im geschlossenen Blutkreislauf abschließt. Hier wird nun in Polarität zur Kieselsäure (SiO_2) Kohlensäure (CO_2) bzw. kohlensaure Salze hingeschrieben. Das Universelle, die Peripherie oder das universelle Menschenwesen ist durch den Kieselprozeß repräsentiert, der sich individualisierende Mensch durch den Kohlenstoffprozeß.

Wo tritt im Organismus vor allem die Kohlensäure auf? Im venösen Blut — nicht im arteriellen. Im arteriellen Blut haben wir natürlich auch Kohlensäure; aber — wie gesagt — hauptsächlich im venösen Gebiet. Das sind Betrachtungen, auf die wir später noch zurückkommen, wenn wir den menschenkundlichen Aspekt näher erläutern, der hier nur angedeutet wird.

Zurück zur Skizze: Die eingewickelte Spirale ist der Weg, den der Mensch über das Blut und über die Atmung nimmt bis ins Zentrum, bis zu sich selbst, bis hinein vor allem in die Nieren-Organisation. Diesem Prozeß verdanken wir unsere Individualität; daß wir sowohl ein Individuum sind als auch teilhaben an einem Universellen. Das ist der Doppelaspekt des Menschen. Im Organischen, im Organismus ist der Kieselprozeß der Träger des universellen Menschen, der noch den Anschluß findet an die Natur in sich. Der Kohlenstoffprozeß, die polare Substanz zum Kiesel, läßt uns gleichsam eindringen, untertauchen im Organischen, und führt uns in die tiefe Stufe der Inkarnation. Die Substanz mit dem höchsten Härtegrad ist der *Diamant*. Wir haben eine Großpolarität in unserer Gesamtorganisation vor uns: die Kiesel-Kohlenstoff-Polarität. Wenn wir die Kohle genauer anschauen, dann hat sie eine entscheidende polare Eigenschaft zum Kiesel. Alles, was der Kohlenstoff an Energie, an Wärme und Licht enthält, was ihn aufgebaut hat, steckt sozusagen in ihm drinnen, hat sich substanziiert. Beim Kiesel ist das Umgekehrte der Fall. Alles, was sich im Kieselprozeß abspielt, wenn der Kiesel sich bildet, die universelle Kraft, die im Kiesel aus der Peripherie wirkt, hat im Bergkristall seinen Ausdruck gefunden. Er ist frei von Eigenenergie. Ich bitte, diesen Aspekt für unsere Betrachtung festzuhalten. Die Idee einer Gesamtpolarität, einer polaren Situation, die den ganzen Menschen bildet; ein Prozeß, der mit dem Kiesel zusammenhängt und der uns einerseits anschließt an die Peripherie, an den Umkreis und der uns im Kohlenstoff, mit allem was der Kohlenstoff tut im Blut, im Eiweiß, im Knochen inkarniert, individualisiert, konzentriert, verdichtet. Das hängt mit den Eigenschaften dieser Substanzen zusammen. Die alten Ärzte sprachen vom Sal-Prozeß und vom Sulfur-Prozeß. Alles, was sulfurisch genannt wurde, dient der Substanzbildung. Das geistige Bild der Materie oder die Idee der Substanz schlüpft sozusagen hinein in den Stoff, taucht unter in die Substanz. Alles, was mit dem Kiesel- und *Sal*-Prozeß zusammenhängt, führt zur Befreiung der Bildeprozesse (der Imponderabilien) und findet dadurch wieder Anschluß an die Peripherie. *Sulfur*-Prozeß: Energie- und Substanzverdichtung, Sal-Prozeß: Energie-Befreiung. Ein Vermittelndes, Verbindendes, einen mittleren Prozeß nannten die Alchimisten den Merkur; eine Wirksamkeit, die harmonisiert und die die Substanz gewordene Kraft als geistige Energie freisetzt. Das mag im Augenblick noch ein Buch mit 7 Siegeln sein. Nehmen Sie es einmal so hin. Die drei Prinzipien Sulfur, Merkur, Sal werden uns immer wieder beschäftigen. Sie verstehen den ganzen menschlichen Organismus nicht, wenn Sie diese Umwandlung von Substanzbildung, Energieverdichtung und Individualisation auf der einen Seite und Befreiung der Substanz über die Kohlensäure und den venösen Prozeß andererseits nicht allen Lebensvorgängen zugrunde legen. Dieser Lebensprozeß führt über die Ausatmung in die geistigen Grundlagen unseres Seins, unserer Existenz hinüber. Damit hängt zusammen, daß wir denken können, daß wir Gefühle haben, daß wir Kräfte, Energien haben, mit denen wir uns zunächst verbinden und Substanz bilden, um sie dann wieder aufzulösen, umzuwandeln und freizusetzen als die Grundlage unseres Bewußtseins.

Das ist in großen Zügen dieser Vorgang.

Wenden wir uns schließlich den Metallen zu. Ich greife auf die Skizze zurück. Wir haben hier eine Art Sinus-Kurve gezeichnet. Sie findet sich in der ursprünglichen Skizze ebenfalls. Im Original steht hier „Alkalien", die Alkalimetalle bzw. ihre Salze. Ich werde dieses dritte, mittlere Prinzip kurz skizzieren, weil auch hier die Frage auftaucht: Was ist ein Heilmittel? Ein Mittel zur Herstellung des Gleichgewichts zwischen Oben und Unten, zwischen Aufbau der Substanz und Abbau und Befreiung von Energie. Hier, auf der einen Seite, gebundene Energie, dort freie Energie. Dieser Prozeß spielt sich im merkurialen Bereich ab. Was ist das merkuriale Prinzip in uns? Es sind die Säfte. Der Säfteorganismus in seinem Strömen, Verdichten und Ausdehnen müßte im einzelnen betrachtet werden. Wir haben in den Säften eine Differenzierung und Verwandlung, gewissermaßen eine Stufenreihe vor uns, ausgehend vom Mesenchym, der ursprünglichen Schleimsubstanz, von halbgallertartig-flüssiger Konsistenz. Es ist die Bindegewebs-Elementarsubstanz, die wir mit dem Kieselprozeß gleichgesetzt haben. Dann haben wir aus den arteriellen Kapillaren, in das Interstitium verdunstend, einen gewaltigen Flüssigkeitsstrom in das innere Universum hinein. Es ist eine Art innerer Wolkenbildung. So wie das Wasser draußen verdunstet, so verdunstet aus dem individuell gewordenen Blut heraus eine ganz erhebliche Flüssigkeitsmenge in das Interstitium (70-75 % der durchströmenden Blutflüssigkeit). Sie wird von der Bindegewebsgrundsubstanz aufgesaugt wie von einem Schwamm. Was ich beschreibe, ist die interstitielle Gewebsflüssigkeit, eine Flüssigkeit mit pflanzlichem Charakter. Sie ist eiweißarm, enthält alle physiologischen Salze, Sauerstoff, Kohlensäure, Zucker; jedoch keine Blutkörperchen. Sie ist vergleichbar mit dem Ultrafiltrat der Nieren und dem Liquor cerebro-spinalis. Dies ist nach der „mineralisch-vegetativen" Schleimsubstanz, die wir dem Kieselprozeß zuordnen, die zweite Lebensstufe, gleichsam die innere Pflanze in uns.

Es folgt eine dritte Lebensstufe: die bereits einweißhaltige Lymphe, jedoch ohne Eigenwärme, sozusagen das kalte Blut. Sie enthält alle früheren entwicklungsgeschichtlichen Substanzen, jedoch noch keine roten Blutkörperchen, nur weiße. Es ist die animalische Stufe des Flüssigkeitsorganismus. Hier tritt erstmalig der *Kalk* in Tätigkeit. Darauf kommen wir noch kurz zu sprechen.

Erst die vierte Flüssigkeitsstufe, das rote Blut, hebt den Menschen über die übrige Natur hinaus und macht ihn zu einem eigenwarmen, autonomen Wesen.

Während die erste Stufe, das Mesenchym, den Organismus als Ganzes räumlich aufbaut, die zweite Stufe, die interstitielle Gewebeflüssigkeit, schon die Beziehung zum Luftelement (gelöste Gase) herstellt und in Ausdehnung und Zusammenziehung zwischen Blutkreislauf und interstitiellem Raum (Volumenverhältnis 1:4) sich bewegt, die dritte Stufe, die Lymphe, träge strömend in den Lymphgefäßen von der Peripherie zum zentralen Kreislauf sich hinbewegt, bildet das Blutsystem erstmalig eine Polarität in sich aus: Das venöse System und das arterielle System. Zwischen beiden besteht ein Verhältnis venös zu arteriell wie 5-7:1. Es ist von großer Bedeutung zu verstehen, was dabei im Kreislauf selbst geschieht, wie sich das Verhältnis von „rotem Blut" zu „blauem Blut" pathologisch und physiologisch verändert. Hier nun, in diesen beiden polaren Flüssigkeiten von venösem und arteriellem Blut kommen als merkuriale Vermittler zwischen beiden Systemen, die sogenannten „Elektrolyte" zur Wirksamkeit, d. h. jene Substanzen, die in unserer Skizze als Alkalien bezeichnet wurden. Ich werde sie jetzt in einer bestimmten Reihenfolge hinschreiben:

Kalzium — Magnesium
Natrium — Kalium

Wir finden diese Substanzen in ihren entsprechenden physiologischen Verbindungen im Organismus in allen Flüssigkeitssystemen wieder. Es kommt nun darauf an, daß wir verstehen, welche Organbezüge sie haben. Sie haben vor allem mit dem Kohlenstoff, mit der Kohlensäure zu tun. Greifen wir zunächst das Kalzium bzw. das Kalziumkarbonat heraus. Ich schreibe es mit roter Kreide, um damit die Verbindung zum Blutprozeß und zum Sulfurischen herzustellen. Der Kalk hat Eigenschaften, obwohl er ein *Erd*alkali ist, die erkennen lassen, daß er zum Sulfurprinzip eine besondere Beziehung hat. Bei der Verbrennung, bei der Oxydation, nimmt der Kalk Wärme in sich auf. Er bindet Wärme, d. h. er verbrennt endotherm. Darin verhält er sich polar zum anderen Erdalkali-Metall, dem Magnesium. Es wird deshalb in die Nähe des Siliziums geschrieben. Magnesium hat — im Gegensatz zum Kalzium — eine besondere Beziehung zum Sal-Prozeß, d. h. es hat Eigenschaften, ähnlich wie der Kiesel, die zu einer Entbindung der Imponderabilien führen. Während der Kalk bei der Verbrennung Licht und Wärme bindet, strahlt Magnesium bei der Oxydation Wärme und Licht ab und geht in das unlösliche, nicht mehr brennbare Oxyd über. Eine weitere Polarität besteht zwischen Natrium und seinen Verbindungen und dem Kalium und seinen Salzen. Wir können folglich schreiben: Große Polarität: Kalzium, Magnesium; kleine Polarität: Natrium, Kalium. Es handelt sich um echte Polaritäten, d. h. die Verwandtschaft der polaren Substanzen ist sehr nahe. Wesentlich ist festzustellen, daß diese Substanzen in ihrer Physiologie nicht vergleichbar sind mit den Stoffen, wie sie draußen in der Natur vorkommen oder wie wir sie von der Chemie her kennen, sondern es sind Energieprozesse und haben als solche eine besondere Beziehung zum Menschen, und zwar vor allem über ihre Wärmeäußerung (s. oben bei der Verbrennung) und zum Menschen insofern als durch sie — vor allem durch die Alkalien — seine wesentliche merkuriale Funktion im physischen Organismus bewirkt und ermöglicht wird. Es ist das Besondere der Kalium- und Natriumsalze, daß sie sich so gut wie nicht an den festen Strukturen des Körpers beteiligen, sondern in Lösung bleiben. Darin offenbaren sie ihre merkuriale Natur. Wenn wir daraufhin Natrium und Kalium in ihrer Physiologie untersuchen, dann verstehen wir, daß Kalium einen Verdichtungsprozeß im Sinne der Substanz*bildung* bewirkt mit besonderer Betonung der vegetativen, pflanzlichen Aufbauprozesse der Leber. Im Zusammenhang mit dem Kalium-Prozeß werden wir auf das erste große Hauptorgan, die Leber, hingewiesen. Kalium brennt mit violetter Flamme, Natrium mit gelber Flamme. Auch darin kommt die entgegengesetzte Kräftedynamik der beiden Alkalimetalle zum Ausdruck. Das Natrium hat im Unterschied zum Kalium seine besondere Beziehung nicht so sehr zur Substanz*bildung* als zur Substanz*erregung,* zur Reizbarkeit, zur Gestaltung. Damit werfen wir einen Blick auf die Pathologie von Leber und Niere: Leber — Kalium, Niere — Natrium.

Die Leber — und in zweiter Linie die Muskulatur — ist das kaliumreichste Organ. Die Leber, die zu 80 % venös durchblutet ist (Pfortadersystem), bildet sozusagen das Zentrum der Kaliumtätigkeit. Es verwundert uns nicht, daß das venöse Blut kaliumreicher ist als das arterielle. Das Kalium hat die Tendenz, in die Leberzellen — auch wenn es durch Muskeltätigkeit frei wird — überzugehen. Es kommt auch im übrigen überwiegend zellulär vor. Es wirkt substanzaufbauend und -verdichtend, vor allem im Glykogenaufbau in der Nacht, Höhepunkt

24.00 Uhr. Es beherrscht die Nacht- und Erholungsphase des Organismus. Ohne Kaliumanwesenheit keine Glykogenbildung. Licht und Wärme treten in der Leber wie in der Pflanze substanzialisiert auf.

Natrium entfaltet dagegen seine Wirksamkeit in der Peripherie der Organe, d. h. in den interzellulären Organflüssigkeiten. Es hat eine zentrifugale Dynamik, vergleichbar mit den Gasen und beherrscht den osmotischen Flüssigkeitsdruck in den Geweben. Durch Natrium wird das Parenchym der Organe sensibilisiert, erregt und aktiviert. Damit hat es eine entscheidende Bedeutung für den physiologisch beseelten Zustand der Organe, insofern sie unter einem inneren aktiven Spannungszustand leben. Der Gewebedruck, der Blutdruck, die Gefäßspannung, die Reizbarkeit und Empfindlichkeit der Organe hängt mit dem Natriumgeschehen zusammen. So wie wir im Zusammenhang mit Kalium auf die Leber gewiesen wurden, so weist uns der Natrium-Prozeß zur Niere. Die Niere ist das sensible, das atmende, das mit dem Gefäß- und Geweberturgor und dem Blutdruck eng zusammenhängende Organ.

Schauen wir daraufhin das Natrium-Arzneimittelbild an, so finden wir darin die Bestätigung für das, was wir hier geschildert haben. Wir finden vor allem den Zusammenhang mit der Niere wieder. Dies kommt vor allem im Schockzustand, der immer ein Nierenschock ist, zum Ausdruck. Jeder Schock ist ein seelischer Schock. Jeder Unfall, jede schwere Operation, jede Narkose, bedeutet einen psychischen Schock und belastet das Nierenorgan bis zum akuten Nierenversagen. Was passiert im Schock? Die bewußtseinsmäßige nervliche Überlastung führt zunächst zu einer extremen Ausschöpfung des sympathischen Systems und im Gegenschlag zum extremen nervlich-psychischen Versagen im Bilde totaler Vagotonie. Es setzt ein Natriumverlust ein. Die Folge ist eine Hyperkaliämie. Was heißt das? Das Seelisch-Geistige, das sich des Natrium-Prozesses im Zusammenhang mit den Bewußtseinsvorgängen bedient, wird verdrängt zugunsten eines rein vegetativen Zustandes (Kalium-Prozeß). Das Vegetativum dominiert, die totale Apathie setzt ein, alle Funktionen verlangsamen sich. Es kommt zum Absinken des Blutdrucks unter die physiologische Grenze. Bei einem Blutdruck von 30-40 mm Hg versagt der Kreislauf, die Nieren sind nicht mehr durchblutet, es kommt zur Nierensperre. Das ist das Gefährliche des Schockereignisses. Wenn wir bedenken, daß die Alkalien in uns eine solche Rolle spielen, dann erinnern wir uns an den Anfang der Ausführungen, daß in uns zwar Kochsalz und Kaliumsalz anwesend ist, daß beide jedoch als Substanzen in ihrer energetischen, dynamisierten Form als Vermittler geistiger und organischer Prozesse wirksam sind. Damit ist es verständlich, daß in der Leber ein *vegetativ*-geistiger Prozeß sich abspielt, in der Niere ein mehr seelischer Prozeß. Wir sehen damit die Niere in einem neuen Licht, nämlich als Träger des Seelischen, des Emotionalen, des Empfindlichen im Zusammenwirken mit dem Natriumprozeß. Man sagt nicht zufällig, es geht uns an die Nieren. Nierenphysiologie ist in ganz besonderem Maße Nierenpsychologie. Dies gilt in abgewandelter Weise selbstverständlich für jedes Organ — nur für die Niere im besonderen.

Mit diesem Überblick soll die Einführung in das Thema: Was ist ein Heilmittel? beendet werden.

Zusammenfassend kann gesagt werden:

Eine Substanz ist dann ein Heilmittel, wenn es durch seine Zubereitung in der Lage ist, im Menschen einen Zustand zu überwinden, der ihn in krankhafter Weise der Natur annähert. Das sollte am Kiesel vor allem deutlich gemacht werden. Das kann auch am Kalium und Natrium gezeigt werden.

Wenn im Menschen organische Prozesse zu sehr zu Naturprozessen werden, wie wir sie außerhalb des Organismus haben, dann wird er krank. Ein Naturprozeß macht sich in ihm selbständig und verhindert ihn, als Regisseur des Ganzen, gleichsam als Dirigent des Organorchesters frei zu disponieren. Der frei tätige menschliche Geist wird gebunden durch einen organischen Prozeß — sei es der Niere, sei es der Leber. An den Metallen, besonders an den sogenannten Elektrolyten kann man diese Zusammenhänge studieren. Es liegt ein Manuskript vor; darin sind die Arzneimittelbilder der genannten Substanzen aufgeführt. Ich möchte Sie auffordern, die homöopathischen Arzneimittelbilder des Kohlenstoffs, des Kiesels, des Kalziums, Magnesiums, Natriums und Kaliums zu studieren, um herauszufinden, welche Bezüge sie zur menschlichen Psyche und zum menschlichen Organgeschehen haben. Die Arzneimittelbilder der Homöopathie müssen neu geordnet werden nach ihren Naturbildern, nach den Krankheitsbildern des Menschen.

Zur Homöopathie der
Alkalien und Erdalkalien
im System der Polarität Kiesel — Kohlenstoff

J. W. von Goethe zu Falk:

*„Er führte mich einst zu seiner Naturalien-
sammlung und sagte dann, indem er mir ein
Stück Granit in die Hand gab, das sich durch
höchst seltsame Übergänge auszeichnet: Da,
nehmen Sie den alten Stein zum Andenken
von mir! Wenn ich je ein älteres Gesetz in der
Natur auffinde, als das ist, welches sich in
diesem Produkte darlegt, so will ich Ihnen
auch ein Exemplar davon verehren und dieses
hier zurücknehmen. Bis jetzt kenne ich keins,
bezweifle auch sehr, daß mir je etwas Ähnliches, geschweige denn Besseres von dieser Art
zu Gesichte kommen wird. Betrachten Sie mir
ja fleißig diese Übergänge, worauf am Ende
alles in der Natur ankommt. Etwas, wie Sie
sehen, ist da, was einander aufsucht, durch-
dringt und, wenn es eins ist, wieder einem
Dritten die Entstehung gibt. Glauben Sie nur:
hier ist ein Stück von der ältesten Urkunde des
Menschengeschlechtes."*

Im periodischen System der Elemente als Ausdruck der Erdenentwicklung[*]) treten Silizium (Si) und Kohlenstoff (C) in der 2. (Doppel)-
Periode an den beiden Tiefpunkten der Verdichtung auf. Die Verdichtung der Stoffe vollzieht sich rhythmisch, d. h. vom Edelgas Helium
ausgehend, erreicht die 1. Halbperiode den tiefsten Punkt mit dem
Kohlenstoff. Die Halbperiode kehrt zurück zu einem Edelgas (Neon),
um mit der 2. Halbperiode mit dem Element Silizium erneut den tiefsten Punkt der Verdichtung zu erreichen (Abb. 2):

---

[*]) *Bindel/Blickle:* Zahlengesetze in der Stoffeswelt und in der Erdenentwicklung 1952.
Aus: Beiträge zur Substanzforschung, Hybernia-Verlag, Dornach-Basel und Stuttgart.

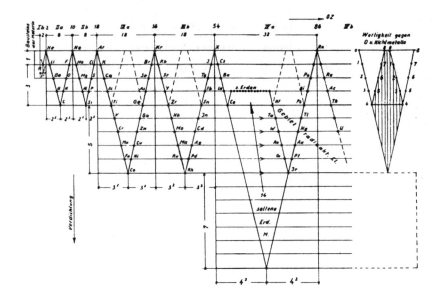

In spiraliger Anordnung ergibt sich (nach *Bindel/Blickle*) folgendes Bild (Abb. 3):

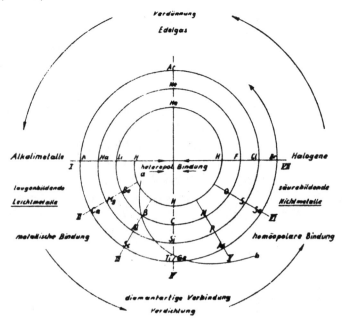

Nach *Bindel/Blickle* kann die rhythmische Periodizität der Elemente als stoffliche Dokumentation der Raumgestalt unseres Planetensystems gedeutet werden. Die bleibende Raumesordnung findet für alle weitere Entwicklung und substantielle „Ausfüllung" bereits in der Periode II a und II b statt mit der Polarität *Kohlenstoffprozeß-Kieselprozeß.* Es sind die beiden Elemente mit dem größten Reichtum und fast beliebiger Vielfalt an Formen und chemischen Verbindungen (vgl. Silizium-und Kohlenstoffchemie als Strukturelemente in der organischen Welt).

Für das Verständnis des Zusammenhanges von Natur und Mensch und der Erkrankungsmöglichkeit des Menschen ist die Unterscheidung von Naturprozeß *außerhalb* der menschlichen Organisation und organisch-physiologischem Prozeß *innerhalb* der leiblich-seelisch-geistigen Einheit des Menschen von grundlegender Bedeutung.

> „Naturprozesse kennt man zunächst nur durch die Beobachtung der außermenschlichen Welt und durch die Beobachtung des Menschen nur insofern, als man diese genau ebenso anstellt wie diejenige der äußeren Natur. Man denkt sich dabei den Menschen als ein Stück der Natur; ein solches, in dem die auch außer ihm zu beobachtenden Vorgänge sehr kompliziert sind, aber doch von derselben Art wie diese äußeren Naturprozesse.
> Es entsteht da aber die von diesem Gesichtspunkte aus unbeantwortbare Frage: Wie entstehen innerhalb des Menschen — vom Tiere soll hier nicht gesprochen werden — Naturprozesse, die den gesunden entgegengesetzt sind?
> Der menschliche gesunde Organismus scheint als ein Stück der Natur begreiflich zu sein, der kranke nicht. Er (der gesunde menschliche Organismus. Der Verf.) muß daher aus sich selbst begreiflich sein durch etwas, das er nicht von der Natur hat."

> „Wie man den gesunden Menschen nur durchschauen kann, wenn man erkennt, wie die höheren Wesensglieder (ätherische, astralische Ich-Organisation) der Menschenwesenheit des Erdenstoffes sich bemächtigen, um ihn in ihren Dienst zu zwingen, und wenn man auch erkennt, *wie der Erdenstoff sich wandelt,* indem er in den Bereich der Wirksamkeit der höheren Wesensglieder der Menschennatur tritt, so kann man auch den kranken Menschen nur verstehen, wenn man einsieht, in welche Lage der Gesamtorganismus oder ein Organ oder eine Organreihe kommen, wenn die Wirkungsweise der höheren Glieder in Unregelmäßigkeit verfällt. Und an Heilmittel wird man nur denken können, wenn man ein Wissen darüber entwickelt, wie ein Erdenstoff oder Erdenvorgang zum Ätherischen, zum Astralischen, zum Ich sich verhält."

> „... Die Wesenheit, welche diese Stofflichkeit als „Ich-Organisation" annimmt, ist zunächst die Form des Erdenstoffes, in der sich dieser am meisten seiner irdisch-physischen Art entfremdet".

> (Warum erkrankt der Mensch? Aus: *Rudolf Steiner/Ita Wegman:* Grundlegendes für eine Erweiterung der Heilkunst nach geisteswissenschaftlichen Erkenntnissen, 1925.)

Versuchen wir — in Anlehnung an eine Skizze von *R. Steiner* (1. Medizinerkurs 1920, X. Vortrag, Seite 151) — ein Bild zu zeichnen von der Grundstruktur des Gesamtorganismus, auf dessen Hintergrund die Differenzierung in Organe und Organsysteme innerhalb einer integrierenden, dynamischen Gesamtordnung gedacht werden kann (Abb. 4):

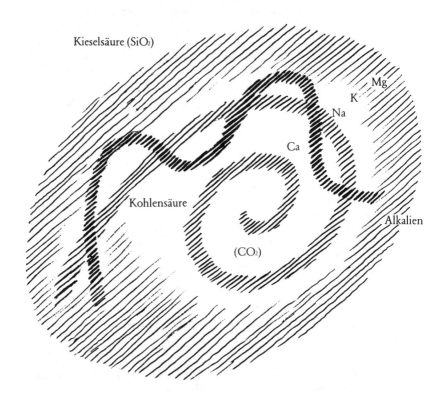

Die polare Spannung, Interdependenz und innere Verwandschaft des Kieselsäureprozesses und des Kohlensäureprozesses umfaßt die Totalität aller dynamisch-prozeßhaften Beziehungen der Teilordnungen und Teilsysteme. Daß es nicht zu einem starren Endzustand oder zur Formauflösung kommt — Kieselprozesse einerseits, Kohlensäureprozeß andererseits —, ist im lebendigen Organismus diese Urpolarität erstens durch die Doppelnatur ihres gemeinsamen Prinzips: Die Wärme sowohl interdependent verbunden, als auch differenziert, zweitens durch die Umpolung (totale Umstülpung) der Wirkprinzipien (Elementarkräfte) von Kohlenstoffprozeß und Kieselprozeß in folgender Weise gegliedert (Abb. 5):

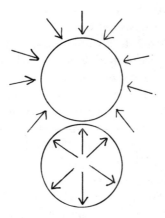

Wir haben es bei der Polarität Kiesel-Kohlenstoff mit aufeinander bezogenen und wirkenden Form- und Bildeprinzipien zu tun, die die paracelsische Schule mit den Begriffen kennzeichnet:

Sal-Prinzip (Kiesel) und
Sulfur-Prinzip (Kohlenstoff)

Was beide Prinzipien sowohl vereint, als auch in Spannung zueinander hält, ist die Doppelqualität der Wärme als „substantielle" und zugleich dynamische Wärme.

Die Alkalien und Erdalkalien sind als dynamisch-energetische Prozesse in die „Umpolarisierung" zwischen Sal-Wärme (Kiesel) und Sulfur-Wärme (Kohle) eingegliedert. Sie repräsentieren substantiell-dynamisch-energetisch das dritte paracelsische Prinzip im physiologischen Geschehen: das merkuriale Prinzip; dies jedoch in vierfacher Weise:

In einer „inneren" kleinen Polarität als Natrium-Kalium-Prozeß, in einer „äußeren" großen Polarität als Kalzium-Magnesium-Prozeß. Die Doppelnatur der Wärme (Feuer) ergreift die Alkalien und Erdalkalien auf der wärmeenergetischen Stufe der Substanz. In ihren Karbonatverbindungen lösen und befreien sie den Kohleprozeß von der merkurialen Mitte her aus seiner organisch-physischen Verdichtungstendenz. Die im Kohlenstoff gebundene Wärme bleibt dadurch merkuriell-beweglich.

Der Kieselsäureprozeß bildet das allgemeine (universell-peripherische) „innere Milieu" *(Pischinger)* des Organismus. Das gesamte mesenchymale lockere Bindegewebe wird durch die Bindegewebsgrundsubstanz als interretikuläres Sol-Gel erfüllt. Sie hat eine bedeutende Funktion im inneren Stoffwechsel der Gewebesäfte, des Kapillartranssudates („Vorniere", *Volhard*) und der Lymphbildung. Ein hoher Anteil der aktiven Bindegewebsgrundsubstanz befindet sich im Corium der Haut und im Unterhautbindegewebe. Daher die bedeutende Funktion der Haut in der Flüssigkeitsregulation des Wasserorganismus („Niere—Natrium", „Leber—Kalium" = Funktion der Haut).

Die nachfolgenden Organe der Grundsubstanz sind kieselreich: Sehnen, Bänder, Faszien, Organkapseln, Pleura, Peritoneum, Nabelschnur. Die Ausscheidung des Kiesels ist die Voraussetzung für die Lebenstätigkeit des inneren „Kieselprozesses". Hier spielt sich die Überwindung und Integration der Substanzen (Ernährung) ab. Der Kieselprozeß ist die Schwelle der Substanz zur Wärmestufe der „Ich-Organisation". Die Milz steuert diesen Wärmeprozeß des inneren Stoffwechsels. Das Freiwerden der Wärme hängt mit dem lebendigen Kieselprozeß der mesenchymalen Grundsubstanz zusammen.

„Sie (die Kieselsäure) bildet die physische Grundlage der Ich-Organisation." (Seite 69)

„Man kann geradezu von einem dem gesamten Organismus eingegliederten speziellen Kieselsäureorganismus sprechen, auf dem die der gesunden Lebenstätigkeit zugrundeliegende gegenseitige Empfindlichkeit der Organe und deren richtiges Verhältnis nach innen zu der Seelen- und Geist-Entfaltung und nach außen für den richtigen Abschluß der Naturwirkungen beruht." (Seite 70)

„Die nicht ausgeschiedenen überschüssigen, von der Ich-Organisation nicht erfaßten Kieselsäuremengen müssen im Organismus als Fremdstoffe sich ablagern und wegen ihrer Neigung zur Gestaltung, durch die sie — in richtiger Menge — gerade der Ich-Organisation dienen, diese stören." (Seite 71)

(R. Steiner/I. Wegman: Grundlegendes für eine Erweiterung der Heilkunst nach geisteswissenschaftlichen Erkenntnissen.)

„Und wenn ich z.B. konstatiere, daß im Menschen statt des normalen Kieselerdeentgegenwirkenden Prozesses eine zu große, eine zu intensive Neigung zu diesem Prozeß besteht, so habe ich das von außen dadurch zu regulieren, daß ich den betreffenden Stoff zuführe und die Gegenwirkung dadurch hervorrufe."

(R. Steiner: Geisteswissenschaftliche Gesichtspunkte zur Therapie, Seite 12)

Dem peripheren universellen („kosmischen", *R. Steiner*) Kieselprozeß diametral entgegengesetzt wirkt der individualisierende ins Blut und in das individuell-seelisch geprägte Eiweiß hineinführende Kohlenstoffprozeß. (Siehe Abbildung: Einwickelnde Spirale.) Auf die Rolle, die dabei der Kalziumprozeß spielt, kommen wir später zu sprechen. Physiologisch hängt der Kohlenstoffprozeß mit der Arterialisation und der Nierentätigkeit zusammen. In der Niere wird das Eiweiß verdichtet und individualisiert. In der Niere muß der überschießende Kohlenstoff überwunden werden:

> „Nun, wenn wir so etwas betrachten wie *Carbo vegetabilis,* da wird zunächst natürlich derjenige, der seinen Blick richtet auf das zunächst Bemerkbare, der wird sagen: In großen Dosen eingenommenes Carbo vegetabilis gibt ein ganz bestimmtes *Krankheitsbild.*" (Seite 162)

> „Alle Erscheinungen, die auftreten, vom Aufstoßen bis zu den Blähungen, bis zum fauligen Durchfall usw., bis auf der einen Seite zu Hämorrhoidalbildungen, auf der anderen Seite zu allerlei brennenden Schmerzen, rühren davon her, daß die Tierheit, die vom Menschen, damit er Mensch sein kann, ausgestoßen worden ist im Laufe seiner Entwicklung, daß dieser Prozeß der Tierheit wiederum in den Menschen zurück, hereingenommen wird." (Seite 163)

> „Wenn wir hinblicken auf dasjenige in uns, was beteiligt ist an dem Abbau des Kohle-Substantiellen, dann kommen wir beim Menschen auf die Nieren- und Harnorgane überhaupt, und auf alles dasjenige, was auch nach oben mit der Niere zusammenhängt. Und damit ist zugleich ein Weg gegeben, um ... so etwas beim Menschen anzuwenden wie Carbo vegetabilis ... Bringen Sie es dahin, den Nierenprozeß zu fördern, wenn Sie das Krankheitsbild im Menschen haben, das sonst künstlich hervorgerufen werden kann durch große Dosen Carbo vegetabilis, bringen Sie es fertig, z. B. durch höhere Potenzierung von Carbo vegetabilis den ganzen Nierenprozeß zu fördern, ihn in gewisser Weise zu erhöhen, dann arbeiten Sie diesem Krankheitsprozesse, der ähnlich ist den Wirkungen von Carbo vegetabilis, im Menschen entgegen." (Seite 166)

> „Dieses Ähnlichkeitsgesetz birgt etwas außerordentlich Bedeutsames, aber es ist notwendig, daß dieses Ähnlichkeitsgesetz auf allen Elementen aufgebaut wird, welche man gewinnt durch Betrachtungen solcher Zusammenhänge, wie wir sie jetzt feststellen ... Wenn wir auf der einen Seite sprechen von dem Kieseligen als dem, was den Menschen gestaltet, und dem Kohlensäurehaften, was den Menschen wieder auflöst, so liegt in dieser fortwährenden Neigung zum Gestalten und zu der Auflösung der Lebensprozeß." (Seite 140)

> *(R. Steiner:* Geisteswissenschaft und Medizin, XI. Vortrag.)

Der Natrium-Kalium-Prozeß im engeren Sinne und der Kalzium-Magnesium-Prozeß im weiteren Sinne vermitteln und transponieren als merkuriale Umwandlungsprozesse zwischen der gesamtmenschlichen

Großpolarität der Gestaltung und Auflösung, zwischen „Sal" und „Sulfur". Es kommt nun darauf an, die entwicklungsgeschichtliche und physiologisch-organische Topographie dieser Prozesse zu bestimmen.

Die Arzneimittelbilder von Kiesel und Kohlenstoff

In den Arzneimittelbildern von Kiesel und Kohle zeigt sich die Tendenz dieser beiden Prozesse zur extremen, den lebendigen Zusammenhang gefährdenden übersteigerten *Sinnestätigkeit* einerseits (Kiesel) und zur *Stoffwechseltätigkeit* (Kohlenstoff) andererseits.

Kiesel
Die Assimilation ist gehemmt; mager, lebensschwach

Kohlenstoff
Die Dissimilation ist gehemmt; fett, pastös

Verhältnis zur Wärme zu Haut und Sinnesorganen

Innere Frostigkeit, mangelnde Vitalität und Lebenswärme, eiskalte Füße, Fußschweiß, Abmagerung, Bedürfnis nach Wärme, Fußsohlen brennen, Sinnesorgane überempfindlich, Haut trocken, unrein, Nagelbettentzündungen. Hauteiterungen, Bindegewebsatrophie, Keloide, Schwielenbildung, Fisteln, Kollagenosen, Sklerodermie, Überempfindlichkeit bei Berührung.

Kiesel in der Epidermis
106 ± 2,7 mcg SiO2
Haare: 90 mcg
Niere: 42 mcg ± 3,9 mcg
Gesamtgehalt an Kieselsäure = 0,001 %

Frostigkeit, Kältegefühl über den ganzen Körper, Kälte von innen kommend, Schüttelfrost, dann Hitze, periodisch. Leicht erkältet, kalte Füße, Fußschweiß

Verschlechterung durch Kälte und durch warmes, feuchtes Wetter, Verschlimmerung im warmen Bett, Nachtschweiß, pastöse Konstitution, Stauung im venösen Kreislauf
Widerwillen gegen warme Speisen, Fleisch und Milch

Haut trocken, rissig, besonders Mundwinkel, Naseneingang, Analekzem, Hämorrhoiden, Finger- u. Zehennägel verdickt, Blepharitis, heißer Schweiß nachts Haut bläulich livide

Verschlechterung durch Zugluft und Kälte, im Winter bei Wetterwechsel, Husten beim Niederlegen, Stiche in der Brust, Schleim bei Erkältung löst sich nicht	Spastisches Asthma, Brust zusammengeschnürt, Erstickungsanfälle, Heiserkeit, empfindlich gegen Luftzug. Bedürfnis nach kühler Luft. Atemnot. Kurzatmig. Gastrokardialer Symptomenkomplex (Vgl. Nicotiana, Veratrum, Cuprum)

Psyche

Empfindlich, ängstlich, verzagt, eigensinnig, fixe Ideen; geistesabwesend, Denk- und Konzentrationsschwäche	Traurig, furchtsam, träge, unentschlossen, langsam im Denken, hochfahrend

Aus beiden Arzneimittelbildern geht hervor, daß der freie Wärmeprozeß, d. h. die Umwandlung der „Kohlenstoff"-Wärme (Stoffwechsel) in die „Kiesel"-Wärme nicht vollständig zur Wirkung kommt. Die Frostigkeit ist beiden Arzneimittelbildern gemeinsam. Ein deutlicher Unterschied liegt darin, daß beim Kohlenstoff-Arzneimittelbild Wärme von außen (warmes, feuchtes Wetter, Bettwärme) verschlechternd wirkt und ein Bedürfnis nach kühler Luft besteht. Dies sind Hinweise auf eine Beziehung zur Nierenorganisation, die bei anderen Arzneimitteln, die unter die „Nierenmittel" zu zählen sind, wie Natrium oder Apis zu den wesentlichen „Nierensymptomen" gehören: Bedürfnis nach frischer kühler Luft, Empfindlichkeit gegen Wärme. Die psychischen Symptome weisen ebenfalls charakteristische, wenn auch fein nuancierte Unterschiede auf: Bei Silicea deutliche neurasthenische Zeichen, bei Carbo Veränderungen der Gemüt-Triebsphäre. Der Sinnesnerven-Mensch (Silicea) und der Stoffwechsel-Mensch (Carbo) sprechen ihre Sprache.

Alkalien und Erdalkalien als merkurialer Prozeß

Vor allem die Karbonate der Alkalien und Erdalkalien sind es, die den *Kohlenstoff*prozeß in seiner zentripetalen, verdichtenden Wirkungsrichtung aufheben und die Entbindung der Wärme (und der

Lichtqualität) bewirken. Auf der anderen Seite ist damit zu rechnen, daß vor allem Natrium*silikat* die Kieselsäure im interzellulären interstitiellen Raum löst. Kieselsäure finden wir in Organen mit geringer Stoffwechseltätigkeit. Sie ist den Stoffwechsel-Bildeprozessen geradezu entgegengesetzt und als kolloidale Kieselsäure kaum angreifbar. Dagegen sind die Silikate des Natriums (und Kaliums) löslich, wobei die Polykieselsäuren aus der Sol- in die Gelform übergehen können (indem 1 SiO_2-Molekül 330 Moleküle Wasser binden kann). Für die Bedeutung, die den Polykieselsäuren in der lebendigen Bindegewebsgrundsubstanz zukommt, ist außerdem auf die Fähigkeit hinzuweisen, an die Stelle von Polysachariden zu treten. Mukopolysacharide spielen beim Aufbau der Bindegewebsgrundsubstanz eine wesentliche Rolle.

Gehen wir davon aus, daß Kalium und Natrium als merkuriale Prozesse den ganzen Flüssigkeitsorganismus energetisch durchstrahlen und Kalium die Organ-*Bildung* bis in den zellulären Aufbau (Vagus-Nachtphase), Natrium die Organ-*Gestalt*, und Sensibilität (Sympathikus-Tagphase) in allem physiologischen Geschehen begleiten, so verstehen wir, daß Kalium den vegetativen („pflanzlichen") Leberprozeß beherrscht, Natrium den nervösen („animalischen") Nierenprozeß. Natrium vermittelt daher die Gefäßfüllung insbesondere der Arterien (Raum-Volumen), den Turgor und den Gewebedruck.

Im periodischen System der Elemente (nach *Bindel/Blickle*) gehören Natrium und Kalium zur Wasserstoff(„Feuerstoff")-Gruppe der Evolutionsperiode I (H-Wasserstoff) und der Evolutionsperiode II b und III a (siehe dazu auf S. 32 die Abb. 2):

$$\underline{H} - \underline{Li} - (F) - \underline{Na} - (Cl) - \underline{K} - (Br) - -$$

Bei der Zersetzung des Wassers durch elementares Natrium bzw. Kalium treten die Alkali-Elemente begierig an die Stelle des Wasserstoffes unter größter Hitzeentwicklung, wobei sich der Wasserstoff entzündet. Die Feuer-Lichtverwandtschaft der Alkalien Natrium und Kalium mit dem „Feuerstoff" (H) ist in der Doppelnatur des „Feuerstoffes" zu sehen, der gleich Natrium und Kalium wie ein „Metall" sich mit den Halogenen der eigenen Gruppe (siehe oben) verbindet. Sowohl ihre Wasserzuneigung, als auch ihre Feuerverwandtschaft zeigt sich in ihrem gemeinsamen Auftreten in der Erdrinde mit dem Feuer- und Wasserelement Kiesel.

Die Organbeziehungen der Alkali- und Erdalkali-Prozesse

Gemeinsam ist den 4 Elementen Natrium, Kalium, Kalzium, Magnesium die Feuer(Wärme)-Energie. Natrium und Kalium zeigen dies in ihrer Stellung zum Wasserstoff im Periodischen System der Elemente und in ihrem chemischen Verhalten (siehe oben). Kalzium hält die Wärmeenergie bei der Oxydation weitgehend in sich fest (gebrannter Kalk), um im Übergang zur Kalkmilch Wärme in großer Menge in die Umgebung abzugeben. Magnesium verhält sich polar dazu. Es oxydiert (brennt) unter Abstrahlung heißen „weißen" Lichtes. Als Magnesiumoxyd geht es in ein stabiles, feuerfestes, unlösliches Salz über.

Die Wärmeeigenschaft der Alkali- und Erdalkalimetalle wird modifiziert und „spezialisiert" durch ihre besonderen Qualitäten und Kräftebeziehungen, wie sie sich in den 4 Hauptorganen: Herz — Lunge einerseits und Leber — Niere andererseits konzentrieren:

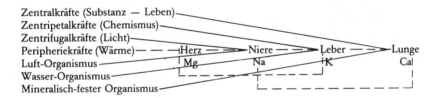

Zentralkräfte (Substanz — Leben)
Zentripetalkräfte (Chemismus)
Zentrifugalkräfte (Licht)
Peripheriekräfte (Wärme) — — —Herz ===> Niere ==> Leber —> Lunge
Luft-Organismus — Mg — Na — K — Cal
Wasser-Organismus
Mineralisch-fester Organismus

Um welche organischen Zuordnungen zum Bildekräfteorganismus handelt es sich? Beginnen wir mit der Polarität Natrium — Kalium, Substanzen, die im flüssig-merkurialen Prozeß bleiben und nicht an festen organischen Strukturen beteiligt sind. In ihren chemischen Eigenschaften nahe verwandt, hat Natrium Wärme-Licht-Charakter (brennt mit hellgelber Flamme), Kalium Wärme-Ultraviolett-Charakter (brennt mit dunkelvioletter Flamme), Natrium versprüht seine Energie in den umgebenden Raum extrazellulär, Kalium verdichtet Energie zentripetal intrazellulär.

Aus der nachstehenden Gegenüberstellung der physiologischen Eigenschaften von Natrium- und Kalium-Prozeß lassen sich die besonderen Beziehungen der beiden Kräftesysteme zum vegetativen Lebenszentrum der Leber (Kalium) einerseits und dem empfindenden, die seelische Erregbarkeit bestimmenden Nierenorganismus (Natrium) andererseits deutlich ablesen:

Kalium	**Natrium**
Hydratationshülle 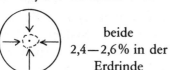 beide 2,4—2,6% in der Erdrinde	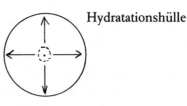 Hydratationshülle

Körpergewicht

bis zu 175 g/70 kg	100 g/70 kg
(in der Pflanze 10facher Anteil des Aschgehaltes als Na)	
Intrazellulär 96 % Extrazellulär 4 %	Intrazellulär 10 % Extrazellulär 90 %
im *venösen Blut in höherer Konzentration* als im arteriellen	
im Ery = 95,1 mVal im Plasma 4,4 mVal	im Ery = 21,2 mVal im Plasma 137,1 mVal

Resorption in ½ Std.

17 % (langsam)	58 % (rasch)
lange Verweildauer im Organismus	wird rasch ausgeschieden
Ein Teil wird in der *Leber* festgehalten, danach der größte Teil in der quergestreiften *Muskulatur*	Retention der Alkalien im Unterhautzellgewebe und im Bereich der Muskelfasergrenzflächen. Verhältnis von Na Cl im Muskel und im Plasma = 1,76 : 1,34

Ausscheidung

über die Niere und den Darm 0,5 g/Tag K im Stuhl Die Leber fängt das bei der Muskeltätigkeit frei werdende Kalium auf	fast nur durch die Nieren (Schwitzen, Diarrhö)

Mangel

Hypokaliämie bei gleichzeitigen Glukose- und Insulingaben durch Erhöhung des intrazellulären Kaliums

Bei K-Verlust hält die Leber das Kalium am längsten fest. Kalium größte Reaktionsfähigkeit im Organismus, sehr selbständig in seinen Verbindungen, Zellwachstum durch Kalium. K-Mangel verzögert Wachstum, Gewebe schlaff, Turgor herabgesetzt, Tumorzelle hat erhöhten K-Gehalt

Na-Mangel verursacht Anorexie, mangelnden Eiweißaufbau, Versagen der Muskelkontraktion

Na-Mangel — Schock
Abfall des Schlagvolumens und des Blutdruckes, der Gefäßfüllung

Na-Mangel = Nierenversagen — Anurie

Weitere physiologische Eigenschaften

Parasympathikus dominiert bei der Kalium-Aufbau-Ruhephase, Kalium setzt Acetylcholin frei

Diabetes: Insulin führt zu Hypokaliämie, Insulinschock, Herzstillstand in der Diastole

Kalium = Katalysator bei der Glykogenbildung

Serumgehalt mit 40 mg Kalium ist tödlich, Herzstillstand Kaliumlähmung, Parästhesie

Na in der Sonnenatmosphäre
Sympathikotonie = Na-Erregung der Zelle, 50 % des Na extrazellulär,
$\frac{1}{3}$ im Knorpel, der Rest in Niere und Magen intrazellulär!

Regulation des Volumens der Körperflüssigkeiten durch Na

Acetylcholin wird durch Na gehemmt!

Nebennierenadenom: Natrium-Hypertension, Flüssigkeitsretention, Cushing

Devernation der Nieren: oder Verletzung des Bodens des 4 Ventrikels führt zu Na-Verlust über die Nieren. Hinweis für die nervös-humorale Na-Regulation

Kalium-Minerale	Natrium-Minerale
Kali-Feldspat	Natron-Feldspat
K [Al Si$_3$ O$_8$]	Na [Al Si$_3$ O$_8$]
Kali-Glimmer	Kalk-Natron-Feldspat
[K Al$_2$ (OHF) 2] [Al Si$_3$ O$_{10}$	Na [Al Si$_3$ O$_8$] Ca [Al$_2$ Si$_2$ O$_8$

Die Kaliumminerale zeigen in ihrem weiteren Vorkommen in der Erdrinde eine besondere Beziehung zum Magnesium, auf das wir bei der Betrachtung der Polarität Magnesium — Kalzium noch näher eingehen. Hier sei nur auf den gemeinsamen Leberzusammenhang und den „pflanzlichen" Charakter des Magnesiums hingewiesen:

Karnallit
K Cl Mg C12 6H$_2$O
Schönit
K$_2$SO$_4$ · MgSO$_4$ · 6H$_2$O
und Polyhalit
2CaSO$_4$ · MgSO$_4$ · K$_2$SO$_4$ · 2H$_2$O
Kainit
MgSO$_4$ · KCl · 3H$_2$O

Die Arzneimittelbilder von Natrium carbonicum und Kalium carbonicum

Kalium carbonicum	Natrium carbonicum

Allgemeine und konstitutionelle Merkmale

Große körperliche Schwäche, Zittern, Magerkeit, Gesicht jedoch gedunsen, blaß mit kleinen Ödemen über den Augenlidern.	Geistige (Denk)-Schwäche, Depressionen, Neurasthenische Konstitution,

Haut trocken,
anämisch, kälteempfindlich
Hypotonie, ohnmächtig,
Bedürfnis nach Wärme.
Herzstiche und Herzmuskel-
schwäche.
Verschlimmerung im Liegen,
Pulsieren im Körper,
Verschlimmerung morgens
3—5 Uhr.

Durst, Trockenheit im Mund,

Übelkeit, Erbrechen, Mundgeruch.

Aufstoßen, Blähungen, Magen-
Darm-Koliken.
Berührungsempfindlich.

Ablehnung von Milch und
Fleisch.

Brennen im Rektum nach Stuhl-
gang,
Hämorrhoiden, Stuhl hart, groß.

Eiskalte Füße, Gesicht dann auch
heiß und gerötet.
Schweißausbruch aus Schwäche.

Haut im ganzen gedunsen,
Magen empfindlich,
Widerwille gegen Fleisch, Milch,
Nüchternschwäche. Nach dem
Essen Verstimmung. Hunger
frühmorgens,

Verschlimmerung durch heißes
Wetter, Gewitter und Sonne.

Zucken im Schlaf (Niere),

Überempfindlich gegen Sinneseindrücke (Nerven-Sinnes-
schwäche),
Erschöpfbar, empfindlich gegen
Personen. Reizbar, hastig.

Schwindel in der Sonne, Sonnenstich.
Gefühl des Zugroßseins.

Schwellung der Oberlippe, Brennen in den Augen, Brennen der
Zunge, Riß in der Unterlippe.

Verschlimmerung beim Eintreten
in warmes Zimmer.

Herpes labialis

Psyche

Verzagt, furchtsam, ängstlich.

Verdrießlich, mürrisch, ärgerlich,
vor allem frühmorgens.

Konzentrationsschwäche,
Sinne schwinden plötzlich,
Kopf ist leicht eingenommen.
Schläfrigkeit bei Tag.

Unterbrochener Schlaf, traurige
Gedanken.

Schreckhaft, sprunghaft, eigensinnig, Unruhe. Alles macht einen
heftigen Eindruck (Neurasthenie).
Abneigung gegen Menschen.
Geistige Anstrengung erschöpft,
Schwindel, Kopfschmerz, Depressionen.

45

Das Verhältnis zur Wärme ist — wie bei den Silicea-Kohlenstoff-Arzneimittelbildern — für Kalium- und Natriumkarbonat sehr charakteristisch und aufschlußreich. Die Frostigkeit und das Bedürfnis nach Wärme bei Kalium — und ihre gute Verträglichkeit weisen sowohl auf den einseitigen Kaliumprozeß, als auch auf die Lebertätigkeit hin. Ganz anders die Wärmeempfindlichkeit beim Natrium carbonicum-Bild: Heißes Wetter, Wetterwechsel, Luftzug und Sonneneinwirkung verschlimmern. Ebenso der Übergang von kalt in warm. Dieser Typus ist — wie schon gesagt — kennzeichnend für die „Nierenkonstitution". Die Tageszeiten — schlechter morgens und vormittags, besser spätnachmittags — weisen auf die nervös-seelische Wirkungskomponente von Natrium carbonicum hin. Auch darin sehen wir eine Bestätigung für den Nierenzusammenhang. Der Psychastheniker findet im Laufe des Tages den Ausgleich gegenüber dem Vegetativum und dem Stoffwechsel.

Das Verhalten der Psyche erinnert insofern an die seelischen Symptome von Silicea und Carbo, als Silicea verwandte Züge zu den neurasthenischen Zeichen des Natrium carbonicum-Bildes zeigt, Carbo dagegen Ähnlichkeit zur Gemütsverstimmung des Kalium carbonicum-Typus. Man kann daran erkennen, daß der Carbo-Prozeß zwar den Nierenorganismus bestimmt, die *Ausatmung* jedoch wesentlich mit dem Kohlehydratstoffwechsel der Leber und dem Kaliumprozeß zusammenhängt.

Der Kalzium- und Magnesiumprozeß

Die Polarität von Kalzium und Magnesium als physiologische Prozesse kann man am deutlichsten an der Physiologie der Muskeltätigkeit ablesen. Kalzium tritt nachweisbar vermehrt in Erscheinung im Zusammenhang mit der Muskel*kontraktion*, Magnesium bei der Muskel*dehnung*. Am Herzmuskel kann deshalb eine Überaktivität des Kalziums (Überdigitalisierung, Kalziumgaben i.v.) zum Herzstillstand in der Systole führen. Magnesium verstärkt die Diastole. Magnesium gibt — wie wir gesehen haben - Wärme- und Lichtenergie frei, Kalzium bindet sie. In diesem polaren Geschehen tritt rhythmisch einmal der gestaltgebende Eiweißprozeß in Zusammenhang mit dem Kalzium in den Vordergrund, dann wieder der lösende, die Lebenstätigkeit entfachende, vegetative Zuckerprozeß in Zusammenhang mit Magnesium. Die *physischen* Organkräfte werden von den *Erdalkalien* in Gang gesetzt.

Dabei wirken die *Alkalien* Natrium und Kalium eine physiologische Stufe „höher" gleichsinnig mit den Erdalkalien: Natrium in Richtung der Kalziumaktivität, Kalium im Sinne der regenerativen Lebensphase des Magnesiums. Man könnte geneigt sein zu sagen: *Kalzium* ist ein „Eiweißatmer" mit Betonung auf *Einatmung*, Strukturierung, Flüssigkeitsabscheidung. Magnesium dagegen ein „Kohlehydratatmer" mit Schwerpunkt auf der *Ausatmung*. Es wundert uns nicht, daß damit Kalzium eine unmittelbare Beziehung zur Niere eingeht, Magnesium zur Leber.

Zur Physiologie

Kalzium

Bei der Herzmuskelkontraktion steigt das ionisierte Ca an (Im Herzmuskel 17 mg % Ca gegenüber 9—11 mg % im Plasma)
Bei Überfunktion der Schilddrüse erhöhte Ca-Ausscheidung (Eiweißabbau)
Während Na-, K-, Mg-Ausscheidung der N-Ausscheidung äquivalent ist, beträgt die Ca-Ausscheidung das 10fache des N-Äquivalentes.
(100 g Muskel = 3,4 gN)
Kalzium ist *relativ* vermehrt anwesend in Niere, Leber, Milz, Knorpel, Blutplasma
Zellen sind Ca-arm.
Bei Ca-Mangel, Störung der Mitosen.
(Blaualgen benötigen Ca zur Bindung von Luft*stickstoff*).
Rohalbumin (Pferd) bindet 11 mg Ca/g
Protein-N (Mensch) 4,5 Ca/g

Magnesium

Die polare Wirksamkeit des Magnesiums gegenüber dem Kalzium ist signifikant. Überdosierung von Digitalis kann durch Magnesium rasch ausgeglichen werden. Koronarspasmen, Herzmuskeldegeneration (Nekrobiose) sind Mg-Indikationen. Mg hat bei Ca-Überaktivität (digitalisiertes Herz) eine ähnliche vegetativkompensierende Wirkung wie Kalium.

2 wesentliche physiologische Mg-Wirkungen:

1. Katalysatorische Funktion im Zusammenhang mit Adrenalin, wobei Glykogen in Glukose umgewandelt wird (Muskeltätigkeit)

2. Neuromuskuläre, präsynaptische Erregung durch Mg-Ion. Acetylcholinfreisetzung wird verhindert (Hier Antagonismus zu Kalium).
Diese Wirkung wird auch durch Ca-Entzug hervorgerufen.

Serum-Ca ist zu 50% an Eiweiß gebunden.

Die „elektrische" Erregbarkeit der Muskulatur wird durch Ca-Überschuß herabgesetzt, und zwar durch Trägheit der Muskelkontraktion

Dadurch wird eine Dehnung der Muskulatur erreicht. Dies ist dynamisch ein völlig anderer Vorgang als die „passive" Erschlaffung durch den überwiegenden Kaliumprozeß.
(Vgl. Curare-artige Wirkung des Magnesiums.)

Magnesium hat also
a) eine Anti-Acetylcholin-Wirkung
b) eine Anti-Muskarin-Wirkung
c) eine Antiparasympatikus-Wirkung

Magnesium-Wirkungen sind folglich: gefäßerweiternd, blutdrucksenkend, herzmuskeldehnend (aktiver Prozeß)

Körpergewicht

ca. 2% des Körpergewichtes = 1—1,5 kg

Bei eiweißreicher Kost ist die Ca-Aufnahme erhöht.

Kalziumaufnahme durch Gallensäuren,
Kalziumausscheidung in 24 h 0,1—0,4 g im Harn.

Reichliche Ausscheidung im Stuhl, wobei jedoch sicher die Hälfte aus nicht resorbiertem Nahrungs-Ca besteht.

Die Ausscheidung über die Nieren ist nicht nur ein Ausdruck für Ca-Überschuß, sondern zu-

20—30 g (!) im Menschen, davon 50% als Magnesium-Karbonat im Knochen, 50% in Muskulatur, Leber, Nieren, Nebennieren, Gehirn, Pankreas, Milz, Lunge.

In Gehirn, Herzmuskulatur, Skelettmuskulatur überwiegt Magnesium relativ gegenüber Kalzium.

Im Blut: Magnesium z.T. an Ery. gebunden (Ery. praktisch Ca-frei).

Mg-Katalysator für alkalische Phosphatase, Pyrophosphatasen, Adenosin-Triphosphorsäure.

Magnesiumsalze wirken „narkotisierend" auf das Zentralnervensy-

gleich das Korrelat des Kalzium-Nierenprozesses.
(Dasselbe gilt für Natrium, das im Zusammenhang mit der Nierenerregbarkeit auftritt und teilweise ausgeschieden wird.)

stem (jedoch nicht über Lipoidlöslichkeit). Mg vermindert die Sensibilität der quergestreiften Muskulatur und dämpft die glatte Muskulatur.

Magnesium-Zufuhr bewirkt Kalziumverlust und umgekehrt. Magnesium daher antisklerotisch, senkt die Körpertemperatur.

7 mg % im Blut = Narkose. Krebszellen an Mg verarmt. Mg steigt im Blutplasma zusammen mit Kalium bei akutem Nierenversagen. Im Schlaf und nach schwerer Arbeit Mg ebenfalls im Blut erhöht. Mg krankhaft vermehrt bei Myasthenie ebenso bei Tetanie.

Vorkommen in der Natur

Kalzium:
3,4 % der Erdrinde Kalkstein und Kreide: $Ca\ O_3$
Marmor = reines Kalziumkarbonat
Gips: $Ca\ SO_4 . 2\ H_2O$ (Alabaster) (Selenit)
Dolomit: $Ca\ CO_3 . Mg\ CO_3$
Apatit: $3\ Ca_3\ (PO_4)_2, CaF_2$

Magnesium:
2% der Erdrinde
Magnesit: $Mg\ CO_3$
Kieserit: $Mg\ SO_4 . H_2O$

Magnesium Silikate:
Olivin: $(Mg\ Fe)_2\ Si\ O_4$
Eustatit: $Mg\ (Si_2O_6)$
(Serpentin, Asbest, Talk, Meerschaum)

Liquor cerebrospinalis

Phosphor	1,5—2,7	mg %
Kalium	10,0—18,0	mg %
Natrium	257—331	mg %
Kalzium	4,4—6,8	mg %

Magnesium	1,62—3,3	mg %
Eiweiß	19—26	mg %
Menge	120—180	cm³
Harnstoff	6—12	mg %
Harnsäure	0,3—1,3	mg %
Kreatinin	1—1,5	mg %

Blut

	Plasma		*Erythrozyten*	
Kalium	15—25	mg %	379	mg %
Natrium	323	mg %	41	mg %
Kalzium	10,2	mg %	1,6	mg %
Magnesium	2,3	mg %	4	mg %

Die Tatsache, daß im Herzmuskel, im Vergleich zu allen anderen Organen ungewöhnlich viel Magnesium und Kalzium gefunden wird — Magnesium sogar noch etwas mehr als Kalzium — weist uns auf die gewaltige Kräfteorganisation hin, die sich dahinter verbirgt und deren Tätigkeit das Auftreten der beiden Erdalkali-Elemente erst zur Folge hat.

Magnesium tritt in der *Bindel/Blickle*schen Evolutionsreihe der Elemente bereits in der II. (Sonnen)-Periode auf, Kalzium in derselben Reihe, jedoch erst in der III. (Mond)-Periode. Die zentrifugalen Licht-(Wärme)-Kräfte des Magnesiums (Zucker-Phosphor-Energie-Freisetzung) und die zentripetal wirkenden Gestalt-Kräfte des Kalziums bringen die spiralige Bildung und systolische Kontraktionswelle (Kalzium) einerseits und die kraftvolle Diastole des Herzmuskels andererseits hervor. Der Mineralreichtum (15—20 mg % Kalzium, 15—25 mg % Magnesium) und ihre *Erd*-Alkalinatur sprechen ihre eigene Sprache. Die Elementarkräfte der vorangegangenen Evolutionsperioden:

Wärme	Licht	Gestaltungs-
Energie	Energie	energie

sind nunmehr auf der Erdenstufe wirksam. Ihre vereinigte Tätigkeit macht die Herzorganisation aus. Von der atmenden Lunge aus greift der Kalzium-Prozeß in die *Arterialisation* des Blutes ein (Einatmungs-phase), energisiert systolisch vorwiegend das linke Herz und das arterielle Gefäßsystem bis hinein in die individuelle Eiweißgestaltung der *Nierenorganisation*.

Der *venöse* Blutstrom von der (unteren) Hohlvene in die diastolische Bewegung vor allem des rechten Herzens hinein, steht unter der Wirksamkeit des Magnesiumprozesses. In diese Dynamik ist die Kräfteorganisation der *Leber* mit ihrem vom Magnesium beherrschten Zuckerprozeß einbezogen. Der Herzorganismus umspannt die große Polarität der Erdalkalien Magnesium-Kalzium: Die zentrifugale strahlende Energie des Magnesiums (Diastole-Zuckerprozeß) und die zentripetale strukturgebende Energie des Kalziums (Systole-Eiweißprozeß).

Die Arzneimittelbilder von Calcium carbonicum und Magnesium carbonicum

Die Arzneimittelbilder von Magnesium und Kalzium geben Aufschluß über den Zusammenhang der beiden Erdalkalienelemente mit dem Zucker- und Eiweißprozeß.

Calcium carbonicum	Magnesium carbonicum
Konstitution	
Lymphatismus, exsudative Diathese, Schwer, derb. Pastös gedunsenes Gewebe, blaß, kalt, großer Kopf Typus des Kindes- und Entwicklungsalters, der Schwangerschaft und Laktation, femininer Habitus.	Abgemagert, erschöpft, Leber vergrößert Das vegetative Nervensystem, Leber- und Galle-System, Muskulatur und Gliedmaßen und der gesamte Magen-Darm-Trakt als Hohlorgan stehen im Vordergrund der krankhaften Symptome Beschwerden anfallsartig, blitzartig, wechselnd. Große nervöse Unruhe, Koliken, Spasmen, Gliederschmerzen, vor allem rechte Schulter (Leberbeziehung)

Verhältnis zur Wärme

Innere Kälte, Haut feucht, kühl. Verschlechterung durch feuchte Kälte, Verschlechterung bei Vollmond
Bei gleichzeitiger Blässe heißer Kopf und kalte Hände und Füße. Fußschweiß (säuerlich), kälteempfindlich, vor allem bei Wetterwechsel. Bedürfnis nach *kalten* Getränken. Empfindlich gegenüber warmen Speisen, Fleisch. Besserung in kühler Luft, bei trockenem Wetter. Fußsohlen heiß, brennend. Schweregefühl in den Beinen, Schwellung der Füße bei heißem Wetter

Frostigkeit, Kälte wird nicht vertragen, aber auch empfindlich gegen Wärme! Besserung an der frischen warmen Luft und durch Herumgehen. Zerschlagenheit und Schmerzen in den Muskeln, Kältegefühl

Appetitlos, salzig-bitterer Mundgeschmack, trockener Mund, Durst, Abneigung gegen warme Speisen, gegen Fleisch, Sodbrennen, Aufstoßen, Magenkrämpfe, Stuhl kleinknollig, Darm spastisch, Hämorrhoiden
Neigung zu Sinusitis maxillaris

Haut

Schlaff, feucht, geschwollene Lymphknoten. Neigung zu nässendem Ekzem hinter den Ohren. Schlechte Heilungstendenz, Frostbeulen, Unverträglichkeit von Milch, Milchschorf

Herz: Herzangst. Schweregefühl Varizen, Lymphstauung,

Fahl, gelblich, juckend, besonders in der Bettwärme. Nässende Ekzeme, Epidermophytie

Fußsohlen- und Handflächenekzem

Herz: Schwäche, Kollapsneigung. Herzstiche, Herzklopfen, Pfortaderstauung

Psyche

Ängstlich, dabei dickköpfig
Hat Befürchtungen. Keine Initiative, phlegmatisch, leicht ermüdbar durch körperliche und geistige Anstrengung. Mißgestimmt, vergeßlich, kommt rasch außer

Gereiztheit, Ängstlichkeit, Hypochondrie. Unlust und Unfähigkeit zu geistiger Arbeit. Schläfrigkeit bei Tag. Verschlimmerung durch Ärger, nach dem Essen, morgens um 3 Uhr (Leber).

Atem, schwitzt bei geringer Anstrengung. Bedürfnis nach Wärme, nach frischer Luft

Verschlimmerung nach dem Mittagsschlaf. Stimmung wechselnd, häufig verstimmt, Kopfschmerzen migräneartig, vorzugsweise rechts, Besserung durch Wärme. Verschlimmerung neuralgischer Kopfschmerzen durch Hitze, Erschütterung, Bücken, dann Schwindel. Abendmensch!

Verschlechtertes Hören, Ohrenklingen, Verschlechterung durch Liegen auf der rechten Seite, Verschlimmerung nachts, Supraorbitalschmerz rechts (Glykolyse) Magnesium carbonat ein Nervenmittel (Trigeminusneuralgie)

Auf eine Darstellung der Abwandlung der Arzneimittelbilder der Erdalkalien durch den Fluor-, Chlor-, Phosphor-, Schwefelprozeß und deren besonderen Verbindungen mit Kalzium und Magnesium muß in diesem Zusammenhang verzichtet werden.

Sie offenbaren die Eigentümlichkeiten der Erdalkalien und ihre Beziehungen zu den genannten Substanzprozessen. Diese Verbindungen modifizieren stets die genuinen physiologisch-organischen Wirkungsbereiche der Erdalkalien, wie wir sie weiter oben charakterisiert haben. So wird Magnesium durch Phosphor, Fluor, Chlor in seinem Typus in bestimmter Weise noch gesteigert, der Kalziumprozeß durch den Schwefel in Richtung Entzündlichkeit und Gewebeerschlaffung vor allem der Lymphorgane verstärkt. (Ein anderes typisches Beispiel für eine Modifikation des Kalziums ist die Austrocknung und Verhärtung der Lymphorgane beim *Fluor*-Kalzium-Arzneimittelbild.)

Die Karbonate der Erdalkalien entfalten ihre Wirksamkeit primär im Interstitium der Gewebe; Kalzium im Lymphsystem, Magnesium im lockeren, mesenchymalen Bindegewebe.

In ihren Karbonat-Arzneimittelbildern kommt die gehemmte Umwandlung des Karbostoffwechselprozesses und dessen unvollständige Ausatmung zum Ausdruck. Dies zeigt zum einen sich in einer — beiden Bildern gemeinsamen — Stauung im venösen System, zum anderen in mangelnder innerer Wärme, die nicht genügend freigesetzt wird („Kaltblütertypus" des Calcium carbonicum-Kranken). Der Karbonatprozeß macht sich trotzdem durch eine gewisse Wärmeempfindlichkeit bemerkbar. Die Wärme-Kühle-Regulation ist nach beiden Seiten eingeschränkt. Deutlich tritt in den Arzneimittelbildern der Erdalkalien die Schwere hervor mit einer *neuropathischen* Einseitigkeit beim Magnesium und einer *nutritiven* beim Kalzium. Sie offenbaren damit ihre ursprüngliche enge Beziehung zu den übergeordneten polaren Prozessen des Kiesels (Magnesium) und des Kohlenstoffes (Kalzium).

Literatur

Boericke, O. E.: Homöopathische Mittel und ihre Wirkungen. Verlag Grundlagen und Praxis, Leer/Ostfriesland.

Bindel, E. und A. Blickle: Zahlengesetze in der Stoffeswelt und in der Erdenentwicklung. Verlag Freies Geistesleben, Stuttgart.

Christensen: Elektrolytstoffwechsel. Heidelberger Taschenbücher Bd. 55. Springer-Verlag, Berlin, Heidelberg, New York 1969.

Flaschenträger, B. und E. Lehnartz: Physiologische Chemie. Ein Lehr- und Handbuch für Ärzte, Biologen und Chemiker in 5 Bänden. Springer-Verlag, Berlin, Heidelberg, New York 1956.

Mezger J.: Gesichtete Homöopathische Arzneimittellehre. 5. Aufl. 2 Bände. Karl F. Haug Verlag, Heidelberg 1981.

Reis, L.: Die Spurenelemente im menschlichen Körper und ihre Bedeutung. Inaugural-Dissertation. Nürnberg, Erlangen 1960.

Remy, H.: Lehrbuch der anorganischen Chemie. 3. Aufl. Bd. 1. Akademische Verlagsgesellschaft, Leipzig 1957.

Simon, K. H.: Magnesium, Physiologie, Pharmakologie, Klinik. 7. Aufl. Wissenschaftl. Verlagsgesellschaft, Stuttgart 1967.

Steiner, R.: Geisteswissenschaft und Medizin. 20 Vorträge. Rudolf-Steiner-Verlag, Dornach. Geisteswissenschaftliche Gesichtspunkte zur Therapie. Rudolf-Steiner-Verlag, Dornach.

Steiner, R. und Ita Wegman: Grundlegendes für eine Erweiterung der Heilkunst nach geisteswissenschaftlichen Erkenntnissen. Rudolf-Steiner-Verlag, Dornach.

Truniger, B.: Wasser- und Elektrolythaushalt. Diagnostik und Therapie. Georg Thieme Verlag, Stuttgart 1974.

Zum Verständnis
homöopathischer Arzneimittelbilder

— Der Wärmeorganismus und die Luft-Atemorganisation —

Unter den Krankheitszeichen, die zur Auffindung eines homöopathischen Arzneimittels führen, nehmen die sogenannten „Modalitäten" eine besondere Stellung ein. Es sind die „besonderen, ungewöhnlichen, krankmachenden und auslösenden" *(Dorcsi)* Symptome und Ereignisse, das „Eigentümliche" und die „besonderen" Umstände, unter denen die im übrigen oft gewöhnlichen Krankheitserscheinungen, wie Fieber, Abgeschlagenheit, Appetitmangel, Schlaflosigkeit, Benommenheit usw. ablaufen.

Das „Eigentümliche" der Beschwerden und der besonderen Umstände, unter denen sie auftreten, bildet den wesentlichen Kern des Krankheitserlebnisses.

„Wenn für mich persönlich die Aufnahme der analytischen Psychologie und Psychotherapie in das ärztliche Rüstzeug entscheidend war, so ist dieser Weg, scheint mir, heute zwar auch ein sehr guter, aber nicht mehr der einzige, um die Wendung zur *anthropologischen* Form (hervorgehoben vom Verf.) der Medizin zu vollziehen, denn die Medizin des Menschen wird es zwar sicher nur dann geben, wenn sie auch eine psycho-physische ist; aber eine Einbeziehung der psychischen Seite garantiert doch noch nicht einen Dialog mit der Natur — es kommt darauf an, wie man Psychologie auffaßt. Denn mindestens muß die medizinische Psychologie Tiefenpsychologie sein ... Aber ebenso muß der Beitrag der Anamnese zur Pathogenese den kranken Menschen selbst erreichen, und das tut sie nur, wenn sie biographische und soziale Anamnese ist ... Eine menschliche Pathogenese vieler Körpersymptome der Neurose kann sich stützen auf die Ursprache des Affekt-Ausdruckes, das ist: die Gemütsbewegung im Szenarium der zwischenmenschlichen Beziehungen. Außer vielen Psychotherapeuten haben auch Kliniker, besonders Internisten ... den Versuch gemacht, die Determination eines Krankheitsverlaufes in der inneren Lebensgeschichte, in dem Drama des bewußten Menschen auf dem Wege zu seiner Bestimmung zu suchen. Mache ich nun den Versuch, für diese teleologischen Betrachtungsformen durch so verschiedenartige Bemühungen hindurch einen gemeinsamen Grundbegriff auszusondern, so kann ich bisher keinen besseren finden als den: es handelt sich um die Anerkennung des Subjektes im Gegenstande der menschlichen Medizin.

Die Gründe, warum nach meiner Überzeugung dieser Begriff allen anderen, nämlich „Person", „Ganzheit", „Individuum", „teleologisch", „psychisch" usw. vorzuziehen ist, können hier nicht noch einmal dargelegt werden. Der wichtigste ist der, daß nur der Begriff der Subjektivität wirksam verhindert, daß man einer vermeinten objektiven Wissenschaftlichkeit zuliebe jene mit der Psychologie, den personalen, sozialen, anthropologischen Gesichtspunkten gekommenen Vermenschlichung der Pathologie immer wieder so versachlicht, daß sie dem menschlichen Wesen entfremdet werden. Einfacher ausgedrückt: der Mensch ist nun einmal ein Objekt, das ein Subjekt hat, und das liegt eben nicht außerhalb der Wissenschaft, es gehört dazu".

„Zur Einführung des Subjekts gehört sicher eine unabsehbare Arbeit der Wissenschaft; aber es gehört auch eine Haltung der Unbefangenheit gegenüber dem Kranken und seinen Erscheinungen, vor allem gegenüber seinen eigenen Erfahrungen und Wahrnehmungen dazu. Subjekt ist er doch zunächst sich selbst, und darum hören wir ihm so gerne zu, wenn wir begriffen haben, daß *seine* Erlebnisse zum Wesen der Krankheit gehören. Haben wir s e i n e Krankheitsdeutung, s e i n e Auffassung der Pathogenese gehört, dann, so scheint mir, haben wir oft Zutreffendes, jedenfalls aber gleich Bedeutsames erfahren wie mit den objektiven Methoden der klassischen Klinik."

(Viktor von Weizsäcker: Klinische Vorstellungen, Seite 123/24. Hippokrates-Verlag Marquardt & Cie., Stuttgart 1943.)

Wie sich der kranke Mensch, das Subjekt, in seinem Krankheitserlebnis mit der Leiblichkeit auseinandersetzt, stellt die Brücke dar zur funktionellen und energetischen Ebene des Krankheitsgeschehens und damit zum Verständnis des Typus des Arzneimittelbildes auf der einen Seite und der Charakteristik des Pathologischen auf der anderen Seite.

Die Fragen nach der Lokalisation (wo treten die Beschwerden auf?) und an welchem Organ, auf welcher Seite, welcher Kopfregion usw.; die Fragen nach dem zeitlichen Verlauf, wann traten die Beschwerden erstmals auf; welches waren die besonderen Umstände, die auslösenden Ursachen, wenden sich bereits vom funktionellen zum tieferliegenden, organisch-konstitutionellen Geschehen einerseits und zum kräftemäßig-prozessualen Geschehen andererseits. Dabei sind Physiologie und Psychologie in unserer Betrachtensweise identische Begriffe.

Wir werden deshalb so vorgehen, daß wir zunächst die Modalität des „Wie" eines Arzneimittelbildes untersuchen, um von hier aus sowohl den organisch-konstitutionellen als auch den energetisch-prozessualen Bezug zum kranken Organismus herzustellen.

Das Verhältnis zur Wärme (Kälte)

Der menschliche Organismus ist in differenzierter Weise durchwärmt. Die Wärme-Bildung, Wärme-Umwandlung und Wärme-Abgabe sind zugleich physisch-leibliche wie physisch-geistige Prozesse mit einem Tag-/Nacht-Rhythmus im ganzen und endotherm bzw. exotherm verlaufende Prozesse im besonderen zwischen polar einander zugeordneten Organen und Organsystemen.

Die außerordentlich unterschiedliche Wärmebildung der Organe gibt einen Hinweis für das differenzierte Wärmegeschehen und den ständigen aktiven Ausgleich innerhalb des Gesamtorganismus.

Wärmebildung cal/100 g/min

Herz	48,0
Nieren	34,5
Splanchnicus-Gebiet	17,4
Gehirn	15,4
Lunge	9,5

Sauerstoffverbrauch (durchschnittlich) in ccm/100 g/min

Herz	7,8	max. 20,0
Nieren	6,1	max. 15,4
Leber	4,5	max. 6,5
Gehirn, gesamt	3,3	max. 6,5

(nach *Landois-Rosemann:* Lehrbuch der Physiologie des Menschen. Urban und Schwarzenberg, 1960.)

Eine umfassende Polarität innerhalb des Wärmeorganismus besteht zwischen dem Blutsystem und dem Nervensystem. Das Blutsystem als Ganzes, d.h. Venosität, Kapillarität und Arterialität, gehört zum organischen System der substantiellen *Wärmebildung;* das Nervensystem als Ganzes, d.h. Gehirnrinde und Stammhirn, Rückenmark, periphere Nerven, sympathisches Nervensystem, gehört zum System der energetischen *Wärmestrahlung.*

Gehirn

Bei einem Gehirngewicht von 1 400 g pro 70 kg Körpergewicht beträgt der O_2-Verbrauch des Gehirns 18—21% des gesamten Sauerstoff-Verbrauchs des Körpers (52,0 ccm O_2 pro Minute, d.h. 3,8 ccm O_2 pro 100 g/min).

Dazu im Vergleich:

Der O_2-Verbrauch des Herzens beträgt 10 ccm pro 100 g/min. Der Cytochrom-Gehalt der Organe steht in einem direkten Zusammenhang mit den Sauerstoff übertragenden Fermenten und damit mit der Sauerstoffatmung. Die Relationen sind (beim Kaninchen) folgende: Gehirn 2—3 mg%, Herzmuskel 20 mg% (!), Niere 5,8 mg%, Leber 2,1 mg%. *(B. Flaschenträger* und *E. Lehnartz:* Physiologische Chemie. Springer-Verlag 1951, 1. Band, Seite 877).

Das Nervensystem ist in bezug auf die wärme-energetischen Verhältnisse in sich deutlich gegliedert. Die mit Abstand größte „Wärmetönung" liegt in der Großhirnrinde, die geringste im vegetativen Nervensystem. Stammhirn und Rückenmark und peripheres Nervensystem nehmen eine Mittelstellung ein.

Eine ähnliche Differenzierung erfährt der Wärmeorganismus im Blutsystem durch das venöse Stromgebiet einerseits und das arterielle andererseits. Beide Systeme stehen in einer wärmedynamischen Beziehung zueinander, und zwar in einem Volumen-Verhältnis von venösem zu arteriellem System wie etwa 5:1. Ein rhythmischer Ausgleich findet im Kapillargebiet der inneren Peripherie statt und eine Steigerung der Spannung zwischen den polaren Wärmequalitäten des venösen und arteriellen Blutes in der „Begegnung" beider Kräfteströme im rechten und linken Herzen. Zwischen rechter und linker Kammer, die sich im Wärme-Energie-Potential und im Cytochromgehalt von rechter und linker Kammer niederschlägt, offenbart sich die große Polarität der Wärmequalität von venösem Gebiet mit Zentrum Leber und arteriellem Gebiet mit Zentrum Niere.

Der Blutdurchfluß durch Leber und Niere ist zwar, was die Gesamtmenge betrifft, ähnlich und zwar

Leber etwa 1 550 ml/min
Niere   1 250 ml/min

dies jedoch bei wesentlich unterschiedlicher Organgröße — die Leber hat ein Gewicht von etwa 1 500 g, beide Nieren zusammen etwa 300 g. In der Art der Durchströmung zeigt sich der wesentliche Unterschied dieser beiden Systeme. Die Leber wird zu 80% venös durchströmt. Nur etwa 20% des Blutvolumens fließt der Leber durch die Arteria hepatica zu. Das Pfortaderblut strömt mit ganz geringem Druck und geringer Strömungsgeschwindigkeit (10 cm pro sec.) durch das von venösen Sinusoiden durchzogene Organ. Vom Herzvolumen her gesehen, sind es 10—15% des Minutenvolumens, das die Leber durchströmt. Dagegen „schießt" das arterielle Blut gleichsam mit der fünffachen Intensität durch die vergleichsweise kleinen Nierenorgane. Vom Herz-Minuten-Volumen sind es 30%, die die Nieren durchströmen. Das Nierenblut verläßt durch die Vena renalis die Niere noch immer arterialisiert mit einer arterio-venösen O_2-Differenz von nur 1,5%, die Leber dagegen „behält" einen wesentlich höheren Sauerstoffanteil. Das Blut der unteren Hohlvene weist entsprechend eine O_2-Differenz von 6% auf (4—6%).

Die Art und Weise, wie Niere und Leber mit dem Sauerstoff umgehen, ist für beide Organe charakteristisch. Die Wärmetönung der Organe wird von der Physiologie undifferenziert mit ihrem O_2-Verbrauch gleichgesetzt. Dies ist jedoch ein unvollständiger Schluß.

Wir haben — wie beim Verhalten der chemischen Elemente bei der Oxydation — sorgfältig zu unterscheiden zwischen einer betont endothermen „Verbrennung" mit weitgehender Bindung von Wärme, Licht und chemischer Energie auf der einen Seite und solchen „Verbrennungen", die in den relativ reaktionslosen Aschezustand führen mit lebhafter Freigabe von Energie in Gestalt von Wärme und Licht.

Paracelsus würde von den polaren Qualitäten der Prozesse Sulfur und Sal sprechen. Das Wasser als Vermittler der polaren Spannung ist beiden Prozessen zugänglich: Wasserstoff dem Sulfur, Sauerstoff dem Sal.

Ohne, daß an dieser Stelle auf Einzelheiten eingegangen werden kann, sind im nachfolgenden Schema einige polar aufeinander bezogene Substanzen angegeben, die in der Physiologie des menschlichen Organismus eine fundamentale Rolle spielen.

Sulfur	Sal
Mercur	
Carbo (C)	Silicea (Si)
Sulfur (S)	Phosphor (P)
Kalzium (Ca)	Magnesium (Mg)
Kalium (K)	Natrium (Na)

Die genannten Substanzen offenbaren ihre Sulfur- bzw. Salnatur in ihrer unterschiedlichen Beziehung zum Sauerstoff und Wasserstoff. Die Sulfur-Elemente Kohlenstoff und Schwefel sind als solche energiereich und es bedarf nur eines chemisch-energetischen Anstoßes, z.B. durch leichtes Erhitzen, um sie zusammen mit dem Luftsauerstoff in den leichteren gasförmigen Zustand überzuführen.

Ganz anders verhalten sich ihre Antagonisten (Schwefel) — *Phosphor* und (Kohlenstoff) — *Silicea*. Durch Oxydation gehen Phosphor und Kiesel in einen festeren (trockeneren) Zustand über. Phosphor entzündet sich schon an der gewöhnlichen Luft und „verbrennt" langsam zu Phosphorpentoxyd (P_2O_5) unter Aussendung eines „kalten" Lichtes. Wird Phosphor unter Sauerstoffabschluß auf 260° C erhitzt, so geht er unter Abgabe von Wärme in den energieärmeren, reaktionsschwachen, relativ ungiftigen roten Phosphor über, der sich an der gewöhnlichen Luft nicht mehr selbst entzündet. Mit dem relativ energie- und reaktionsarmen roten Phosphor ist das in Plättchen kristallisierte elementare Silizium vergleichbar. In seiner kristallinen, elementaren Form kommt Silicium dem reinen Kohlenstoff, dem Diamanten, nahe.

Die beiden Elemente Kohlenstoff und Kiesel sind so nahe verwandt, daß sie z. B. als Carborundum (SiC) eine außerordentlich harte und beständige Verbindung miteinander eingehen. Nur unter reichlicher Zufuhr von Wärme verbindet sich Silizium wieder mit Sauerstoff (SiO_2) zu dem es an sich eine große Affinität besitzt.

Als Kiesel und Bergkristall bildet es eine der hitzebeständigsten Substanzen. Bergkristall hat seine innere Wärme- und Lichtenergie weitgehend in die Peripherie entlassen. Dies ist der Sal-Zustand.

Die Erdalkali-Elemente Kalzium und Magnesium

Die beiden Erdalkali-Elemente scheinen auf den ersten Blick dem Sulfur-Sal-Antagonismus nicht zu folgen. Als Erdalkalien sind Kalzium und Magnesium dem Sal-Prinzip unterworfen, denn sie bilden nicht nur mit dem Sauerstoff gewisse Salze, sondern auch mit dem flüchtigsten, energiereichsten, d. h. aber „sulfurischsten" Element, dem Wasserstoff (H). Ihren charakteristischen Unterschied und damit ihre verborgene Sulfur- bzw. Sal-Natur zeigen sie gerade bei der „Verbrennung" (Oxydation). Kalzium hält bei der Oxydbildung seine Wärmeenergie weitgehend fest. Man kann deshalb vergleichsweise von einer „endothermen" Verbrennung sprechen. Der gebrannte Kalk (CaO) ist reich an Wärmeenergie, die er beim Löschen unter Bildung der Kalklauge ($Ca(OH)_2$) zum Teil abgibt. Darüberhinaus offenbart der Kalk bei der Verbrennung seine Verwandtschaft zum Repräsentanten der Luft, dem Stickstoff, indem er sich neben der Bildung von Kalziumoxyd mit großer „Begierde" mit dem Luftstickstoff verbindet zu salpetersaurem Kalzium (Ca_3N_2).

Magnesium, das 2. Erdalkalielement, zeigt gegenüber dem Kalzium ein entgegengesetztes Verhältnis zur Wärme- und Lichtenergie. Bei der Oxydation verstrahlen Wärme und Licht in höchster Intensität. Zurück bleibt eine ausgeglühte Asche. Magnesiumoxyd ist völlig reaktionslos, unlöslich in Wasser, und zeigt damit seine Sal-Natur. Bei der Muskelbewegung schlägt es die Brücke zum Nervenprozeß, zur Umwandlung physisch gebundener Wärme (Zuckerstoffwechsel) in energetische Bewegungswärme. Magnesium ist der Katalysator für die Aktivität des Phosphors in diesem Zusammenhang.

Die Polarität Natrium/Kalium und ihre Beziehung zum Wärmeprozeß

Die Familie der Alkalien: Lithium, Natrium, Kalium stehen in der Anordnung der Elemente, wie sie *Bindel/Blickle* vorgenommen haben (siehe „Zahlengesetze in der Stoffeswelt und in der Erdenentwicklung", Verlag Freies Geistesleben, vergriffen), mit dem Feuerelement Wasserstoff (H) auf einer Verdichtungsstufe. Die Periode 1 mit dem alleinigen Element Wasserstoff setzt sich in den Elementen Lithium, Natrium, Kalium, den Perioden 2 a, 2 b und 3 a fort (siehe Abb. 2). Sie repräsentieren damit den primären und originären Sulfurcharakter des Wasserstoffs auf den folgenden Bildungsstufen. Bei aller chemischen Verwandtschaft zeigen Natrium und Kalium ihre innere Polarität und Spannung darin, daß Kalium im wesentlichen intrazellulär, Natrium extrazellulär im Organismus auftreten. Kalium hat mit dem Substanz*aufbau,* mit der Glykogen*bildung,* und damit mit der endothermen Wärmereaktion des Leberprozesses und Zellprozesses zu tun, Natrium mit der extrazellulären Flüssigkeits- und Gewebespannung, vergleichbar dem Gasdruck, und mit der Erregbarkeit und Sensibilität der Gewebe. Wir können damit Kalium zu den endotherm verlaufenden Prozessen, zur Substanzbildung und zum Sulfurbereich zählen; Natrium dagegen zum Prozeß der Energiefreisetzung, d.h. aber einer Wirksamkeit in Richtung Sal-Prozeß. Entsprechend der organischen Dynamik von venösem Gebiet mit Zentrum Leber und arteriellem Gebiet mit Zentrum Niere entfaltet und verstrahlt der Natriumprozeß seine Energie im Nierenbereich.

Der Stickstoffprozeß

Wir haben in die Betrachtung der Sulfur-Sal-Eigenschaften des physiologisch bedeutsamen Elementes Kalzium den Stickstoff eingeführt, weil er als Repräsentant der Atmung und der Luft (⅘ der Luft ist Stickstoff) im rhythmischen (merkurialen) Geschehen zwischen Sulfur- und Salprozessen eine funktionell hervorragende Rolle spielt und der auch bei der Eiweißbildung im Sulfurbereich der Leber den Empfindungs-Luftorganismus repräsentiert und den Substanzabbau im Sal-Bereich des Nervensystems und die Ausscheidung in der Niere begleitet.

Stickstoff ist der konstituierende, substantielle Träger sowohl des (tierischen) Eiweißes als auch der Atmung. Primitive Lebewesen, wie Blaualgen, „atmen" den Stickstoff der Luft mit Hilfe des Kalks ein. Die Verbrennung (Oxydation) des Stickstoffes verläuft außerordentlich träge und ist ebenfalls ein endothermer Vorgang, d.h. es wird zur Reaktion des Stickstoffs mit dem Sauerstoff Wärme gebunden. Bei der Verdunstung von flüssigem Ammoniak (NH_3) wird der Umgebung Wärme entzogen. Der amphotere Charakter des Stickstoffes, d.h. seine Fähigkeit, sowohl eine Base als auch eine Säure zu bilden, weist ebenfalls auf seine Mittler- und Atmungsfunktion hin. Der Umgang mit der Wärme ist sowohl beim Stickstoff, wie auch beim Kalziumprozeß ähnlich. Beide haben die Neigung, sich Wärme einzugliedern, von der sie sich auch bei der Verbrennung nicht völlig trennen. Insofern sind sie geneigt, dem merkurialen Wechselspiel von der substantiellen Manifestation der Wärme in ihre energetische Form dienstbar zu sein. Ein solcher Wechsel zwischen „physischer" Wärme und energetischer Wärme spielt sich bei der Muskelkontraktion ab.

Stickstoff im Harn	*eiweißreiche Nahrung*	*eiweißarme Nahrung*
Gesamtstickstoff	16,8 g	3,6 g
Harnstoff/N	bis 85,5 %	bis 61,7 %
Ammoniak/N	bis 3,0 %	bis 11,3 %
Harnsäure/N	bis 1,1 %	bis 2,5 %
Kreatinin/N	bis 3,6 %	bis 17,5 %
Sonstiges/N	bis 4,9 %	bis 7,4 %

Der polare Wärmeprozeß in Leber und Niere

Es wurde bereits auf die Polarität im Gesamtblutsystem, auf die Venosität mit der Leber als Zentrum und die Arterialität mit der Niere als Zentrum hingewiesen.

In der Leber dominieren endotherm verlaufende Prozesse mit *negativer Wärmetönung* (Substanzbildung, Aufbauphase, Nachtphase des Biorhythmus); in der Niere dominieren exotherm verlaufende Prozesse mit *positiver Wärmetönung* (Substanzprägung, Strukturierung und Ausscheidung, Tagphase des Biorhythmus).

Der endotherme Leberprozeß

„Zum Unterschied von Muskulatur und Nervensystem, deren energetische Leistungen vorwiegend durch den Abbau von Glukose ermöglicht werden, kann die Leber ihren Energiebedarf durch verschiedene Stoffwechselprozesse decken. Ein großer Teil der Energie, die die Leber mit Hilfe dieser exergonischen Reaktionsserie gewinnt, wird für *endergonische* Stoffwechselvorgänge verwendet" und „obwohl in der Leber zahlreiche stark *endergonische* Stoffwechselsynthesen vor sich gehen, liefern die in der Leber ablaufenden Abbaureaktionen weit mehr Energie als dem für die endergonischen Reaktionen erforderlichen Bedarf entspricht. Diese Differenz erscheint in der Leber in Form von Wärme".
(Flaschenträger und *Lehnartz:* Handbuch der Physiologischen Chemie, Band II/2b, Seite 22.)

Während bisher die Auffassung bestand, daß die Leber das wärmste Organ und der Hauptwärmespender des Organismus sei, haben neuere Arbeiten ergeben, daß die Leber-*Innen*-Temperatur um 0,2 bis 0,6° C unter der Rektal-Temperatur liegt.

„Bei 6 Fällen wurde die Tages-Temperaturkurve der Leber und des Rektums verfolgt. Im Gegensatz zur allgemeinen Annahme war die Leber-Temperatur, und zwar unabhängig von der Höhe der Temperatur, um 0,2 bis 0,6° C niedriger, sonst aber streng konform."
(W. Graf, J. G. Porjé und *A. M. Allgoth:* Observations on the temperature of human liver, Parenchyma, Preliminary Communication read before the Swedish Society of Gastroentorology, May 7th, 1954.)

Das Rektum mit dem äußersten Wurzelgebiet der Pfortader (Plexus venosus pudendo-haemorrhoidalis) ist den Zonen des Organismus zuzuordnen, die Sinnesorgane-Charakter haben. Diese sind stets von Venensinus oder starken sinusoiden Venengeflechten umgeben. Beispiel: Venensinus der Schädelbasis, Venae vorticosae des Bulbus oculi.

Es sind dies Organgebiete, in denen substantielle Wärme in energetische Wärme umgewandelt und freigegeben wird. Insofern besteht auch eine system-immanente Polarität zwischen Venenperipherie und -zentrum (Leber).

Die geringe durchschnittliche Temperaturdifferenz zwischen Pfortader und Lebervene einerseits und Aorta andererseits zugunsten der Venen (+ 0,34—0,51° C [nach *Claude Bernhard*]) weist auf die dynamische Spannung zwischen venösem und arteriellem System hin, die sich als venös-substantielle „Brutwärme" und arteriell-energetischer „Strahlungswärme" kundtut. Die Umwandlung von im Glykogen gebundener Wärme (Glykogenspeicherung bis 10% des Lebergewichtes) in Glukose begleitet diesen Prozeß. Folgerichtig ist das arterialisierte Blut deutlich glukosereicher als das venöse. (Arteriovenöse Glukosedifferenz 4,8 mg%/100 ccm Blut; sie kann bis 50 mg%/100 ccm Blut ansteigen.)

Dem endotherm verlaufenden Leberprozeß entspricht ebenfalls ein höherer Kaliumspiegel des Venenblutes gegenüber dem arteriellen Blut und der physiologischen Konzentration eines Kaliumüberschusses in der Leber (vgl. Sulfur-Kalium-Prozeß).

Der exotherme Nierenprozeß

Die Niere als organisches Kräftezentrum der arteriellen Bluttätigkeit mit einem im Verhältnis zur durchströmenden Blutmenge (1500 l pro 24 Stunden) zwar vergleichsweise sehr hohen Sauerstoffverbrauch (10—30 l pro 24 Stunden) bei nur 300 g Nierengewicht, doch geringer arterio-venöser O_2-Differenz, strahlt Wärmeenergie in einem die physiologische Stoffwechselbilanz der Nierentätigkeit weit übersteigenden Maß aus:

> „Die Hauptmenge der in der Niere verbrauchten Energie wird jedoch dazu verwendet, jene Strukturen aufrechtzuerhalten, die die Niere zur Bewältigung ihrer Aufgaben benötigt. Prozesse, wie die der Harnbildung und der Ausscheidung bestimmter Substanzen, werden mit geringem Energieaufwand durchgeführt ... Der hohe Energieverbrauch läßt sich durch die osmotische Arbeit in keiner Weise erklären."
> „Die menschliche Niere in situ scheint ihren O_2-Verbrauch mit der exkretorischen Leistung nur wenig zu verändern."
> „Darin ähnelt die Niere dem Gehirn, dessen Atmung unter physiologischen Bedingungen auch im Schlaf bemerkenswert konstant bleibt."
> (*Flaschenträger* und *Lehnartz:* Handbuch der Physiologischen Chemie, Band II/2b, Seite 20).

Der O_2-Verbrauch von Niere und Großhirnrinde ist damit wenig abhängig vom Körpergewicht. Der von der Niere gebildete Harn ist deutlich wärmer als das Nierenblut. Wir haben hier eine ähnliche Wärmedifferenz wie zwischen Rektum und Venenblut; doch liegt der entscheidende Unterschied in der Wärme*bildung* im Leber-Venenblut-Bereich und der überschießenden Wärmestrahlung im Nieren-Arterien-Bereich. Die Wärme ist hier in anderer Weise als in der Leber der Begleiter sensibler Prozesse, die in Fortsetzung der Nierentätigkeit im Gehirn als dem Hauptorgan der Sensorik gipfelt. Die Nierentätigkeit ist nach dieser Auffassung der Beginn eines Sal-Prozesses, der in der Bewußtseinsaktivität des Sinnes-Nervensystems ihren Höhepunkt erreicht.

Die Bildung einer Capsula adiposa und der Masae adiposa pararenalis ist nicht etwa als Schutzorgan zu verstehen, dessen die Niere im besonderen Maße bedürfe. Dieses physiologisch zur Nierenstrahlung gehörende Organ ist die Antwort des umgebenden Hüllenmesenchyms der Niere auf die Wärmestrahlung.

Der in der Niere beginnende, sich nach „oben" fortsetzende Sal-Prozeß bedingt die Doppeldynamik des Nierengeschehens: auf der einen Seite, Wärme in höherer Energieform in den Organismus auszustrahlen, und als Gegenprozeß organische Substanz in die Salzform überzuführen und auszuscheiden. Dies muß als *ein* Doppelprozeß gesehen werden. Die sogenannten harnpflichtigen Stoffe sind die mineralische Endstufe dieses Vorganges. Das Natrium ist der physiologische Träger dieser exotherm-zentrifugal verlaufenden Nierenstrahlung, wie das Kalium der physiologische Träger der endotherm zentripetal verlaufenden Lebertätigkeit ist.

Der erhebliche Natriumverlust beim Nieren-Schock-Syndrom und akuten Nierenversagen ist die extreme pathologische Steigerung des die Nierenstrahlung begleitenden Natriumprozesses.

Ein Blick hier auf die Pathologie der Nieren und auf die arteriellen Gefäßerkrankungen, dort auf die Pathologie der Leber und des Venengefäßsystems, zeigt die polar aufeinander wirkenden Systeme, deren übergeordnetes, den dynamischen Ausgleich bedingendes Prinzip in dem exotherm/endothermen Wärmegeschehen liegt.

Die Nierentätigkeit verläuft schon im Gesunden wie eine physiologische „Entzündung", wenn wir darunter die oben geschilderte, gegenüber anderen Organfunktionen gesteigerte „Verbrennung" verstehen mit „Aschenbildung und Wärmestrahlung".

Die wesentliche primäre renale Erkrankung ist die Nieren*entzündung*, wenn wir einmal von der Schockniere absehen. Es besteht eine Tendenz zur chronisch verlaufenden interstitiellen Nephritis (Pyelonephritis), zur akuten Glomerulo-Nephritis. Die Nieren*degeneration* ist ein *sekundäres* Geschehen, die wir dann unter dem Begriff des nephrotischen Syndroms zusammenfassen. Die arteriosklerotische Schrumpfniere scheint dem nicht zu folgen. Die Arteriosklerose ist jedoch die Folge einer zu intensiven Wärmestrahlung und eines Wärmeverlustes, deren Gegenprozeß in der schrittweise einsetzenden „Salzbildung" (Vernervung, Sklerotisierung) der Gefäßwände zu sehen ist (Atheromatose und schließlich Verkalkung). Im Besonderen kann dies beim Diabetes mellitus beobachtet werden. Die Folge oder Begleiterkrankung des Diabetes ist die Angiopathie mit der oben geschilderten Verlaufsform: bindegewebige Verdickung der Gefäßintima, lipoide Degeneration und schließliche Verkalkung — auch der Gefäßmedia — bis zum Gefäßverschluß. Die diabetische Neuropathie gehört zur Systemerkrankung des zu früh schon im Blut und Blutgefäßbereich einsetzenden Sal-Prozesses. Der erhöhte Blutzucker ist die Folge der unvollständigen endothermen Glykogenbildung. Die Wärme wird nicht eingegliedert. So gesehen, liegt dem Diabetes mellitus ein negativer Wärmeprozeß zugrunde. Der vorzeitige Wärmeverlust äußert sich in einer tief im Inneren empfundenen Auskühlung (vgl. Silicea-Arzneimittelbild der Homöopathie) bei äußerer Wärme-Empfindlichkeit (vgl. Apis-Arzneimittelbild).

Die Tatsache, daß bereits geringfügige äußere Temperaturveränderungen nach unten und oben nicht ausgeglichen werden können, offenbart die ungenügende Eingliederung der Wärme schon im Leber- und Venensystem und eine vorzeitige Verstrahlung der Wärme im arteriellen System; ein Prozeß, der mit der Einatmung des Sauerstoffes in der Lunge beginnt und sich über das linke Herz und die Nieren bis zum Gehirn und dem peripheren Nervensystem erkältend und verhärtend auswirkt (Abb. 6).

Wir stehen vor dem paradoxen Geschehen, daß pathologisch freiwerdende Wärmeenergie, wie wir sie in physiologisch ausgeglichenem Umfange dem Nierenprozeß zugeschrieben haben, gleichzeitig von einer substantiellen „Auskühlung" (Sal-Prozeß) begleitet ist. Dies liegt der diabetischen Arteriopathie und Neuropathie zugrunde. (Der Vogel-Or-

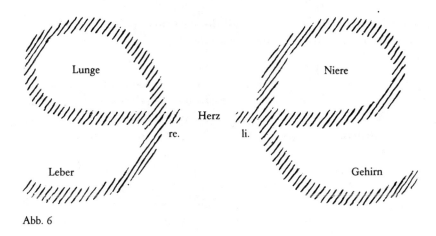

Lunge

re.

Herz

li.

Niere

Leber

Gehirn

Abb. 6

ganismus zeigt die extrem einseitige exotherm auftretende Wärmeenergie bei „physiologischer Hyperthyreose" und „Sklerose".)

Die *Lebertätigkeit* verläuft im Unterschied zur Nierenfunktion gleichsam wie ein anti-entzündlicher Prozeß. Der Substanzaufbau ist zwar ein sulfurischer Vorgang; der vorwiegend endotherme Prozeß führt jedoch tendenziell primär zur Verdichtung der Leber:

> „Da die epithelialen Strukturen in der Leber vorherrschen und die Antwort auf eine Schädigung zu Veränderungen des Epithels führt, sind vom funktionellen Standpunkt aus gesehen, entzündliche Reaktionen von geringerer Bedeutung als die Leberdegeneration. Demnach treten gewöhnlich leichtere entzündliche Vorgänge auf, von denen ein großer Teil wahrscheinlich eher *sekundär* und eine Antwort auf die Leber*degeneration* als ein primäres Geschehen ist." (Hervorhebungen vom Verf.)
> *(Popper* und *Schaffner:* Die Leber. Georg Thieme Verlag, Stuttgart, 1961).

Fassen wir vorläufig zusammen:

Der Wärmeorganismus und sein Organ, das Blut, bildet eine in sich dynamisch polarisierte Einheit mit einer in der Leber und im venösen Gebiet endothermen, nach innen gerichteten Dynamik und einer in den Nieren exotherm in die Peripherie gerichteten Dynamik. Die Leberprozesse führen daher zur Energieverdichtung und Wärmebindung, die Nierenprozesse zur Energiefreisetzung und zur Wärmestrahlung. Die Lebertätigkeit tendiert — wenn sie ins Pathologische gesteigert ist — primär zur Degeneration und sekundär zur Entzündung; die Nierentätigkeit primär zur Entzündung und sekundär zur Degeneration.

Homöopathische Arzneimittelbilder in ihrem Verhältnis zur Wärme und Luft-Atmungs-Organisation

Das gegenläufige Verhalten der Wärmeorganisation in Leber und Niere, im venösen und arteriellen Blutbereich, entspricht — wie aus der Physiologie des Sauerstoffs und der Kohlensäure hervorgeht — völlig der inneren Atmung. Allein die Volumenverhältnisse zeigen eine deutliche Gliederung: 73% Venenblut, 21% Arterienblut, 6% Kapillargebiet — überwiegend venös. Es liegt also ein Verhältnis Venosität zu Arterialität von etwa 4:1 vor; hier Einatmung (O_2), Nierentätigkeit und Arterialität zur Empfindungsfähigkeit und zum Formpol des Nervensystems führend; dort Ausatmung (CO_2), Lebertätigkeit und Venosität mit Anschluß zur Sinnestätigkeit (vgl. Venensinus im Bereich der Sinnesorgane).

Das durchgängige, die Ein- und Ausatmung zur Einheit integrierende Prinzip ist der Wärmemensch.

Der Luftorganismus kann als relativ selbständig angesehen werden. Sein aktiver Pol, die Einatmung, ist im Nieren-Arterien-Bereich organisierend tätig. Die Ausatmung ist eher passiv, eine Folge der Kohlensäurespannung und der Wärmetönung im Venenblut. Die Gesetzmäßigkeit des *Lebensprozesses* im Flüssigkeitsgeschehen der Leber beherrscht die Ausatmung; die Gesetzmäßigkeit des *Empfindungsorganismus* der Nieren überwiegt in der Einatmung.

CO_2 in Volumen-% im Gesamtblut:
Venenblut 53,1%   Arterienblut 49,0%   Diff. 4,1%

O_2 in Volumen-% im Gesamtblut:
Venenblut 15,5%   Arterienblut 20,3%   Diff. 4,8%

O_2-Spannung: Lymphe < Venenblut < Arterienblut

Sauerstoff ist nur in Spuren in der Lymphe vorhanden.

Die Kohlensäure- und Sauerstoffverhältnisse in den differenzierten Flüssigkeitsströmen des menschlichen Organismus sind ein Spiegel für die in ihm wirkende Kräfteorganisation. Die Lymphe, mit der geringsten Atmungsdynamik, ist primärer Träger der Lebensprozesse. Das Eingreifen der seelischen Organisation im Zusammenhang mit der O_2-Einatmung tritt hier noch ganz zurück. Die Trägheit der Strömung ist dafür signifikanter Ausdruck.

Wenn wir im folgenden auf diesem Hintergrund einen Blick auf einige Arzneimittelbilder werfen, deren Typus uns vor allem auf die Nieren- und Nervenorganisation hinweist, so beschränken wir uns im wesentlichen auf ihre Beziehung zum Wärme-Organismus und den Luft-Atmungs-Organismus und deren Verhalten im Nieren- und Nervensystem.

Das Apis-Arzneimittelbild als Typus der Wärme-Atmungs-Organisation

Das Bienenwesen lebt im Wärme-, Licht- und Luftelement der Atmosphäre. Beim Apis-Vergiftungsbild verselbständigt sich die Wärme innerhalb des differenzierten und gegliederten Gesamtorganismus als pathologischer Prozeß lokal im Bereich eines Organs oder Organsystems (Haut, Herz, Nieren, Arteriolen, arterielle Kapillaren, Nierenglomerula usw.)

Das Arzneimittelbild Apis stellt gleichsam eine pathologische Wärmeenklave dar. Eine solche Wärmestauung muß in besonderer Weise die Nierenorganisation in ihrer Eigentätigkeit lähmen. Die Folge ist: Hitzeempfindung, Trockenheit, Brennen und Berührungsempfindlichkeit der Haut, Empfindlichkeit gegenüber äußerer Wärmeeinwirkung (Bedürfnis nach Kühle; Atemnot, Bedürfnis nach frischer Luft).

Beim Apis-Arzneimittelbild taucht ein charakteristisches Symptom auf, das den physiologischen Zusammenhang von Nierenfunktion und Nerventätigkeit beleuchten kann: Wenn wir von Nierenorganisation sprechen, so muß man im weiteren Sinne an das gesamte Uro-Genital-System denken, in das ebenfalls die Nebennieren einbezogen sind. Dies kommt in den entsprechenden Symptomen des Apis-Arzneimittelbildes zum Ausdruck, wenn wir z. B. an lokalisierte oder die ganze Körperoberfläche umfassende, dem Cushingbild ähnelnde Ödeme denken, oder an die Beziehung zur Blase und vor allem zum Ovar. Es handelt sich um das Organ-Ausdehnungsgefühl. Häufig wird ein Vergrößerungsgefühl des Kopfes oder der Ovarien angegeben. Träume von Luftsprüngen, Luftreisen, Fliegen durch die Luft sind typisch. Harnverhaltung und Durstlosigkeit weisen schließlich darauf hin, daß das Eiweiß der Körperflüssigkeiten in den Quellungsvorgang einbezogen ist — Paradoxie der Durstlosigkeit bei starker Hitzeempfindung.

Was liegt dem Phantomgefühl einzelner Organe, ganzer Körperteile oder sogar des ganzen Körpers zugrunde?

Das oben geschilderte polare Verhalten des Wärmeorganismus im Leber-Venen-Bereich bzw. Nieren-Arterien-Bereich gliedert den Organismus im ganzen in einen „oberen Pol" des Nerven-Sinnen-Systems und einen „unteren Pol", das Blutbewegungssystem (Abb. 7):

Exothermer Prozeß

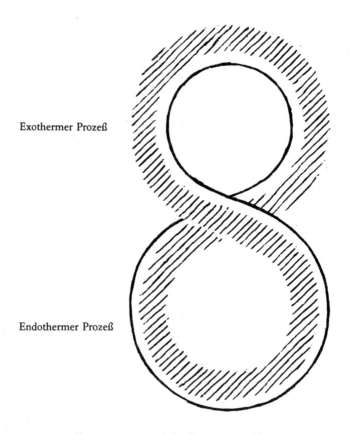

Endothermer Prozeß

Das Organphantom entspricht einem ins Pathologische gesteigerten physiologischen Vorgang im Sinnes-Nervenbereich: der Freisetzung von Energien, die im Gesunden organisiert und gesteuert werden durch die ordnenden Kräftesysteme der Ich-Organisation und der Empfindungsorganisation. Im Apis-Arzneimittelbild greift dieser Vorgang in pathologischer Weise in das Quellgebiet der Wärme, den arteriellen

Blutprozeß über. Insofern der Luftorganismus mit einbezogen ist, ist die Nerven-Nieren-Organisation — im besonderen das arterielle Nieren-Kapillargebiet — beteiligt (vgl. Glomerulonephritis als typisches zum Arzneimittelbild gehörendes Krankheitsgeschehen; siehe auch *H. H. Vogel:* Die Niere). Das Apis-Arzneimittelbild dient uns als Modell für den Nieren-Nerven-Zusammenhang eines Arzneimittels.

Das Natrium-Arzneimittelbild

Dem Apisbild ist ein anderes „Nierenmittel", Natrium carbonicum und Natrium muriaticum, verwandt. Das Natrium-Arzneimittelbild greift als mineralische Substanz — tiefer als Apis — in die physische Organisation ein. Es ist daher — im Unterschied zum funktionellen, akuten und heftig verlaufenden Apis-Wärme-Prozeß — ein auf die Nieren-*Konstitution* wirkendes chronisches Geschehen (das chronische „Apis" der Homöopathie). Die Empfindlichkeit gegen Wärme, vor allem gegen Sonneneinwirkung, Trockenheit, Ausdehnungsgefühl weisen auf die Gemeinsamkeit mit Apis hin. Ein wichtiges Symptom, das eine Reihe von ausgesprochenen „Nierenmitteln" aufweist, ist das unwillkürliche Zucken der Gliedmaßen beim Einschlafen (Natrium-Nieren-Symptom), das sich im urämischen Stadium des Nierenversagens bis zur Unerträglichkeit steigern kann.

Für den Zusammenhang von Nerven- und Uro-Genital-System werden nachstehend 2 Arzneimittelbilder skizziert: eine Pflanze und ein Mineral, die — ähnlich, wie wir es vom Apisbild und Natriumbild dargestellt haben — auf verschiedenen Ebenen der Kräfteorganisation wirksam sind: Gelsemium sempervirens als Pflanze und Argentum nitricum als mineralische Substanz.

Gelsemium sempervirens	Argentum nitricum
Beziehung zur Wärme	
Beschwerden verschlimmern sich durch Wärme (Sonnenhitze) und durch feucht-warmes Wetter. Heißer Kopf, kalte Füße und Hände	Unverträglichkeit von Hitze

Sauerstoff-Bedürfnis, häufiges Gähnen, Hemikranie, Besserung tritt ein im Zusammenhang mit Harnflut, Unverträglichkeit von Tabakrauch (Nierensymptom)

Organausdehnungsgefühl, vor allem des Kopfes, Vergrößerungsgefühl der Eierstöcke — besonders linkes Ovar, Zwang zum Gähnen, Blähsucht, Besserung durch frische Luft, Brennen in der Harnröhre, Gefühl der Schwellung, Schmerzen im Nierenlager

Nieren-Nerven-System

Vergrößerungsgefühl des Kopfes. Allgemeine Erschöpfung, Ruhelosigkeit, Zittern, Lähmung der willkürlichen Muskulatur, dabei Geist völlig klar, Ptosis der Augenlider, Trigeminusneuralgie, Schwindel, Schläfrigkeit.
Die Lähmung schreitet von oben nach unten fort: Strabismus, Lähmung von Mund- und Schlundmuskulatur, Atemlähmung. Neuritis, Retinitis, Iritis, Glaukom, Kongestionen des Kopfes, Lähmung wie bei Diphterie.

Schwindel und Benommenheit, Zittern, Taumeln, konvulsivische Bewegungen der oberen Gliedmaßen, Pupillen erweitert, Kopf- und Gesichtsneuralgie, Geruchsempfindlichkeit, Schlaflosigkeit, Schwäche und Schwere der Gliedmaßen, Steifigkeit, nachts Wadenkrämpfe, Lähmungsgefühl der Glieder, lanzinierende Schmerzen, Parästhesien.

Psyche

Lampenfieber, Examensangst

Angst, Lampenfieber

Herz und Kreislauf

Vagotonie, das Herz droht stillzustehen, Puls verlangsamt in der Ruhe, bei Bewegung beschleunigt

Beziehung zum Flüssigkeitsorganismus

Wenig Durst oder Durstlosigkeit

Allgemein

Abmagerung, elendes verfallenes Aussehen

Valeriana officinalis
(Valerianaceae)

Hypericum perforatum
(Hypericaceae)

Verhältnis zur Wärme

Großes Kältegefühl, Kälteschauer — jedoch abends Hitzeempfindung, bei Temperaturerhöhung anhaltendes Fieber, Hitzegefühl überwiegt. Verschlimmerung durch Kälte

Das Krankheitsbild verschlimmert sich durch Kälte, durch Feuchtigkeit, Nebel und bei Aufenthalt in geschlossenen Räumen, Verschlimmerung durch Übergang von der Wärme in kalte Luft, Träume von Feuer

Beziehung zum Nervensystem und Nieren-Luft-Organismus

Gefühl, wie in der Luft schwebend, Gliederzucken, Globus hystericus, Zustand wie nach starkem Bohnenkaffee(!) Gedankenflucht, häufiges Wasserlassen, Verschlimmerung durch Zugluft, Besserung des Zustandes durch Bewegung. Blähsucht, Übelkeit und Erbrechen, Erstickungsgefühl beim Einschlafen.

Gefühl, in die Luft gehoben zu sein, Angst, aus der Höhe zu fallen, Kopf wie zu groß; Gefühl als ob der Kopf verlängert wäre, Geruchsempfindlichkeit.

Nervensymptome

Nervöse Überempfindlichkeit, zittrig, wie trunken, Muskelspasmen beim Aufwachen, geschärftes Sehen in der Entfernung, bes-

Neurasthenie, Gesichtsneuralgie rechts, Zustand wie nach Erschütterung der Wirbelsäule, Verletzung des Steißbeins, *Muskelzu-*

seres Sehen im Dunkeln, Schlaflosigkeit, Unruhe. Die Sinne sind
überreizt, Stirn-Kopfschmerz,
Schwäche in den Gliedern, Ziehen, Reißen, wie elektrische
Schläge, periodische Gesichts-
schmerzen, Hyperästhesie, hysterische Erscheinungen.

ckungen, lanzinierende Schmerzen in den Gliedern, Kribbeln in
Händen und Füßen, Zustand
nach Nervenschädigungen, Kom-
motio, traumatische „Neurosen".

Psyche

Gedanken verwirrt, spricht erregt,
Depressionen

Allgemeine Symptome

Wechselnd Übelkeit mit Heißhunger

Erweiterte Pupillen, große Benommenheit nach den Mahlzei-
ten, häufiges Aufwachen, spätes
Einschlafen, Schwäche beim Aufwachen

Herz und Kreislauf

Herzklopfen, Herzangst, rascher
Puls (klein, weich), Herz wie erweitert, Wärmegefühl im Herzen.
Blutandrang zum Kopf, klop-
fende Karotiden, Enge um die
Brust, Stiche, Hitzegefühl, Kongestion der Lungen

Das Phosphor-Arzneimittelbild

Verhältnis zur Wärme

Starkes Hitzegefühl am Herzen
und im Rücken zwischen den
Schulterblättern (Herzklopfen,

Nervensystem

Überempfindlichkeit der Sinne,
ausgesprochene Neurasthenie

Herzangst), Verschlimmerung bei
Hitze, feuchter Wärme, bei Ge-
witter, durch warme Nahrung,
Besserung in der Kälte, im
Freien, durch kaltes Abwaschen

Psyche

Erregbar, übersteigertes Vorstellungsleben, Zustände wie „hellse-
hend" empfindlich gegen Einflüsse, vor allem psychischer Art
von außen

**Verhältnis zur Wärme einiger charakteristischer und wichtiger
Nervenmittel**

Chamomilla:
Hitzeempfindlichkeit, jedoch
Besserung bei warm-feuchtem
Wetter.

Aconitum:
Verschlechterung im warmen
Raum, wird jedoch ausgelöst
durch trockene, kalte Winde,
trotzdem Besserung der Beschwerden im Freien.

Arsen:
Extrem kalt. Verschlimmerung
durch Kälte, Besserung durch
Wärme und warme Getränke.

Arnica:
Besserung durch Wärme,
Verschlechterung durch feuchte
Kälte, durch Bewegung und Be-
rührung.

Aranea diadema:
Eiseskälte, durch nichts zu bessern (verwandt mit Arsen),
enorme Empfindlichkeit gegen
feuchte Kälte. Hier taucht auch
wieder das Vergrößerungsgefühl
auf, Verschlimmerung abends
und spät nachts (wie bei Arsen).

Zusammenfassung

Den *Nerven*-Nierenmitteln mit besonderer Betonung der Nerven-komponente ist gemeinsam der Wärmeverlust durch zu starke Abstrah-lung, wie sie dem Sal-Prozeß im Nervenbereich entspricht. Das charak-teristische Verhalten der Patienten mit den Symptomenbildern einer übersteigerten Nerven-Sinnes-Tätigkeit, entsprechen die Arzneimittel-bilder vor allem Arsen, Silicea, Argentum nitricum, dann Gelsemium, Hypericum, Valeriana, Chamomilla und vor allem Phosphor.

Die genannten pathologischen Prozesse (Arzneimittelbilder) sind ge-kennzeichnet durch Wärmeverlust und damit im Zusammenhang mit einem mehr oder weniger starken Bedürfnis nach äußerer Wärme bei Verschlimmerung der Beschwerden durch Kälte. Paradoxerweise wird jedoch Hitze meist auch nicht vertragen (Gelsemium, Argentum nitri-cum), oder es besteht sowohl ein starkes Wärmebedürfnis (wie bei Ar-sen) als auch ein unstillbarer Durst nach z. B. heißen Getränken (Arsen). Ähnlich ist es beim Silicium-Bild: extrem großes Wärmebedürfnis *und* Durst, dagegen Ablehnung von warmen Speisen.

Der Phosphor nimmt unter den Nerven-(Sal)-Substanzen eine Son-derstellung ein. Er ist selbst ein höchst energiereiches, sulfurisches Ele-ment (selbstentzündlich an der Luft). Es entspricht seinen sulfurischen Eigenschaften, daß — bei ausgeprägtem Phosphor-Arzneimittelbild — Hitzeempfindlichkeit und Empfindlichkeit gegen äußere Wärme (hei-ßes Wetter, Gewitter, Wetterwechsel, heiße Getränke) ausgeprägt sind. Für Phosphor charakteristisch ist das Wärmegefühl im Herzen und Hitzegefühl im Rücken zwischen den Schulterblättern. Die sulfurische Energie des Phosphors greift tief in die physische Organisation ein, un-ter Umständen bis zur Auflösung der Form (Blutzerfall, hämatogener Ikterus, Hämaturie). Phosphor ist der substantielle Formträger der Wär-meorganisation des Menschen. Die polare Wirksamkeit von Schwefel und Phosphor im physiologischen Geschehen zeigt sich in der entge-gengesetzten Richtung der Wärmeentwicklung. Der *Phosphorprozeß* wirkt vom Sinnes-Nervenpol *nach innen*. Höhepunkt im Herz-Blut-Sy-stem. Der *Schwefelprozeß* wirkt vom Zentrum der Wärmebildung *nach außen* mit stärkstem Hitzegefühl in der Haut, in den Händen und Fü-ßen.

Beiträge zur Substanz- und Heilmittellehre I

Zum Verständnis der Physiologie und Therapie homöopathischer Heilmittel

Allgemeine Grundsätze

Das homöopathische Prinzip, Krankheitsprozesse durch solche Medikamente zu heilen, die im Arzneimittelversuch am Gesunden ähnliche Krankheitserscheinungen hervorrufen, beruht auf einer Natur- und Weltanschauung, die von der inneren Verwandtschaft von Mensch und Natur ausgeht, d. h. den Menschen als eine Mikronatur (Mikrokosmos) betrachtet und die Natur als einen auseinandergebreiteten Menschen. *Hahnemann* (geb. 10. 4. 1755 in Meißen, gest. 2. 7. 1843 in Paris), der die homöopathische Schule gegründet hat, lebte in einer Zeit, in der diese Anschauung in der Naturphilosophie des 18. und beginnenden 19. Jahrhunderts allgemein verbreitet war. Die Vergleichbarkeit von physiologischen Prozessen im Menschen und den Naturerscheinungen des Mineral-, Pflanzen- und Tierreiches bilden die wissenschaftlich-philosophische Grundlage des Ähnlichkeitsprinzips der Homöopathie: „Similia similibus curentur".

Krankheit ist in diesem Sinne die Verselbständigung oder das differenzierte Hervortreten eines typischen physiologischen Prozesses, der im gesunden Zustand in einem ausgewogenen Verhältnis zum übrigen Organismus steht. Für ein isoliertes, einseitiges Hervortreten physiologischer Prozesse können folgende Beispiele gelten, die beliebig ausgewählt sind:

Übertätigkeit des Magens, Steigerung der Motilität, Steigerung der Magensaft- und Säurebildung
Hyper- oder Hypotonie, Hyper- oder Hypovolämie des Kreislaufs
Hyper- oder Hyposekretion der Schweißdrüsen, der Nieren usw.
Hyperästhesie, Parästhesie oder Anästhesie im Bereich der peripheren Nerven
Organentzündung oder -degeneration etc.

Eine andere, sehr häufige Krankheitssituation entsteht durch ein Übergreifen eines physiologischen Vorganges vom topographischen

Ort seiner Hauptwirksamkeit in Systeme, die einem anderen physiologischen Prinzip unterstehen.

Beispiele:

Kalkablagerung in den Nieren, im Gefäßsystem, statt im physiologischen Knochenbildungsprozeß bei gleichzeitiger Osteoporose und Hyperkalzämie — Arteriosklerose, Osteochondrose, Arthrose, Parondonthose —.

Oder ein Persistieren jugendlicher, frühkindlicher Entwicklungsphasen: Lymphatische, exsudative Diathese, Kraniotabes, Großköpfigkeit, ungenügende Kalkabscheidung in das Skelett. Einem einseitig übersteigerten Eiweißaufbau in Leber- und Lymphsystem kann dann ein zu geringer Eiweißformungsprozeß gegenüberstehen.

Einem einseitig betonten Formprinzip entspräche ein vorzeitiger Abbau- oder Degenerationsprozeß. Gestaltung und Ausformung des Organismus überwiegen. Meteorismus, Gärungs- und Fäulnis-Dyspepsie sind meist Begleitsymptome.

Das homöopathische, therapeutische Prinzip beruht nun darauf, daß man jene Natursubstanzen: Pflanzen, Pflanzenteile, Minerale bzw. Metalle als Heilmittel wählt, die im Arzneimittelversuch am gesunden Menschen bestimmte physiologisch-pathologische Prozesse mit charakteristischen Symptomenbildern auslösen oder entsprechende latente Krankheitsanlagen verstärken können. Man gibt diese Substanzen bei ähnlichen Krankheitssymptomen in der Regel in potenzierter Form, d. h. die Wirkung ist dann — im Sinne eines Umkehreffektes — auf den Gegenprozeß, den korrespondierenden Regelvorgang im Nervensystem gerichtet.

Zur Frage der Wirkungsweise potenzierter Heilmittel

Die Wirkung einer potenzierten Substanz ist eine indirekte, d. h. sie erfolgt über das flüssige Medium des potenzierten Präparates. Durch den rhythmischen Schüttelvorgang wird eine Vergrößerung der „inneren Oberflächen" der Potenzierflüssigkeit (Wasser) bewirkt. Sie sind empfindlich für „Informationen". Die hochverdünnte Substanz prägt dem wäßrigen Milieu seine spezifischen Strukturen ein. Auf Substanzinformation und -Reaktion auf Informationen beruht der intermediäre Stoffwechsel zwischen Blut- und Gewebeflüssigkeit einerseits und Gewebeflüssigkeit und Parenchymzellen bzw. Lymphsystem andererseits (vgl. *H.-H. Vogel* „Therapie mit potenzierten Organpräparaten", Bad-Boll).

Das Prinzip der Strukturinformation bei der Wirkung potenzierter Heilmittel rechnet mit der oben angeführten Ähnlichkeit oder „Verwandtschaft" mit physiologischen Prozessen im menschlichen Organismus. Voraussetzung für das Verständnis potenzierter mineralischer, pflanzlicher und tierischer Substanzen ist daher eine differenzierte Anschauung der Physiologie und pathologischen Physiologie, und zwar differenziert nach unterschiedlichen aufeinander und ineinander wirkender Lebensstufen *physisch-mineralischer, vegetativ-produktiver, animalisch-reaktiver* und *ordnender* Systeme. Sie entsprechen den äußeren Naturreichen sowie den Metabolismen der Stoffe im Lebenszusammenhang entsprechend den Aggregatzuständen: fest, flüssig, gasförmig, wärmehaft.

Die Physiologie der großen Organe: Leber, Niere, Lunge, Herz und deren Fernwirkungen auf die ihnen zugeordneten „Erfolgsorgane" und Prozesse stehen als aktive Kräftezentren mit diesen vier Elementarstufen in engem funktionellem Zusammenhang. Dies gilt es, bei der Therapie mit Heilmitteln aus den entsprechenden Naturzusammenhängen zu berücksichtigen.

Schließlich spielt die dynamische Betrachtungsweise bei der Therapie mit potenzierten Heilmitteln eine wesentliche Rolle:

Alles Kräftegeschehen vollzieht sich in polaren Spannungen in Anziehung und Abstoßung, Zusammenziehung und Ausdehnung, Sympathie und Antipathie. Der lebende und beseelte Organismus unterliegt der großen Polarität, dem Substanzabbau einerseits mit oxydativ-exotherm verlaufenden physiologischen Prozessen und dem Substanzaufbau, begleitet von endothermen Prozessen. Der gesamte Stoffwechsel, die Eiweiß- und Glykogenbildung unterliegt endotherm verlaufenden Vorgängen; das Nerven-Sinnes-System dem exothermen Substanzabbau und Substanzzerstörung. In der paracelsischen Medizin sprach man von „Sulfur" = Stoffwechsel-Blutorganisation-Ernährung und „Sal" = Nervensinnestätigkeit, Nervensystem-Atmung.

Die rhythmisch-dynamische Umwandlung von Substanz in Energie und umgekehrt nannte man „Mercur". Freisetzen von Energie, Wärme und Bewegung hat zur Voraussetzung und als Begleiterscheinung Substanzabbau und Substanzausscheidung.

Die als Heimittel infrage kommenden Natursubstanzen werden aufgrund dieser in großen Zügen skizzierten differenzierten physiologischen Verhältnisse ausgewählt:

Mineralische Heilmittel, z.B. Kieselpräparate in potenzierter Form für den einseitig überhandnehmenden Kieselprozeß im mesenchymalen Bindegewebe und dessen Folgeorgane: Sehnen, Bänder usw.; potenzierte Kalkpräparate für den hypertrophen Eiweißaufbau-Prozeß (Lymphatismus).

Pflanzliche Heilmittel, z.B. Bryoniawurzel potenziert, kommen infrage bei Störungen der Atmung im Flüssigkeitsgeschehen zwischen Blutkapillaren, Lymphkapillaren und Parenchymzellen eines Organs.

Tierische Heilmittel: Das vom Tierwesen geprägte Eiweiß ist Träger spezifischer physiologischer Einseitigkeiten. Das Arzneimittelbild z.B. von Apis mellifica ist Ausdruck extrem einseitiger Wärme- und Atemvorgänge; die Psyche ist in charakteristischer Weise verändert. Die Reaktion auf Tierarzneimittel spielt sich im Bereich der humoral-vegetativen Lebensprozesse ab.

I. Beispiele für Mineralische Heilmittel

Krankheit als gesteigerter Sinnesprozeß

a) Silicea-Arzneimittelbild

Der lebende Organismus befindet sich in einem fließenden Kräftegleichgewicht („Fließgleichgewicht"). Substanzen, die in der äußeren Natur das leblose Mineralreich bilden, sind innerhalb des lebendigen Organismus gleichsam in potenzierter Form am Lebensprozeß beteiligt; sie sind ein Teil des Lebensprozesses oder ein bestimmter Aspekt des Lebensprozesses selbst.

Die Kräfteorganisation verhindert ihre „Ausfällung" als lebloser Stoff. So ist der Kieselprozeß vom mineralischen Stoff zu unterscheiden. Wenn mineralischer Kiesel in Spuren in Bindegewebsorganen (Hautbindegewebe, Sehnen und Bänder usw.) nachgewiesen werden kann und der Kiesel ständig ausgeschieden wird, so ist dies ein Zeichen für die drei-dimensionale, strukturgebende und konsolidierende Tätigkeit des Kieselprozesses im Bindegewebselement das dem Organismus als ganzem und den einzelnen Organen im speziellen ihre typische Gestalt verleiht. Im Fließgleichgewicht des Kieselprozesses wird der überschießende stoffliche Kiesel in statu nascendi ununterbrochen zunächst im verhärtenden, leblos werdenden Sehnen-, Bänder- und Kapselgewebe und dann über Darm und Nieren endgültig abgesondert.

Lebendiger organischer Träger des gestaltenden und ordnenden Kieselprozesses ist das Mesenchym, das als reticulo-endotheliales System mit omnipotenten, embryonalen Bildekräften sämtliche Organe erfüllt und deren differenzierte Funktionselemente (Parenchymzellen, Blut- und Lymphkapillaren, vegetative Nerven- und Säfteströme im Interstitium) dem Typus des Lebewesens als Ganzem unterordnet. Vom Standpunkt des Typus (Lebewesen) kommt dem Kieselprozeß damit eine Art innerer Sinnesfunktion zu.

Das embryonale Mesenchym (lockeres Bindegewebe der Organe) und hier vor allem die flüssig-gallertige Bindegewebsgrundsubstanz ist aufgrund dieser Auffassung Träger einer universalen Sinnestätigkeit, durch die der Typus die differenzierten Organtätigkeiten (z. B. Leber, Lunge und Nieren usw.) „wahrnimmt" und unausgewogene organische Eigenfunktionen im Sinne des Ganzen harmonisiert. Das „innere Milieu" *(Pischinger)* übt eine selbstregulative Funktion aus.

Der lebende Kieselprozeß ist die erste (embryonale) Stufe organischer Substanzbildung. In den Flüssigkeiten der Sinnesorgane bleibt der ursprüngliche Kieselprozeß zeitlebens auf diesem elementaren Niveau stehen.

Die Sinneslymphe in Auge und Ohr, im Liquor cerebro spinalis, im Liquor der Nuclei pulposi der Zwischenwirbelscheiben, der Liquor der Herzbeutel- und der Gelenkflüssigkeit sind Produkte dieses ursprünglichen Kieselprozesses. Diese Flüssigkeiten zeigen insgesamt, daß sowohl ein pathologisches Überhandnehmen der Lebendigkeit (Entzündung) als auch eine Entvitalisierung, d. h. aber Mineralisierung der Sinneslymphen, den Träger des „ Lebenssinnes" selbst erkranken lassen.

Sowohl die entzündlichen als auch die degenerativen Erkrankungen des Bindegewebes sind daher Störungen des Kieselprozesses nach der einen oder anderen Richtung. Seine Lokalisation im Bindegewebe und die funktionelle Spannweite zwischen fieberhaft-entzündlicher (Hyperergie) und erkaltender, entvitalisierender (Hypoergie) Abweichung des Kieselprozesses von seiner gesunden Mittellage zeigt darüber hinaus die engste Verbindung der Kieselfunktion mit dem Wärmeorganismus.

Man kann daher an der regulativen Tätigkeit des „Kieselprozesses"
auch die aktive Steuerung des Wärmegleichgewichts im Organischen
ablesen, d. h. das innere Milieu ist der topographische Ort, wo physische
und geistige Wärmequalität kommunizieren, wo Energie zugleich Ausdruck innerer Ordnung und Regsamkeit ist. In der Physiologie spricht
man dann von endothermischen bzw. exothermischen Vorgängen (Glykogenbildung — endothermer Prozeß; Glykolyse — exothermer Prozeß).

Charakteristisch für den Kiesel ist seine Affinität und innere Verwandtschaft zum wäßrigen Element, mit dem er eine kolloidale Lösung
bilden kann, die sich im Gleichgewicht befindet zwischen Hydrosol
und Hydrogel. Darin kommt die Tendenz zur Oberflächenbildung des
Kiesels, eine der wesentlichen Bedingungen aller Lebensvorgänge, zum
Ausdruck.

Durch seine außerordentliche Wasserbindungsfähigkeit (Orthokiesel-
säure, Metakieselsäure) und die darauf beruhende Mannigfaltigkeit, chemische Verbindungen einzugehen, zeigt der Kiesel seine gestaltende
Aktivität.

Konstitution

Schmächtig, blaß, ohne Vitalität, Haut pergamentartig, ohne Turgor.
Kinder: großer Kopf, harte Drüsen, Bauch dick, Fuß- und Kopf-
schweiß, Frostigkeit. Besserung durch Wärme, Verschlechterung
nachts. (Endotherme Glykogenbildung in Leber und Muskulatur, physiologische Abkühlung.)

Pathologie

Ablagerungskrankheiten, Gicht, Rheuma, Nierensteine, Parodontose,
TBC, Ganglien, Fibrome, Tumor, Neigung zu Fistelbildung und Fistel-
eiterung, Trichophytie, Panaritium, Hauteiterungen, Ekzem der Hände,
Osteomyelitis, Rachitis, Lichtempfindlichkeit, Migräne, Schmerz vom
Nacken nach vorne rechts ausstrahlend, Sehstörung, danach Polyurie,
Verschlimmerung durch Kälte, Neuralgien, Kälteschäden.

Kieselprozeß und Wärmeorganismus

Die besondere Beziehung zur Wärmeregulation ist ein wesentliches
Kennzeichen der Kieselwirkung. Das Gefühl der inneren Kälte weist

darauf hin, daß sich beim Silicea-Arzneimittelbild Kiesel- und Wärmeprozeß trennen. Die Wärmeenergie greift nicht genügend in die interstitiellen, intermediären Flüssigkeits- und Substanzvorgänge und deren
Umsetzung ein. Auf allen Stufen des biologischen Geschehens treten
vorzeitige Ausfällungen und Absonderungen auf: Nierensteindiathese,
pathologische Flüssigkeitsabsonderung (Schweiße), unvollständiger Eiweißabbau (Akne- und Furunkelbildung), tuberkulöse Bindegewebspro-
liferation, Narbenwucherung, Ganglion, Fistel und Fissuren, Fibrombildung und schließlich Tumorwachstum sind Folgen eines geschwächten
Wärmeorganismus, der nicht genügend aktiv im interstitiellen Kieselprozeß tätig ist.

Beim Apis-Arzneimittelbild, auf das wir später eingehen werden, haben wir ebenfalls ein besonderes Verhältnis zum Wärmeorganismus
vorliegen, jedoch umgekehrt wie beim Silicea-Arzneimittelbild. Beim
Apis-Bild greift der Wärmeprozeß tiefer als gewöhnlich in die mesenchymalen Vorgänge ein und ist hier gleichsam wie gestaut. In der Paracelsischen Sprache ist das Wärmeprinzip beim Apis-Bild einseitig im
Sinne des „Sulfur" tätig, beim Silicea-Bild dagegen im Sinne des „Sal".
Das mesenchymale Regelsystem bewirkt als „merkurialer Prozeß" die
Überführung und Umwandlung der sulfurischen Phase der Substanz
(z. B. Eiweißbildung) in ihre Sal-Phase (Entvitalisierung der Substanz).
Im ersteren Falle befinden wir uns auf der Stoffwechsel- und Ernäh-
rungsseite des Organismus, im anderen Falle auf der Sinnes-Nervensei-
te.

Das Silicea-Arzneimittelbild wird uns erst verständlich, wenn wir das
Mesenchym als den Ort des Merkurprozesses in der Energie- und Substanzumwandlung, im Aufbau und Abbaugeschehen des Organismus
erkennen.

Krankheit als gesteigerter Ernährungsprozeß

b) Kalzium-Arzneimittelbild

Während der Kieselprozeß sich auf der Lebensstufe des Vegetativ-
Wäßrigen abspielt, wobei der Mineral- und Zuckerstoffwechsel —
gleichsam das pflanzliche Prinzip im Organismus (Mucopolysaccharide)
— die stoffliche Grundlage abgibt, führt der Kalzium-Prozeß die organische Entwicklung eine Stufe weiter auf die animalische Ebene. Auf

Stärke und Zucker folgt die Eiweißbildung und die physische Ausgestaltung der inneren Organe. Neben die Wasserzuneigung des Kiesels tritt die Wasserabweisung des Kalks.

Die Eiweißbildung aus dem Wäßrigen heraus wird wesentlich durch den Kalkprozeß bewirkt. Der Kalk hat mit der Eingliederung des Stickstoffs in das Eiweiß zu tun. Blaualgen bedienen sich des Kalks zur Stickstoffatmung. Die Atembewegung als Lebensprozeß stützt sich auf das Luftelement und im besonderen auf den Stickstoff. Über den Kalkprozeß greift das Seelische in den Aufbau und in die organische Ausformung des Eiweißes ein. Dieser Vorgang ist mit Ausscheidung von Wasser verbunden. Die Motilität des Eiweißes (Kontraktion — Entspannung am Beispiel der Muskelfasern) sind eine Funktion der beiden antagonistischen Elemente Magnesium und Kalzium.

Es sei an dieser Stelle auf die Kalzium-Wirkung bei der gesteigerten Kontraktion des digitalisierten Herzens hingewiesen. (Der Herzmuskel enthält 17 mg% Kalzium im Unterschied zu 9 mg des Blutes.)

Die Lymphe ist das Ergebnis der Eiweißbildung, die sich vor allem im Interstitium (*Dissée*scher Raum) in der Leber vollzieht. Sie ist streng zu trennen von der fast eiweißfreien Gewebeflüssigkeit. Wenn von Lymphe gesprochen wird, handelt es sich stets um den zentripetal strömenden Inhalt des Lymphgefäßsystems, das — im Unterschied zum Blut — nur weiße Zellen enthält (wenig Leukozyten und vorwiegend Lymphozyten). Lymphbildung und Eiweißbildung sind ein Lebensprozeß, der sich des Kalks als Vermittler (oder Katalysator) des Seelischen bedient.

Eine gesteigerte Lymphbildung, eine Hypertrophie des Lymphsystems, ist deshalb unter dem Gesichtspunkt eines einseitigen, gesteigerten Kalzium-Prozesses zu sehen. Charakteristisch dafür ist ein erhöhter Eiweißaufbau auf der einen Seite, begleitet von einem ebenfalls erhöhten Flüssigkeitsprozeß (Exsudation) auf der anderen Seite; beides Folgen einer übermäßigen Kalzium-Tätigkeit.

Wir haben es mit der lymphatisch-exsudativen Konstitution zu tun. Sie entspricht dem Calcium carbonicum-Arzneimittelbild (Austernschalenkalk — Conchae verae). Der Kalzium-*Prozeß* ist überaktiv. Der Kalk als *Stoff* wird nicht genügend ausgeschieden. Der Eiweißaufbau kommt nicht rechtzeitig zum Abschluß.

Wiederum liegt ein Versagen der rhythmisch-ausgleichenden Funktion des Wärmeorganismus vor. Durch die Therapie mit potenziertem kohlensaurem Kalk wird die stoffliche Ausscheidung des Kalkes angeregt. Der rechtzeitige Übergang von der Lymphbildung zur Blutbildung kommt in Gang. Der Typus des „Kaltblütigen" wird in den Typus des „Warmblütigen" übergeführt.

Konstitution

Schwer, derb, pastös gedunsenes Gewebe, Haut feucht, kühl, Kopf- und Fußschweiß, großer gedunsener Kopf, Verschlechterung durch feuchte Kälte. Verschlechterung bei Vollmond, innere Kälte, Neigung zu Schleimhautkatarrhen, zu nässendem Ekzem, Ohrenekzem, Unverträglichkeit von Milch, Stuhl unverdaut, hart, dann flüssig, Kraniotabes, Hydrocephalus, „Kalkmangel", exsudative Diathese, ängstlich, phlegmatisch, schlaflos, versagt bei Streß.

Zur Therapie

Das Kalzium-Arzneimittelbild spiegelt die frühkindliche Aufbauphase wider: Hypertrophie des Lymphsystems und der Schleimhäute, vor allem der Nasennebenhöhlen, mit ungenügender Pneumatisation und entsprechender Entzündungsbereitschaft, vor allem des Mittelohrs und des Mastoid. Die exsudativ-entzündliche Erkrankungsbereitschaft in diesem Bereich stellt den Versuch dar, den hypertrophen, persistierenden Ernährungsprozeß zu überwinden. Gesteigerte Flüssigkeitsabsonderung der Schleimhäute und der Haut darf deshalb nicht unterdrückt werden, da sonst die Gefahr des Umschlags in asthmatische Zustände besteht. Bei der Therapie ist daher der hypertrophe Eiweißaufbauprozeß im Zusammenhang mit der Leberfunktion und die nicht genügend erfolgende Absonderung der wäßrigen Phase von der sich verdichtenden Eiweißphase im Zusammenhang mit der Nierentätigkeit zu berücksichtigen. Calcium carbonicum ist unter diesem Aspekt ein Nierenmittel, wodurch die seelische Aktivität in das richtige Verhältnis zum Eiweißaufbau gesetzt wird. Calcium carbonicum regt die *Ausatmung* über die Lunge an und setzt die Übertätigkeit der seelischen Organisation im Eiweißgeschehen frei. Dabei kommt die oben angeführte Trennung zustande. Die Lunge hat mit der richtigen Kalkeinlagerung im Knochensystem zu tun. Calcium carbonicum kann deshalb bei der lymphatisch-exsudativen Konstitution ein wesentliches Antial-

lergikum sein, vor allem dann, wenn die Gefahr des Umschlagens von
dem exsudativ-ekzematischen in das asthmatische Zustandsbild besteht.

Die Atmungsmetalle Eisen und Kupfer im System der Metalle

Krankheit als einseitiger Atmungsprozeß

Im System der 7 Hauptmetalle Blei (Pb), Zinn (Sn), Eisen (Fe), Gold
(Au), Kupfer (Cu), Quecksilber (Hg), Silber (Ag) stehen Eisen und Kupfer, sowohl was die Wärme- als auch die Elektrizitäts-Leitfähigkeit betrifft, diesseits und jenseits von Gold (Quecksilber als flüssiges Metall
bildet eine Ausnahme). Gold bildet in dieser Reihe die Mitte, und dann
folgt in Richtung größerer Leitfähigkeit Kupfer, schließlich Silber —
nach der anderen Seite Eisen, Zinn und schließlich Blei.

Die Verwandtschaft der Metalle diesseits und jenseits von Gold zeigt
sich auch in ihrem Verhältnis zu den imponderablen energetischen
Prozessen Licht und Wärme. Die Silber-/Kupfer-Gruppe strahlt Licht-
und Wärmequalität in die Peripherie. Als Substanzen sind sie dadurch
gute Leiter. Die Zinn-/Blei-Gruppe bewahrt die Imponderabilien Licht
und Wärme in ihrer Stofflichkeit, was in ihrem geringen Glanz und
Leitfähigkeit gegenüber Wärme und Elektrizität zum Ausdruck
kommt. Silber und Kupfer klingen, Zinn und Blei sind dumpf. Kupfer
und Eisen bilden eine echte Polarität innerhalb dieser Reihe.

Unter dem Gesichtspunkt von Sal, Sulfur und Merkur kommt allen
Metallen eine merkuriale Funktion zu. Auch in ihrer Physiologie zeigen sie vermittelnde, katalysatorisch-fermentative, die Lebensprozesse
induzierende und damit steuernde Wirkung. Kupfer und Eisen greifen
in diesem Sinne in den Atmungsprozeß ein, und zwar gemäß ihrer besonderen Eigenschaften: das Eisen in die Atmungsvorgänge des arteriellen Blutes (vgl. Polarität Venosität/Arterialität in den Schriften *H.-H.
Vogel* „Die Niere", „Blut und Lymphe" Bad Boll sowie Arbeitsunterlagen des Bad Boller Medizinischen Seminars. Vgl. auch *Rudolf Hauschka:* Substanzlehre. Die Metalle. Klostermann-Verlag, Frankfurt a. M.,
und *W. Pelikan:* 7 Metalle. Philosophisch-Anthroposophischer Verlag,
Dornach).

86

Krankheit als arterieller Atmungsprozeß

c) Das Eisen-Arzneimittelbild

Das Eisen ist das Atmungselement des Warmblüters und des Menschen. Seine besondere Beziehung zum Sauerstoff macht es zum aktiven, dynamischen Element des *arteriellen Blutes*. Im Erwachsenen findet man etwa 5,5 g Eisen (gegenüber nur 150 mg Kupfer). Der Serum-Eisengehalt liegt bei 120 Gamma %.
Eisen im Gesamtblut: Beim Mann 52 mg%, bei der Frau 46 mg%.
Verteilung (nach *Heilmeyer*): Hämoglobin 3,0 g, Gewebeeisen 2,5 g.
Vom Gewebeeisen wiederum: Myoglobineisen 0,5 g, Fermenteisen 1,0 g, Depot- oder Reserveeisen 1,0 g. Im Gesamtserum findet man 7 mg Eisen gegenüber 5 mg Kupfer. Im Gesamtblut befinden sich ca. 50 mg% Eisen, in der Milz 15 mg%, in der Leber 12 mg%.

Die Eisenverteilung im Organismus ist deshalb von Interesse, weil daraus die absolute Dominanz des Hämoglobineisens hervorgeht und damit des Bluteisens. An zweiter Stelle findet sich am meisten Eisen in der Milz und an dritter Stelle in der Leber. Diese beiden Organe sind zugleich die großen Eisenspeicher.

Was bedeutet der hohe *Eisenanteil in den Lebensvorgängen?* Das in der 2wertigen Form resorbierbare Eisen — bei der Umwandlung des Ferri-Eisens in Ferro-Eisen spielt das Vorhandensein der Magensäure eine wichtige Rolle — ist nicht nur der Sauerstoffüberträger in den Organen (*Warburg*sches Atmungsferment), sondern der physiologische Ausdruck der wirksamen Blutwärme und der Entfaltung seelisch-geistiger Aktivität in der Blutbewegung. Dies wird uns beim Arzneimittelbild des Eisens wieder begegnen.

Mit der Behauptung der Ich- und Wärmetätigkeit im Blut hängt wesentlich die Entgiftungsfunktion des Eisens im Interstitium der Organe zusammen. Der Eisenprozeß ergreift das Blut über die systolische Herztätigkeit bis hinein in die Niere und findet schließlich in der Ausformung und Entvitalisierung des Nervensystems und der Knochenbildung seinen Höhepunkt und ein gewisses Ende. Ein zweiter Eisen-„Weg" führt zur Milz und zur Zerstörung der roten Blutkörperchen, bei deren Aufbau das Kupfer entscheidend Anteil hat.

Auf die Erkrankung des Blutes, die mit einer Eisenstoffwechselstörung einhergeht, wie Eisenmangel-Anämie, die verschiedenen Ursachen der hyperchromen Anämien, die hypochrome Anämie, hämolytische Anämie, aplastische Anämie usw., auf die Hämosiderose oder die Hämochromatose, soll nicht eingegangen werden.

Der Typus des Eisen-Arzneimittelbildes geht aus der Heftigkeit und der Steigerung der Oxydationsvorgänge hervor. Die arterielle Blutbewegung ist gesteigert, das arterielle Gefäßsystem erregbar. Die Atmung wechselt, ist beschleunigt; Stoffwechsel und Abbauvorgänge sind gesteigert. Man findet manche Ähnlichkeit mit der Thyreotoxikose. Gemütsbewegungen schlagen sich in einer wechselnden Atem- und Blutbewegung nieder.

Konstitution

Es handelt sich um eher zarte, schwächliche Konstitutionen mit rascher Erschöpfbarkeit. Es besteht eine Blutungsneigung. Man findet entweder gerötetes oder blasses Aussehen bei rasch wechselnder Hautdurchblutung. Das Eisen-Arzneimittelbild ist charakterisiert durch Herz-, Kreislauf- und Atembewegung: der Puls ist weich, beschleunigt. Blutandrang zur Lunge mit Beklemmung und Bedürfnis, tief durchzuatmen. Blutstauung in den Extremitäten, vor allem in den Händen. Die Atmung ist beengt, es besteht ein Bedürfnis nach Bewegung und frischer Luft. Weiter ist charakteristisch Heißhunger (vgl. Überfunktion der Schilddrüse). Man findet häufig den phthisischen Habitus. Lungenblutungen bei Lungenentzündung passen zum Arzneimittelbild des Eisens. Dabei besteht Neigung zu Gärungsdyspepsie, Durchfällen, Blähungen, vermehrter Harndrang.

Verhältnis zur Wärme: Kalte Extremitäten, Hitzewallungen mit Schweißausbruch, Rötung des Gesichts, Schüttelfrost nachts, wie überhaupt die Verschlimmerung mitten in der Nacht einsetzt. Im ganzen ist der Einatmungsprozeß verstärkt. Die Herztätigkeit kann zunächst verlangsamt sein, dann beschleunigt oder stark wechselnd. Das arterielle System ist ständig erregt. Es besteht Blutfülle und Klopfen in den Arterien, in den Karotiden, in den Schläfenarterien, mit besonderer Kongestion im Kopfgebiet; jedoch auch — wie schon gesagt — in der Lunge. Vielfach besteht zunächst ein gesteigertes Kräftegefühl, um rasch einer körperlichen und geistigen Erschlaffung zu weichen. Jede Anstrengung verschlimmert den Zustand. Es kommt zu migräneartigen Gefäßspasmen. Der Krankheitsbeginn, z.B. einer Pneumonie, ist nicht heftig, eher verzögert. Es besteht ein Bedürfnis nach frischer Luft und Umhergehen. Das Ferrum metallicum-Arzneimittelbild ist noch gesteigert im Ferrum phosphoricum-Arzneimittelbild. Die konstitutionelle Asthenie steigert die Erregbarkeit und Sensibilität. Ferrum metallicum und Ferrum phosphoricum sind die wesentlichen homöopathischen Mittel bei der Pneumonie, vor allem, wenn es zu starken Lungenblutungen kommt. Kühle Anwendungen bessern.

Vergleich mit dem Aconit-Arzneimittelbild

Während der Konstitutionstypus des Aconit-Bildes eher vollblütig und untersetzt wirkt, ist der Ferrum-Typus grazil-erethisch. Auch hier ist der Einatmungsprozeß und der arterielle Einatmungsimpuls verstärkt. Wie bei Aconit *arterielle Gefäßspannung* in der Peripherie bis zu Hämorrhagien. Ebenso besteht am Anfang der Symptome ein gesteigertes Kräftegefühl, dann tritt sehr rasch körperliche und geistige Erschlaffung ein, jegliche Anstrengung verschlimmert. Während beim Aconit-Bild Neuralgien im Vordergrund stehen, vor allem Trigeminusneuralgien, kommt es beim Ferrum-Bild zu migräneartigen Gefäßspasmen. Der Beginn des Krankheitsbildes ist nicht ganz so heftig wie bei Aconit. Abkühlung verschlechtert, frische Luft bessert. Im Unterschied zu Aconit fehlt die Angst. Die Rötung im Gesicht kann über die große Schwäche hinwegtäuschen. Wie bei Aconit besteht Durst.

Krankheit als venöser Atmungsprozeß

d) Das Kupfer-Arzneimittelbild

Physiologische Eigenschaften des Kupfers: Im erwachsenen Menschenkörper findet man etwa 150 mg Kupfer, davon 64 mg in der Muskulatur, 18 mg in der Leber. Im Blut ist Kupfer an die Alpha-Globuline gebunden. Der Kupferspiegel liegt zwischen 80 und 140 Gamma% *(L. Heilmeyer,* Lehrbuch der speziellen pathologischen Physiologie, Gustav-Fischer-Verlag, 1960, vgl. auch Handbuch der physiologischen Chemie, *Flaschenträger* und *E. Lehnartz,* Band I, Mineralstoffe, Seite 184 ff.). In der Nabelvene ist der Kupferanteil um 30% höher als in der Nabelarterie. In der Gravidität ist das Serum-Kupfer erhöht; außerdem beim Karzinom, bei der Schizophrenie, beim manisch-depressiven

Irresein, bei der Epilepsie und Thyreotoxikose. Einen erniedrigten Kupferspiegel findet man bei chronischer Appetitlosigkeit, Abmagerung, Gastroenteritis, bei Wachstumsstörungen (Wachstumshemmung), bei Spontanfrakturen und Neigung zu Abortus. Von Bedeutung ist weiter die Steigerung humoraler und desensibilisierender Antikörper durch Kupfergaben. Das retikulo-endotheliale Gewebe wird in seiner Funktion gesteigert, ebenso die Infektresistenz. Die Tumorzelle ist kupferreicher als die gesunden Parenchymzellen. Von Bedeutung ist der unterschiedliche Kupfergehalt von Leber und Milz: Leber 7,5 Gamma, Milz nur 1,78 Gamma bei einem durchschnittlichen Kupfergehalt der Organe von ca. 3 Gamma (Niere 2,9, Lunge 2,5 Gamma). Die Substantia nigra und das Melanin enthalten reichlich Kupfer.

Zum Verständnis der Physiologie des Kupfers ist es von Bedeutung, daß es nicht nur die vegetativen Aufbau-Vorgänge Wachstum, Zellvermehrung, begleitet und dabei erhöhte Kupferaktivität in der Leber, im venösen Blut, in der Schwangerschaft besteht, sondern, daß auch die Blutatmung mittels Hämozyanin bei niederen Lebewesen wie Molusken, Schnecken, beim Tintenfisch und bei Krebsen mit dem Kupfer (statt Eisen wie bei den höheren Tieren und beim Menschen) zusammenhängt. Dadurch wird deutlich, daß das Kupfer als Atmungsmetall im aufbauenden Venenstrom tätig ist.

Das Kupfer-Arzneimittelbild erinnert an Krankheitszustände, wie wir sie beim Nierenversagen kennen und die wir mit ausgesprochenen Nierenmitteln zu behandeln pflegen — wie Arsen, Veratrum, Carbo vegetabilis. Es handelt sich um Krämpfe der willkürlichen *und* unwillkürlichen Muskeln, fibrilläre Zuckungen, unruhiger Schlaf mit athetodischen spontanen Zuckungen der Glieder. Eklampsie, urämische Krämpfe, allgemeine und lokale dysmenorrhöische Spasmen, allgemeine Krämpfe, Hirnreizsymptome nach unterdrücktem Scharlach, epileptische Anfälle nachts, Aura beginnend von den Knien aufsteigend, Spasmen beginnen in der Peripherie, an Fingern und Zehen, Bronchialkrämpfe, Larynx-Krämpfe, Stenokardien, Schwindel, Zyanose.

Daneben laufen parallel Stoffwechselstörungen: Übelkeit, Erbrechen, Luftaufstoßen, Schluckauf, Zwerchfellkrampf, choleraartige Durchfälle, Darmspasmen, bei chronischem Verlauf Leberzirrhose. Der Leib ist heiß, berührungsempfindlich, Hände sind kalt, Besserung tritt ein, wenn Schweiß auftritt (vgl. Apis).

Psyche und Kopfsyndrome

Patient ist mürrisch, boshaft, leidet an fixen Ideen. Dabei besteht Ängstlichkeit und Gefühl der Leere, Konvulsionen, Gesicht gerötet, Schmerzen beim Bewegen der Augen, Zungenschnellen (Beschwerden beginnen links, vgl. auch Lachesis).

Typus des Arzneimittelbildes

Kupfer vermittelt den Atmungsprozeß in der Tiefe des Stoffwechsels im Aufbau- und im Venensystem. Als Atmungsmetall steht es in engster funktioneller Verbindung mit den organpsychischen Vorgängen und dem Eintauchen der Psyche über die Niere in das Blut- und Lymphsystem. Kollapserscheinungen mit großer Kälte in Verbindung mit Krämpfen erinnern an Bilder, wie sie durch Veratrum, Carbo Betulae (Carbo vegetabilis) und Nicotiana gekennzeichnet sind. Es sind Bilder, wie wir sie vom akuten Nierenversagen her kennen. Auch, daß die Verschlimmerung nachts eintritt und sowohl durch Hitze als auch kalte Luft bedingt sein kann, weist in dieselbe Richtung (Niere). Andererseits ist das Durchfallsyndrom eine Selbsthilfe. Mit Eintreten der Menses oder bei Einsetzen von Schweißabsonderungen tritt im allgemeinen Erleichterung ein. Dies zeigt, daß das ganze Kupfergeschehen mit einer ungenügenden Durchatmung der ernährenden, aufbauenden Flüssigkeitsströme der Lymphe und des Pfortader- und venösen Blutes zusammenhängt. Die Wärmeempfindlichkeit ist ebenfalls eine Folge der Wärmestauung im Stoffwechselbereich. Wir finden diese Erscheinung mehr oder weniger ausgeprägt bei allen sogenannten Venen-Mitteln (Pulsatilla, Sepia).

Zur Therapie

Neben Cuprum metallicum sind Cuprum aceticum und Cuprum arsenicum — in seltenen Fällen Cuprum sulfuricum und Cuprit (Rohkupfererz, Kupferoxyd) die wichtigsten Cu-Mittel. Cuprum metallicum in D 8, D 12, D 15 wird wie Cuprum aceticum — etwa in dem Kompositionsmittel Cuprum aceticum/Nicotiana e fol./Renes = Cuprum aceticum comp. bei Asthma bronchiale und bei Keuchhusten eingesetzt. Bei urämischer Eklampsie und bei mit zunehmendem Nierenversagen zusammenhängenden teils fibrillären, teils klonischen Zuckungen und Spasmen ist Cuprum arsenicum z. B. in Form von Olivenit D 6, D 8 angezeigt (s. auch das Präparat Pancreas/Olivenit).

II. Beispiele für pflanzliche Heilmittel

Krankheit als gestörter Flüssigkeitsprozeß

a) Das Bryonia-Arzneimittelbild

(Bryonia — Hydrops der Wurzel)

Bryonia aus der Familie der Curcubitaceen, einer Pflanzenfamilie mit geringer Fähigkeit, den Substanz- und Wärmeprozeß der Wurzel (Chemismus) über das rhythmische System von Blatt und Stengel mit dem peripheren Wärme- und Lichtprozeß der Blüte ins Gleichgewicht zu bringen. Die mächtig angeschwollene wasserreiche Wurzel ist der Flüssigkeitsstauung der interzellulären Grundsubstanz vergleichbar. Im Bereich der Sinnesorgane, der Nervenscheiden der serösen Häute, Pleura, Peritonaeum, Synovia, Hirnhäute, Kutis (Hydrops im Sinnesnervenbereich). Das Blut wird in dem Maße eingedickt wie Gewebeflüssigkeit in den genannten Organen sich anschoppt und festgehalten wird. Die natürliche Absonderung über die Schleimhäute und die Haut geht entsprechend zurück. Daher Trockenheit der Schleimhäute, der serösen Häute, Mangel an Sekret, Durst nach reichlich kaltem Wasser und Besserung bei Ingangkommen der Absonderung insbesondere der Schweißdrüsentätigkeit. Daraus wird auch verständlich die Hypotonie und Pulsbeschleunigung auf dem Höhepunkt des Arzneimittelbildes. Man kann sagen, der Chemismus der Leber, in der der Bryonia-Prozeß geradezu physiologisch ist (Flüssigkeitsanreicherung im *Disse*schen Raum), wirkt verstärkt über die Leberzonen hinaus bis hin in den Mundbereich (bitterer Geschmack). Hinzu kommen die allgemeinen, aus dem Arzneimittelbild verständlichen Symptome von Frostgefühl, Schüttelfrost, Brennen der Hände und Füße, Gesicht, Rötung im Gesicht, Schwellung und Hitzegefühl. Die Schmerzen sind stechend, Verschlimmerung bei Bewegung und Berührung, durch Wärme und durch Ärger (Zahnschmerzen). Die Ähnlichkeit des Bryonia-Arzneimittelbildes etwa mit dem tierischen Arzneimittel Apis mellifica ist eindrucksvoll, jedoch besteht ein typischer Unterschied zwischen Apis als „Wärmegift" zu Bryonia als „Wassergift".

Bryonia wirkt daher als Pflanze von den reinen „wäßrigen" Flüssigkeitsprozessen der Gewebeflüssigkeit aus auf die hier sich abspielenden, intermediären Gas- und Flüssigkeitsbewegungen insbesondere auf die innere Gewebeatmung. Sie ist im Bryonia-Arzneimittelbild blockiert zugunsten der Flüssigkeitsstauung im lockeren Bindegewebe.

Krankheit als verstärkter Einatmungsprozeß — arterieller Gefäßprozeß — Wirkung von außen nach innen

b) Das Aconit-Arzneimittelbild

Beim Aconit-Arzneimittelbild ist das arterielle Blutsystem im ganzen in Erregung, die arterielle Blutzirkulation verstärkt und beschleunigt mit kräftigem vollen Puls, Blutandrang zum Kopf beim Liegen, Schwellung und Rötung der Haut und Schleimhäute, Hitzegefühl, Frösteln, Todesangst, Beengung — vor allem im Bereich des Herzens — Herzstiche mit Ausstrahlung in den linken Arm, Ruhelosigkeit. Die Schleimhäute sind blutüberfüllt, hellrot bis zu kapillaren Blutungen. Trockenheit im Mund und — ähnlich wie bei Bryonia — großer Durst nach kaltem Wasser. Große Abhängigkeit der Atmung und der Herztätigkeit von seelischer Erregung.

Charakteristisch ist die Plötzlichkeit des ersten Auftretens der Aconit-Symptome. Zum Verständnis gehört das anfängliche, nur ganz kurz andauernde Gefühl erhöhter Energie. Der Puls ist dann vorübergehend verlangsamt. Es folgt jedoch sehr rasch schwere Erschöpfung mit beschleunigtem hartem Puls. Der Typus der Einatmung der arteriellen Pulsation der Systole, der intensiven Bindung des Seelischen an die physisch-leibliche Organisation tritt im ersten Stadium hervor, daher auch die völlige Trockenheit, die Oligurie und das Nichtschwitzenkönnen. Die verstärkte „Einatmung" betrifft auch das Sinnennervensystem mit erhöhter Reizbarkeit der Sinne und Empfindlichkeit der peripheren Nerven, insbesondere des Nervus trigeminus und des Ischias (Trigeminusneuralgie, Ischialgie). Der überstarke arterielle Blutstoß bis ins Kapillargebiet führt zu arteriellen Kapillarblutungen der Schleimhäute und serösen Häute. Der Blutdruck ist vom arteriellen Kapillarbereich und der Arteriolen her erhöht. Entsprechend ist zu Beginn Urinabsonderung verhindert oder sogar unterbunden, später jedoch reichlich.

Die verstärkte Arterialisation der Nieren und die damit zusammenhängende Wärmestauung weist auf das Bedürfnis nach frischer Luft, das
Vermeiden von Wärme sowie die Verschlimmerung z. B. neuralgischer
Beschwerden durch Wärme hin. Typisch ist jedoch der Wechsel von
Eiseskälte und Hitzegefühl, das Gefühl der Schwellung am ganzen Körper sowie Brennen und Berührungsempfindlichkeit wie bei Apis — alles Nierensymptome.

Der Nerven-Atmungstypus des Aconit-Arzneimittelbildes zeigt sich
in der Austrocknung der Organe, in der Auslösung und Verschlimmerung durch kalte, trockene Winde, durch Schreck und plötzliche Angst.
Der Empfindungsorganismus wird tief in die physische Organisation
gepreßt — daher das Erlebnis der Todesangst. Aconit ist ein primäres
Kältemittel, kein Fieber- oder Entzündungsmittel. Frösteln und Hitzegefühl, Lähmungen nach überwachen, nervösen Erregungszuständen,
Abbau der Lebenskräfte, Überwältigung der rhythmischen Wärme- und
Atmungsregulation, sind typische Aconitzeichen.

Die Heftigkeit und das überraschende Einsetzen der Symptome ist
charakteristisch für die Übersteigerung typischer physiologischer Prozesse der Arterialisation und der Nierenorganisation, die den Typus der
reinen arteriellen Durchblutung im Unterschied und Gegensatz zur
rein venösen Leber bilden. Verengung der arteriellen Gefäße.

Der Vergleich mit dem metallischen Atmungs- und arteriellen
Kreislaufmittel, dem Eisen, hebt das Besondere eines Pflanzenheilmit-
tels gegenüber einem mineralischen Heilmittel bei ähnlichen Indikatio-
nen hervor.

Krankheit als primärer arterieller Blutprozeß

c) Das Belladonna-Arzneimittelbild

In vieler Hinsicht könnte das Arzneimittelbild von Belladonna mit
dem Aconit-Bild verwechselt werden. Vor allem ist die Konstitution
ähnlich.

Konstitution

Pletorischer Typ, kräftig, aktiv, sanguinisch, adipös, dunkelhaarig.
Frauen sind bevorzugt. Im Unterschied jedoch zu Aconit drängt der arterielle Blutprozeß von *innen nach außen* zur Peripherie hin und vor al-

lem zum Kopf mit allen Zeichen der arteriellen Blutbewegung, der rhythmischen Pulsation, die im ganzen Körper empfunden wird mit Kongestion, wie bei Aconit, in den Karotiden, jedoch — im Unterschied zu Aconit — mit hochrotem Gesicht, Hitzegefühl und klopfenden, mit dem Puls einhergehenden Kopfschmerzen. Die Füße sind dagegen kalt. Ebenfalls im Unterschied zu Aconit tritt im Fieber heißer Schweiß auf, der Körper dampft. Das Fieber ist remittierend, ebenso Kopf- und Nervenschmerzen und Krämpfe. Wie bei Aconit sind die Schleimhäute trocken, Hals und Tonsillen hochrot; die Tonsillen jedoch im Unterschied zu Aconit verdickt. Die Pupillen sind weit, ähnlich wie bei Apis können erisipelartige Erytheme auftreten, wofür auch Belladonna indiziert ist.

Scharlach ist eines der Hauptkrankheitsbilder für Belladonna. Delirien, Bewußtlosigkeit oder maniakalische Zustände. Verschlimmerung wie bei Aconit durch Kälte und Zugluft, durch Aufregung und starke Sinneseindrücke! Ähnlich wie bei Aconit ist auch das plötzliche Auftreten der Symptome, vor allem nach körperlicher Erschütterung, jedoch — anders als bei Aconit — die Periodizität, das Kommen und Gehen der Beschwerden. Belladonna ist ein Entzündungsmittel dann, wenn der Blutsprozeß über seine Schranken tritt und in den Sinnesbereich vordrängt. So kommt Belladonna infrage bei Furunkeln, Abszessen, Karbunkeln, Phlegmonen. Eine besondere Beziehung besteht wie bei Apis zur Niere, zu den Augen, zur Haut als Sinnesorgan.

III. Beispiele für tierische Heilmittel

Krankheit als gestörter Wärmeprozeß

a) Das Apis-Arzneimittelbild

Bei aller Ähnlichkeit des Symptomenbildes von Bryonia und Apis spielt sich der Apis-Prozeß auf der Eiweißstufe ab, und zwar auf einer entwicklungsgeschichtlich sehr frühen Stufe der ersten Blutbildung und Kapillarisation des Kreislaufs. Wir befinden uns gleichsam am Übergang von der vegetativen Stufe zur animalischen Stufe, mit besonderer Betonung des Wärmeprozesses. Man könnte daher auch von Apis als einem „Wärmegift" sprechen. Im Arzneimittelbild zeigt sich eine „Entzündung des Eiweißes", Verflüssigung der interzellulären Grundsubstanz, Auflösung der Kapillaren. Dieser Vorgang ist begleitet von einer Wärmestauung im Organismus, der Ort der Wirksamkeit ist der Übergang vom Blut zum Interstitium. Bevorzugt sind die Haut, das lokkere Bindegewebe der Schleimhäute und der serösen Häute wie beim Bryonia-Bild. Ebenso finden wir die Austrocknung der Haut, Schleimhäute und serösen Häute. Auch die Berührungsempfindlichkeit und das Bedürfnis nach Kühle sind ähnlich. Ein wesentlicher Unterschied jedoch besteht in der *Durstlosigkeit* bei Apis. Dies hängt damit zusammen, daß Apis eine ausgesprochene Affinität zu den Nierenglomerula besitzt. Das Ausbleiben des Durstes trotz Trockenheit der Haut und Fieber hängt wahrscheinlich mit der Tatsache zusammen, daß sich nach Abklingen des anaphylaktischen Schocks bei akuter Vergiftung durch Bienengift oder nach Abklingen eines akuten Symptomenbildes im Sinne dieser Vergiftung tendenziell das Bild der Hypervolämie entwikkelt, d. h. es tritt vermehrt Gewebeflüssigkeit und Lymphe ins Blut über. Dies führt bei der Glomerulonephritis im Zusammenhang mit Oligurie zum hypervolämischen Hochdruck und schließlich zum Herzversagen. Bryonia dagegen hat ihren Hauptwirkungsbereich im interstitiellen Flüssigkeitsorganismus der Leber. Hier wird das Durstgefühl ausgelöst.

Im Unterschied zu Bryonia löst Apis als Nierenmittel Atemnot aus. Die Unverträglichkeit von Wärme — ein ausgesprochenes Nierensymptom — ist ausgeprägter als bei Bryonia. Im tierischen Organismus der Biene konzentrieren sich die sulfurischen Wärmequalitäten von Kohlenstoff- und Wasserstoffprozeß in den Eiweißsubstanzen des Bienengiftes: Heparin-histaminartige Körper, Amine, die vor allem als Blutkapillar- und Eiweißgifte hämolytisch wirken, die Kapillaren und vor allem die Basalmembranen auflösen und im Sinne der Hyaluronidase-Wirkung die Verflüssigung und damit die Ödembereitschaft der interzellulären Grundsubstanz im Interstitium hervorrufen.

Die günstige Kalzium-Wirkung bei Apis-Ödem, vor allem dem bedrohlichen Quincke-Ödem, hängt mit der Rolle des Kalziumprozesses bei der Sensibilisierung und Dynamisierung des Eiweißes zusammen; z. B. ist die Entwässerung der Muskelfaser bei der Kontraktion ein Kalzium-Prozeß (s. Erhöhung der Kalzium-Ionisation im Herzen bei Digitalisierung).

Mit homöopathischen Dosen von Calcium carbonicum z. B. aus der Eichenrinde in D 5 oder D 12 kann man daher die „Eiweißentzündung" abschwächen. Das Hauptmittel ist jedoch Apis ex animale in hohen Potenzen (D 30). Es kann bei Oligurie oder Anurie, wenn das Apisbild voll entwickelt ist, eine sofortige Diurese auslösen.

Apis in Hochpotenz ist das Mittel beim Cushing-Syndrom und beim Absetzen von Cortison-Gaben.

Zusammenfassung der wichtigsten Symptome und Wirkungsbereiche:

Kapillargebiet insbesondere der Niere, interzelluläre Grundsubstanz des lockeren Bindegewebes sämtlicher Häute, vor allem Meningen, der Hautperipherie, Ovarien, Herz. Ödeme in den genannten Gebieten, erysipelartige Quellungen, herpesähnliche Bläschenbildung der Haut, der Lippen und Zunge, blasse, glasartige Schwellung des lockeren Bindegewebes der Tonsillen und der Tonsillenumgebung, des Zäpfchens, brennende stechende Schmerzen der Haut des Nieren-Blasen-Traktes, Ausdehnungsgefühl vor allem der Ovarien wie bei Argentum — vor allem rechts. Typischer Traum: Luftsprünge, Luftreisen. Alle Krankheitserscheinungen mehr rechtsseitig. Ovarialzysten, besonders rechts.

Krankheit als gestörter Wärmeprozeß

b) Das Sepia-Arzneimittelbild

Während das Apis-Arzneimittelbild sich im arteriellen Kapillarbereich entfaltet und eine besondere Beziehung zu den Nieren (arterielle Glomerula) zeigt, ist Sepia ein ausgesprochenes Venen-Pfortader-Leber-Mittel. Auch Sepia hat eine typische Wärmebeziehung; jedoch im Gegensatz zu Apis eine charakteristische Wärmestauung im venösen Bereich (endothermer Prozeß). Während bei Apis die freiwerdende Wärme sich im arteriellen Kapillargebiet *und* im interstitiellen Bindegewebe — hier vor allem in den serösen Häuten und den Basalmembranen (Bindegewebs-Grundsubstanz) — staut, ist die Wärme*bildung* im Venen-Pfortadergebiet und der Leber eher zu schwach.

Die Venen, vor allem des Beckens, des Kreuzbein-Lendengebietes, des Uterus, sind angeschoppt, alles fällt in die Schwere, drängt nach unten; es besteht Eingeweidesenkung, Völlegefühl im Rektum, Schwere, Ruhelosigkeit, Zuckungen in den Beinen, Ohnmachtsneigungen. Typisch ist Frösteln, auch in warmen Räumen, bei gleichzeitiger Empfindlichkeit, bei schwülem Wetter und in der Bettwärme. Die Paradoxie findet man bei allen typischen Venen-Arzneimittelbildern, wie z. B. bei Pulsatilla. Zum Venenbild gehört ebenfalls Atemnot, besonders morgens und abends, Herzklopfen und Hitzewellen, besonders im Klimakterium. Kopfschmerz im Zusammenhang mit schwacher Menses, Übelkeit und Erbrechen.

Das Hautbild ist sehr charakteristisch: blaß, fahl, Chloasma, vor allem im Gesicht, Herpes der Lippen, um Mund und Nase, Hyperhydrosis, unangenehmer Schweiß.

Psyche: Gleichgültigkeit bei reizbarer Empfindlichkeit, traurig und träge.

Beiträge zur Substanz- und Heilmittellehre II

Zum Verständnis der Physiologie und Therapie homöopathischer Heilmittel

Wenn wir uns die Reihe der typischen Metalle anschauen: Blei (PB), Zinn (Sn), Eisen (Fe), Gold (Au), Kupfer (Cu), Quecksilber (Hg) und Silber (Ag), so muß man bedenken, daß zwischen den Eigenschaften des Bleis und des Silbers bei aller Verwandtschaft, die in ihrer gemeinsamen Metall-Natur begründet ist, eine große Spannung vorliegt. Greifen wir die Polarität Blei-Silber heraus. Ich darf Sie daran erinnern, daß wir zu Beginn des Seminars über die Polarität Sulfur-Sal gesprochen haben. Darauf möchte ich zurückkommen, um Ihnen ein Verständnis zu vermitteln, was diese Begriffe für die homöopathischen Arzneimittelbilder und im besonderen für die Physiologie von Blei und Silber bedeuten.

Das Blei

Was soeben dargestellt wurde (Referat *Selinger* über Blei und Silber, Bd. II), soll eine Brücke bilden von den Eigenschaften dieser Substanzen, ihren Qualitäten, ihrer inneren Dynamik, zum Heilmittel. Dabei müssen wir uns freimachen bei der Beurteilung einer Heilsubstanz von ihren rein physikalischen und chemischen Eigenschaften und sie sozusagen verlebendigen und ihre Qualitäten in den Organismus und dessen Physiologie transponieren. Es wurde ausgeführt, daß der Sal-Prozeß, den wir im Organismus finden, dort im besonderen zu sehen ist, wo wir es mit formenden Kräften zu tun haben. Wir haben an der Substanz des Kiesels und am Kiesel-Arzneimittelbild gesehen, daß es sich hier im besonderen um Formkräfte handelt. Wir müssen, wenn wir beim Kiesel von Form sprechen, darin den Ausdruck oder den Abdruck eines Prozesses sehen, der seiner Natur nach ein geistiges Prinzip ist. Form ist etwas Geistiges.

Was uns zunächst Schwierigkeiten macht, ist der Gedanke, daß Formkräfte etwas mit der Wärme zu tun haben könnten. Wir haben zur Wärme ein recht unbestimmtes Verhältnis. Wir können uns die übrigen Elementarzustände vorstellen: fest, flüssig, luftförmig. Wir können uns aber nicht ohne weiteres vorstellen, daß es auch einen Wärmezustand gibt, d. h. einen autonomen, einen selbständigen Wärmezustand, obwohl uns die Chemie das lehren könnte. So kann eine Substanz Wärme schlucken. Sie kann, wenn sie in den Sal-Zustand übergeht, wenn z. B. eine Salzlösung gesättigt ist und auskristallisiert, Wärme freigeben. Im ersten Fall sprechen wir von endothermer Wärme, im zweiten Fall von exothermer Wärmeentwicklung. Wärme wird frei.

Wir stehen vor der Aufgabe, uns einen neuen Begriff von der Wärme zu bilden; und zwar einen Begriff, der nicht an die Temperaturvorstellung gebunden ist, sondern einen geistigen Zustand charakterisiert, den wir in einem inneren Zusammenhang, in einem physiologischen Zusammenhang mit unserer eigenen menschlichen Wärme sehen können. Dabei ist Wärme — um es noch einmal zu betonen — nicht nur ein Temperaturzustand, sondern ein eigentümlicher Qualitätszustand der Substanz; ein allgemeiner, ausgebreiteter, peripherer Zustand der Substanz.

Die äußerste, noch stoffliche Peripherie unserer Erde bildet der Wasserstoff (H). Es ist der leichteste und zugleich energiereichste Stoff, den man deshalb auch Wärme- oder Feuerstoff *(R. Hauschka)* nennen könnte. Es ist die Substanz mit der größten Wärmeenergie oder Wärmequalität. Wenn wir so von der Wärme sprechen und eine Substanz finden, die ein besonderes Verhältnis zur Wärme hat, wie etwa das Blei, dann fragen wir, was es für die Substanz Blei bedeutet, wenn wir sie aufbereiten, wenn wir sie im Sinne der Homöopathie dynamisieren oder potenzieren. Sie wissen, daß *Hahnemann* bis in die Formulierung in seinem „Organon der Heilkunst" den größten Wert darauf legte, von einer Dynamisation des Stoffes zu sprechen. Wenn man von einer Substanz — in unserem Falle von Blei — ausgeht und verreibt es, potenziert es, dehnt es gleichsam immer stärker aus, dann — so würde *Hahnemann* sagen — nähern wir uns seiner Ursprungspotenz. Wenn wir die Substanz immer mehr von ihrer Gebundenheit, ihrer Stofflichkeit und Räumlichkeit befreien, sie gleichsam ausdehnen, dann kommen wir in einen Zustand, von dem man sagen könnte, wir befinden uns am Ausgangspunkt, am Entstehungsmoment dieser Substanz. Wir sind sozusagen bei den Kräften angelangt, die das Blei — wenn wir Blei potenzieren — gebildet haben. Wir befinden uns — räumlich gesprochen — in der äußersten Peripherie. So gesehen, ist Blei selbst Peripheriekraft, Wärmequalität. Blei hat im besonderen Wärmequalität in sich. Es ist gleichsam Stoff gewordene oder verdichtete Wärme. Wir können auch sagen, es ist gebundene Peripheriekraft, Substanz gewordene Peripherie-Qualität.

Wärme möchte sich — wenn sie ihrer Wesensnatur folgen kann — in die äußerste Peripherie ausdehnen. Die Wärmenatur hat sich im Blei substantiiert, verstofflicht. Wenn Sie Blei fein pulverisieren, dann ist es an der gewöhnlichen Luft brennbar. Es hat soviel Wärmepotential, Wärmeenergie in sich, daß es leicht entzündlich und brennbar ist. Darin offenbart sich die sulfurische Natur der Bleisubstanz. Sulfur in diesem Sinne bedeutet Substanz gewordene Energie, in diesem Falle Substanz gewordene Wärmeenergie, oder Substanz gewordenes Feuer. Beim Potenzieren befreien wir die Energie wieder aus ihrer Stoffgebundenheit. Die Substanz wird in ihre Energieform zurückgeführt. So viel über diesen Vorgang.

Auf diesem Hintergrund verstehen wir, daß potenziertes Blei in der Homöopathie als Heilmittel dann infrage kommt, wenn der Mensch in krankhafter Weise seine Form, seine Wesensgestalt nicht in der richtigen Weise ausbildet. Wenn wir an die Rachitis denken, kann man sagen, daß das Wärmewesen, das wir mit dem geistigen Wesen des Menschen identifizieren, den Schritt aus der Peripherie in die physische Organbildung bis hinein in die Ausgestaltung des Knochenskeletts, nicht richtig vollzieht. Wir kommen damit von einer völlig anderen Seite aus auf das Krankheitsbild der Rachitis zu sprechen. Blei kann ein wichtiges Rachitismittel sein. Ich will mich im Augenblick nicht auf die Patho-Physiologie des Bleis einlassen, insofern daß Blei tatsächlich bei der Bleivergiftung im Knochen abgelagert wird. Blei hat in seiner Physiologie eine unmittelbare Beziehung zum Skelett. Bei der Rachitis bleibt der Knochen weich, die Schädelnähte schließen sich nicht rechtzeitig, die Verknöcherung ist verzögert. Das Kind schwitzt besonders im Bereich der Hinterhauptsschuppe; ein typisches Zeichen für das Blei-Arzneimittelbild.

Die Hinterhauptsschuppe ist die Region der Bleiwirksamkeit. Von hinten, rückwärts und oben — so hat man sich das vorzustellen — wirkt der Bleiprozeß hinein in den Menschen. Das sich inkarnierende Wärmewesen, das Ich-Wesen des Menschen, verbindet sich in seiner frühen Entwicklungsphase mit dem kosmischen Bleiprozeß. Er ist das adäquate Medium, der substantielle Vermittler, der dem Wärmewesen Mensch die Inkarnation ermöglicht.

Zum Potenziervorgang: niedere Potenzstufe D 1 bis D 6 = stoffnahe Potenz; hohe Potenzstufen von D 8 bis D 30 = energienahe Potenz. Wenn sich der Bleiprozeß gleichsam verselbständigt, nicht, so möchte ich bildlich sagen, aus einer hohen Potenz in eine tiefe Potenz übergeht, nicht von einer D 30 — das ist jetzt ein Bild — auf eine D 20, eine D 15 übergeht, dann kommt Blei therapeutisch in einer Hochpotenz (etwa einer D 30) infrage. Stellen Sie sich vor, daß der Wärmemantel des Kindes, den Sie sich geistig, dynamisch denken müssen, — das Kind ist ohne Eigenwärme, die Wärme ist noch nicht in der richtigen Weise eingezogen — daß sich dieser Wärmemantel nicht elastisch genug zeigt, nicht dynamisch genug ist, dann müssen Sie diesem Säugling Wärme in hoher Potenz applizieren. Wir verhindern damit, daß sich der Wärmeprozeß vorzeitig verfestigt, zu früh stabilisiert. Wir lockern den in der Peripherie verhafteten Wärme-(Blei-)Prozeß wieder auf, machen ihn empfangsbereit für das sich inkarnierende Ich-Wesen. Man gibt dann z. B. eine Bleisalbe 0,1%ig oder 0,4%ig auf die Hinterhauptsschuppe oder Blei innerlich in Hochpotenz.

Wir haben damit zwei Möglichkeiten der Rachitisbehandlung besprochen. Wir sprachen vom Kiesel. Wir sprechen jetzt vom Blei. Dabei fassen wir den sulfurischen Bleizustand ins Auge, die Peripheriekräfte, die Wärmekräfte selbst. Es kann aus dem Geschilderten deutlich werden, daß Blei im Unterschied zum Kiesel eine sulfurische Substanz ist. Ich möchte einen weiteren Fall schildern: Ein Patient spricht u. a. von einem ständigen Frösteln in der Haut. Denken Sie an den Unterschied, der vorliegt, wenn der Patient über ein Frieren von innen, wie ich es beim Kiesel-Arzneimittelbild beschrieben habe, klagt. Ähnlich ist es übrigens beim Stannum. Stannum und Silicea haben sehr viel Verwandtschaft, wie wir vorhin gehört haben. Stannum ist das metallische Silicea. Der Patient, von dem ich spreche, hat nun im Unterschied zu Silicea ein permanentes Frösteln in der Peripherie. Er hat gewissermaßen ständig eine Gänsehaut. Welches war die Therapie? Er erhielt eine einzige Injektion Plumbum D 30. Unmittelbar darauf gibt er an, daß die Haut von einer wohltuenden Wärme durchströmt ist. Plumbum hat schlagartig seine Wirkung gezeigt. Ich erwähne dies, um daran zu zeigen, daß in der Peripherie des Organismus in einem solchen Falle eine Art Wärmestau vorliegt. Es ist ein ähnlicher Vorgang , wie ich ihn im Zusammenhang mit der Rachitis geschildert habe. Auch bei dem eben geschilderten Patienten ist der Wärmemantel gleichsam unbeweglich und wurde durch eine Hochpotenz von Blei — ähnlich wie beim rachitischen Säugling durch die Bleisalbenanwendung — wieder zur Aktivität aufgerufen.

Das Silber

Wir kommen nunmehr zum Silber, einer dem Blei polar entgegengesetzten Substanz. Wir haben es im Verhältnis von Blei und Silber mit einer echten Polarität zu tun. Während Blei als ein sulfurisches Metall geschildert wurde, handelt es sich beim Silber um einen metallischen Sal-Zustand. Was heißt das? Silber hat seine Bildepotenzen gleichsam in die Peripherie entlassen. Es ist dadurch — im Unterschied zum Blei — ein klingendes, spiegelndes Metall. Blei ist dumpf, es hat sozusagen noch alle seine Potenzen, seine Imponderabilien in sich, es ist energetisch besetzt. Silber hat — wie das vom Kiesel ausgeführt wurde — seine Energien freigesetzt, wenn wir das Freiwerden von Wärme so verstehen, wie wir es von der Salzbildung kennen. Man kann also auch bei einem Metall von einem Sal-Zustand sprechen. Wenn wir nun einen Prozeß im Organismus suchen, wo das Typische des Sal-Zustandes auftritt, dann haben wir das Sal-Geschehen im Nervensystem. Was sich im Bereich des Nervensystems abspielt, ist nichts anderes als eine Emanation von Energien, die im Organismus zuvor in die Substanz, in den Substanzaufbau eingegangen sind, dort gleichsam in die Substanz untergetaucht sind und nun am Nervensystem wieder freigesetzt werden. Auf dem Hintergrund dieses Gedankens wird es verständlich, daß das Arzneimittelbild des Silbers ein Nervenbild ist. Das Argentum-Arzneimittelbild zeigt eine übersteigerte Situation, wie wir sie im Nervensystem organisch-funktionell vorfinden. Wir finden z. B. eine verstärkte Neurasthenie, wir finden Neuralgien, Nerven-Degenerationserscheinungen.

Sie haben ein Bild, das hier auch schon einmal im Zusammenhang mit einer bestimmten Pflanze dargestellt worden ist: der „Nervenpflanze" Gelsemium. Schauen Sie sich das Symptomenbild des Gelsemiums an, dann haben Sie etwas ähnliches wie es im „Nervenbild" des Silbers der Fall ist. Zum weitergehenden Verständnis des trotzdem bestehenden Unterschiedes zwischen diesen beiden ähnlichen Nerven-Heilmitteln sei an dieser Stelle lediglich vermerkt, daß das Metall — das gilt für alle Metalle — zwar wie die Pflanze eine merkurielle Wirkung entfaltet, das Metall jedoch stärker im Wärme-Luft-Bereich, die Pflanze im Bereich zwischen den Lebensprozessen im flüssigen und dem luftigen (oder dem psychischen) Bereich wirksam ist. Was spielt sich am Nervensystem ab? Am Nervensystem — ich sagte es schon — werden ursprünglich organische Kräfte, die in den Organen aufbauend tätig waren, frei, umgewandelt und als Energie freigesetzt. Wir haben also, wenn wir uns einen Nerv oder das ganze Zentralnervensystem anschauen, eine Art Energiemantel, eine Energie-Emanation um den Nerven herum. Gleichsam ein physiologisches — ich gebrauche den Begriff, der mir wichtig erscheint zum Verständnis der Interpretation von Argentum in der Homöopathie — Phantom. Was heißt „physiologisches Phantom"? Ein Phantom ist ein organischer Zustand — ich sage es jetzt etwas vereinfacht — wo der Kräfteorganismus noch vorhanden ist, das physische Organ jedoch — etwa durch eine Operation — entfernt wurde. Wir denken an einen Patienten, dem ein Bein amputiert wurde. Wir sprechen dann von Phantomgefühl oder von Phantomschmerz. Ein Beispiel: Ein beinamputierter junger Soldat wurde von mir versorgt. Unmittelbar nach der Operation hatte er das Gefühl, sein Fuß sei noch vorhanden. Wegen eines unerträglichen Juckreizes am Fuß bat er mich, dort zu reiben. Ich sagte ihm, daß wir leider das Bein unterhalb des Knies amputieren mußten und der Fuß nicht mehr da sei. Darauf der Soldat: „Das macht nichts. Den Fuß spüre ich jetzt noch und dort juckt es mich. Sie können mir helfen, wenn Sie da unten reiben." Was liegt hier vor? Wir haben den Amputationsstumpf und darüber hinaus im Bereich des amputierten Beines die Kräfteorganisation, die das Bein erfüllt, aufgebaut und organisiert hatte. Sie ist noch da, und es ist bedeutsam, daß ein Phantomschmerz erst dann wirklich verschwindet — daraus kann man die Prognose stellen — wenn sich das Phantom zurückgebildet hat, wenn sich das Phantom bis zu dem verbliebenen Stumpf heran zurückgebildet hat. Der Patient sagt dann eines Tages — etwa nach einer Behandlung: „Das Bein ist nicht mehr zu fühlen." Das Phantom ist subjektiv für den Patienten verschwunden. Das Hauptmittel für eine solche Phantombehandlung ist Argentum bzw. Argentum nitricum. Warum ist Argentum in homöopathischer Dosierung das geeignete Mittel zur Beseitigung des Phantomgefühles? Argentum bildet selbst gleichsam ein substantielles Phantom. Es ist eine Sal-Substanz, bei der die Energie, die beim physiologischen und pathologischen Phantom in die Umgebung, in die Peripherie übergegangen ist. Die oli-

104

go-dynamischen, antibiotischen Eigenschaften des Silbers, die erstaunliche bakterizide Wirkung von kolloidalem Silber hängen damit zusammen. Wir können eine Flüssigkeit mit hohem Keimgehalt mit kolloidalem Silber keimfrei machen. Diese Wirkung hängt mit der eigentümlichen Peripherie-Eigenschaft des Silbers zusammen. In geringerem Umfang hat übrigens auch Kupfer diese Wirkung. Zum Verständnis der physiologischen Wirkung einer potenzierten Substanz ist es notwendig, daß wir uns klarwerden, um was es sich hier handelt. Wir haben die homöopathische Silberwirkung dort zu suchen, wo eine Emanation von Energie verstärkt auftritt bis hin zum Phantomgefühl. Was sich in der Peripherie eines Nerven abspielt, nannte ich ein physiologisches Phantom, denn — hier liegt ein interessanter Zusammenhang vor — bei bestimmten Schwindelzuständen, z. B. nach Schock, nach Unfällen, geben die Patienten eigentümliche Zustände an, wie z. B. das Gefühl, als wenn am Scheitel etwas ausgedehnt wäre, als ob das Gehirn oder der ganze Kopf größer wäre. Wir nennen das Organausdehnungsgefühl. Wenn das sogenannte physiologische „Phantom" — wie ich es bezeichnet habe — eingebunden ist in die Wesensordnung des Menschen, muß man sich das sogenannte physiologische Phantom von innen ausstrahlend denken. Gleichzeitig wird die Hirnsubstanz verdichtet. Das kann bis zum Zerfall gehen, wenn sich ein degenerativer Prozeß abspielt. Wir können diesen Vorgang mit einem feuchten Schwamm vergleichen, den wir auspressen. Die austretende Flüssigkeit ist dann gleichsam die freiwerdende Energie. Der Schwamm selbst wird trocken. Wenn wir uns des Gehirns bedienen, wenn wir Bewußtsein entwickeln, ist dies der physiologische Vorgang. Wenn nun bei einem Schock, vor allem bei einer Commotio und Contusio cerebri ein solches Phantom, wie ich es geschildert habe, auftritt — dies kann sich auch partiell abspielen (den Kreis um das Gehirn muß ich dann erweitern) — so sprechen wir von einer Lockerung, die wir in erster Linie mit einer homöopathischen Potenz von Silber zu behandeln haben. Argentum ist das in erster Linie infrage kommende Schockmittel. Sie können sich vorstellen, was es für den Patienten bedeutet, wenn das Phantom, das Organausdehnungsgefühl, zu einem Dauerzustand wird. Wenn das physiologische Phantom auch nur etwas zu stark wirksam ist, kommt es zu einem vermehrten Nervenabbau. Das kann sich selbstverständlich auch am Rückenmark oder im Bereich der peripheren Nerven abspielen. Es entsteht dann das Gesamtsymptombild des Silbers. Dies geht einher mit Nervendegeneration und beginnt vielfach zunächst mit Neuralgien. Es handelt sich dann um degenerative Vorgänge und nicht um Entzündungen. Wir müssen dabei auf den Unterschied achten, der besteht zwischen einer Neuritis und einer Neuralgie und besonders Neuralgien als Folgezustände von Schockereignissen und nach Commotio cerebri. Eine Neuralgie ist stets eine degenerative Nervenerkrankung. Sie ist dadurch gekennzeichnet, daß im Intervall keinerlei Symptome vorhanden sind. Eine Entzündung ist so gut wie immer von Parästhesien begleitet. Der Schmerz klingt nie völlig ganz ab. Wir kommen im Zusammenhang mit Nerven-Pflanzen noch darauf zu sprechen. Das Phantomgefühl, wie ich es geschildert habe, kann an jedem Organ auftreten. Wenn Sie darauf achten, werden Sie überrascht sein, daß heute dieses Symptom sehr viel häufiger auftritt als früher.

Die Patienten vermeiden es, über dieses Symptom zu sprechen, weil sie befürchten, dann zu einem Nervenarzt überwiesen zu werden.

Nichthomöopathische Ärzte kennen das Organausdehnungsgefühl nicht oder sie verweisen es in den Bereich der Einbildung oder der Hysterie. Ich denke an eine Patientin, die zur Herzbehandlung in die Klinik kam. Sie war hochsensibel, sehr erregbar, ein organischer Herzbefund ließ sich nicht erheben. Sie hatte das Gefühl, das Herz rage über den Brustkorb hinaus. Es sei, wie sie sagte, zu groß. Im Zusammenhang mit dem Argentum-Arzneimittelbild wird man auch an psychische Schockfolgen denken müssen. Nach Unfällen wird nicht selten auch erstmalig über Migräne geklagt. Sie kann dann mit Argentum oder Gelsemium, oder auch Hypericum erfolgreich behandelt werden. Nicht selten wird auch angegeben, daß dauernd oder zu bestimmten Tageszeiten die Nase, die Oberlippe, die Zunge als vergrößert empfunden wird (ähnliche Symptome werden auch im Zusammenhang mit dem Lachesis-Arzneimittelbild beobachtet. Wir werden auf die Schlangengifte noch zu sprechen kommen). Diese Nasen-, Lippen-, Zungen-Ausdehnungssymptome weisen auf einen wichtigen Zusammenhang des Argentum-Arzneimittelbildes mit den Regenerationsorganen hin. Neben dem Nervensystem hat das Silber besondere Beziehung zu den Testes, den Ovarien und zum Uterus. Sie werden daher auch meist Störungen des Zyklus finden, wenn die genannten „hysterischen" Symptome auftreten. Wir rechnen sie zu den hysterischen Symptomen, wie etwa auch das Kloßgefühl im Hals (übrigens ein Symptom für das Arzneimittelbild Ignatia). Auch die Schulmedizin kennt dieses Kloßgefühl im Hals, wertet es jedoch ausschließlich psychisch, während diesem Symptom in Wirklichkeit ein psycho-somatischer Befund zugrunde liegt. Wir finden übrigens das „hysterische" Symptom des Phantomgefühls auch bei anderen, vor allem pflanzlichen Heilmitteln, wie Hypericum, Gelsemium, Valeriana und bei dem schon erwähnten Ignatia — übrigens auch bei Apis. Darüber muß gesondert gesprochen werden. Soviel über Blei und Silber, ihre Physiologie und Pathologie im Zusammenhang mit den Prinzipien Sulfur, Sal, Merkur.

Wenn Sie das über Blei und Silber Ausgeführte als ein Denkmodell nehmen, werden wir uns bei jedem Heilmittel zunächst fragen: Hat diese Substanz einen vorwiegend salhaften oder einen vorwiegend sulfurischen Charakter? Wir hatten darauf schon bei den Substanzen Kalk und Magnesium hingewiesen (vgl. Arbeitsunterlagen des Bad Boller Medizinischen Seminars: Zur Homöopathie der Alkalien und Erdalkalien).

Stannum

Wir wollen uns nun — wenn auch aus zeitlichen Gründen kurz — dem Stannum zuwenden. Ich sagte schon, Stannum ist der metallische Kiesel. Zuvor jedoch noch eine kurze Bemerkung zu den Metallen im allgemeinen: Alle Metalle haben in der Therapie — beim Stannum und beim Quecksilber haben wir das deutlich gesehen — (Anmerkung: vgl. Referat *Selinger* „Stannum und Hydragyrum", Bd. II) einen merkurialen Charakter, einen nach beiden Seiten hin, nach oben und unten vermittelnden Charakter. Die Metalle sind die Substanzen, die auf den ganzen rhythmischen Menschen wirken, auf das vermittelnde Prinzip zwischen dem oberen und dem unteren Menschen. Beim Zinn ist der merkuriale Charakter besonders deutlich. Das haben wir soeben geschildert bekommen. In seinen stofflichen Eigenschaften pendelt es zwischen kristallinem und weich-geschmeidigem Zustand. Wenn Sie das Arzneimittelbild des Zinnes anschauen, dann bezieht es sich — ähnlich wie der Kiesel — auf das Bindegewebe. Sie könnten auch sagen, auf die Gestaltung im Flüssigen durch den Luft-Menschen. Wenn wir das Blei vom Kopfpol aus und von der Hinterhauptsschuppe wirksam geschildert haben, so haben wir die Zinnwirksamkeit im Bereich des Frontalschädels mit den Stirnhöhlen. Wer die Bildersprache der Mythologie versteht, hat auch zur Physiologie einen Zugang. Die Alten haben das Zinn dem Planeten Jupiter zugeordnet, so wie sie das Blei mit dem Saturn, dem äußersten Planeten unseres Sonnensystems, in Zusammenhang gebracht haben. Das Zinn haben sie dem nächst entfernten Planeten in Richtung Sonne zugeordnet: dem Jupiter. Bei der Darstellung des Jupiter imponiert die mächtige Stirnwölbung. Sie ist betont. Aus der Stirn des Zeus wird die Athene geboren, die Göttin des freien, selbständigen Gedankenlebens. Das Zinn hat als homöopathisches Heilmittel eine besondere Beziehung zum Vorderhaupt. Der Stirnkopfschmerz über den beiden Orbitae, ein bestimmter, vor allem rechtsseitiger Stirnhöhlenschmerz ist ein typisches Stannumbild. Die Lufträume in der Stirn über den Augenhöhlen werden vom Stannum-Prozeß, so könnte man sagen, gebildet. Wir haben die Beziehung zum Luft-Element. Erinnern Sie sich, wie sich das Stannum als Stoff dagegen wehrt, zu verdampfen. Es tut dies erst bei höchsten Temperaturen. Es möchte im flüssig-plastischen Zustand bleiben. Es verharrt in einem sensiblen Zustand zwischen Plastizität und Verhärtung. Man kann dieses Bild geradezu wörtlich nehmen: Wenn die Stirnhöhlen zu flüssig, zu plastisch bleiben, ist dies ein Stannumbild. Es ist ebenfalls ein Stannumbild, wenn die Schleimhäute der Stirn- und Nasennebenhöhlen austrocknen, atrophisch werden. Wir haben das Bild der Dysplasie. Es ist aber nur dann ein Stannumbild, wenn noch ein Wesentliches hinzukommt: wenn der Patient angibt — man muß ihn natürlich danach fragen — daß der Schmerz mittags am stärksten ist; daß er am Abend abklingt, um am nächsten Morgen mit der aufgehenden Sonne von neuem zu beginnen. Das typische Schmerzbild des Stannum ist der Gang mit der Sonne. Das Stannum ist ein Sonnenmetall. Es bewahrt die Wärme sehr stark in sich. Es ist daher ähnlich wie das Blei. Es steht auch, wie schon angegeben, dem Blei (dem Saturn-Metall) am nächsten. Dieser eigentümlich periodische, mit dem Sonnengang verlaufende Schmerz kann sich tagelang, ja wochenlang hinziehen, bis man auf die Idee kommt, Stannum zu geben. Man kann dann erleben, daß der Schmerz nach ein bis zwei Tagen abklingt. Über die Lokalisation des Stannum-Schmerzes im Bereich der Stirn, vor allem rechts und über die rechte Stirnhöhle hinaus, hat Stannum die Beziehung zum Lebergeschehen (in der Paracelsischen Medizin hat man die Leber ebenfalls dem Jupiter zugeordnet). Stannum ist ein ausgesprochenes Lebermittel und zwar dann, wenn die Leber überformt, d.h. degenerativ verändert ist. Stannum ist ein führendes Mittel bei Leberzirrhose, wenn das Bindegewebe in der Leber verhärtet, sklerotisiert. Man könnte sagen, hier kann auch Kiesel gegeben werden. Es ist jedoch in der Leber dieser verhärtende, austrocknende Bindegewebsprozeß ein Stannum-Bild, so daß Stannum wirksamer ist als Kiesel in diesem Falle. Es sei in diesem Zusammenhang daran erinnert, daß die Metalle eine merkuriale Funktion vermitteln. Die Schwäche der merkurialen Tätigkeit in den Organen, in diesem Falle in der Leber, ist bei der Leberzirrhose das wesentliche Krankheitsgeschehen.

Es wurde vorhin gesagt, daß es die Luft und die Lufträume sind, mit denen Stannum zu tun hat. Von daher verstehen wir, daß z. B. auch das Megacolon, die sogenannte *Hirschsprung*'sche Erkrankung, dem Stannumbild entspricht. Der Enddarm ist mächtig gebläht, anlagemäßig und auch funktionell. Wenn Sie einen Patienten haben, bei dem vor allem der Enddarm, das Sigmoid, also das Colon in den Endbezirken, dauernd maximal ausgedehnt ist, wobei der übrige Darm in Ordnung sein kann, dann ist das ein Stannumbild. Wir geben dem Patienten Stannum in der 10. und 20. Potenz. Was der Homöopathie bekannt ist, ist die Schwäche der Bindegewebsorgane, vor allem der Bänder. Sie sind degenerativ erschlafft. Der Turgor fehlt. Das Bindegewebe geht über in das Stannumbild, in jene Stannum-Eigenschaften, die mit der Austrocknung zu tun haben. Das Bindegewebe verliert seine Plastizität. Es trocknet aus. So werden die Zwischenwirbelscheiben unelastisch. Die Längsbänder der Wirbelsäule erschlaffen. Das Bindegewebe der Wirbelsäulengelenke wird unelastisch. Eingeweide-Senkung, Absinken des Magens, des Quercolons, Senkung der Beckenorgane, das Gefühl, daß alles nach unten drängt. Dies sind Stannum-Bilder. Dem Stannumprozeß unterliegt die Kugelbildung der Gelenke.

Quecksilber

Noch ein Wort über das Quecksilber in Anschluß an die Ausführungen von *Selinger*.

Das Quecksilber ist kein Bindegewebsmittel, sondern — wie Sie wissen — *das* Lymphmittel. Wenn das Lymphsystem, und vor allem die Lymphknoten verhärten, ist Quecksilber in mittleren bis hohen Potenzen angezeigt. Sie haben z. B. im Zusammenhang mit einem Scharlach einen verdickten, steinhart zu tastenden Lymphknoten am Hals. Er bildet sich auch nach Abklingen des akuten Scharlachbildes nicht zurück.

Mit einer Mercur Hochpotenz D 15, D 20, auch D 30 gelingt es Ihnen, daß im Laufe von 4 bis 6 Wochen der verhärtete Lymphknoten verschwindet. Was heißt das? Wenn das Lymphsystem nicht mehr an den allgemeinen Lebensprozeß, an den allgemeinen interstitiellen Flüssigkeitsprozeß angeschlossen ist, wenn sich das Lymphgeschehen isoliert, dann ist Quecksilber das Heilmittel. Denken Sie daran, wie Quecksilber als Stoff sich abschließen will, wie es in die Kugelform, in die Isolierung übergehen will mit seiner starken Oberflächenspannung. Es ist derselbe Prozeß, der innerhalb des Lymphsystems zur Abkapselung der Lymphorgane führt. Auch für die Degeneration der Lymphorgane, für die *Hodgkin*'sche Erkrankung, die Lymphknotendegeneration im Sinne des Karzinoms (Lymphogranulomatose) ist Mercur ein Grundheilmittel. Wir geben es auch hier in potenzierter Form in D 30, D 20 — nicht tiefer als D 15.

Wenn Sie unter diesem Gesichtspunkt sich das homöopathische Arzneimittelbild des Quecksilbers anschauen, so stoßen Sie auf den sich verselbständigenden Lymphorganismus, der den Anschluß an die mesenchymalen Substanz- und Energieumwandlungsprozesse verliert: Die weibliche, lymphatische Konstitution dominiert: Frostigkeit, Erkältlichkeit bei gleichzeitiger Wärme- und Hitzeempfindlichkeit sind charakteristische Erscheinungen (vgl. Pulsatilla-Arzneimittelbild). Das Bindegewebe erscheint schwammig-schlaff (besonders charakteristisch und sichtbar am Zahnfleisch). Die Haut scheint gedunsen, ist feucht. Es kommt zu nässenden Ekzemen. Weiterhin sind typisch schleimig-eitrige Absonderungen. Das mittlere Flüssigkeitssystem zwischen mesenchymaler Gewebeflüssigkeit einerseits und Blutsystem andererseits ist gleichsam verselbständigt und dominiert. Soviel über das Quecksilber.

Allgemeine Bemerkungen über die Wärme und das Eiweiß im Zusammenhang mit Sulfur und Sal

Ehe wir uns der Physiologie des Phosphors und des Schwefels zuwenden, sollen einige grundsätzliche Vorbemerkungen gemacht werden. Sie beziehen sich auf die Ausführungen, die wir bereits über die Wärme gemacht haben. Das Wesen der Wärme wird uns also zunächst noch einmal zu beschäftigen haben.

Die Chemie von Phosphor und Schwefel und die physikalischen Eigenschaften dieser beiden Substanzen sollten uns den Typus, das Prinzip dieser Stoffe anschaulich machen. Die Kenntnis der Kräftewirksamkeit, der Prinzipien der Stoffe brauchen wir zum Verständnis für die Therapie, für das Verständnis der homöopathischen Arzneimittelbilder und damit für das Verständnis dessen, was der menschliche Organismus mit dem Phosphor-Prozeß und mit dem Sulfur-Prozeß zu tun haben (vgl. *Selinger*: Schwefel und Phosphor).

Wir wollen miteinander den Versuch machen, das, was wir über Schwefel und Phosphor gehört haben, auf die Physiologie und Pathologie zu beziehen. Ich möchte wiederum beginnen mit dem Leitgedanken, der auch in der Darstellung von Herrn *Selinger* über Phosphor und Schwefel stets transparent war: mit der Wärme. Der Mensch ist ein Wärmewesen. Der gesunde Mensch hat warme Hände und Füße; er hat jedoch davon kein unmittelbares Empfinden. Er fühlt sich wohl. Heiße Hände und Füße sind pathologisch. Heißer Kopf ist pathologisch. Wir sprechen von einem „kühlen" Kopf und von einem „warmen" Herzen; wir sprechen aber auch von „feurigen" Gedanken und von „Kaltblütigkeit". Wir verwenden also den Wärmebegriff für Organe, jedoch nicht im unmittelbaren Sinne von höherer oder niedrigerer Temperatur. Wir können unmittelbar daraus entnehmen, daß die Wärme für uns eine physische und eine seelisch-geistige Seite hat. Die Wärme hat einen Doppelaspekt. Ich greife zurück auf den paracelsischen Gedanken von Sulfur und Sal und einem mittleren Prinzip Merkur. Unter dem Gesichtspunkt der Wärme haben wir zwischen sulfurischer Wärme und Sal-Wärme einen Übergang, eine Verwandlung. Wärme hat dann Sal-Charakter und auch Sulfur-Charakter — je nachdem, ob sie substantiell oder energetisch auftritt. Das wird noch zu verdeutlichen sein. Wir haben die Wärmeverhältnisse beim Phosphor kennengelernt. Die Verwandlung, die der Phosphor in der Substanzdarstellung durchgemacht hat, war ein merkurialer Vorgang. Was hat sich verwandelt? Verwandelt hat sich das Verhältnis zum Sulfurischen, das Verhältnis zur Wärme.

Wir haben versucht, deutlich zu machen, daß der Sulfur sich dadurch auszeichnet, daß er Wärme in sich sammelt, in sich hält. Denken wir zurück an das Blei. Eine sulfurische Substanz hat die Tendenz, auch beim Verbrennen die Wärme nicht abzugeben, wie das etwa beim Kohlenstoff der Fall ist, den wir auch als Sulfur bezeichnet haben. Wir hatten den Kohlenstoff dem Kiesel gegenübergestellt und darzustellen versucht, daß vom „unteren" Menschen, vom Stoffwechselgeschehen, vom Aufbau des Organismus her gesehen, der Sulfurprozeß wirkt; vom

„oberen" Menschen, vom Sinnes-Nerven-Prozeß aus jedoch der Sal-Prozeß seine Wirksamkeit entfaltet.

Wir hörten, daß in der Leber, nachts Höhepunkt 24.00 Uhr, die Kohlehydrate, das Glykogen aufgebaut wird, daß dies ein sulfurischer, ein endothermer Vorgang ist — ähnlich wie er in der Pflanze verläuft. So wie die Pflanze aus Wärme, Licht und Kohlensäure Stärke, Zellulose und Zucker aufbaut, so ist die Leber nachts tätig, indem sie Wärme in sich hereinnimmt, Wärme zur Substanz verdichtet. Das Leber-Glykogen ist substanzgewordene Wärme, substanzgewordenes Licht. Daher verstehen wir auch, daß die Leber im Inneren kühl wird, vor allem in der Nacht, weil sie Wärme gleichsam bindet. Das Frösteln in der Nacht, die Tatsache, daß man das Bedürfnis hat, im Schlafen sich zuzudecken, hängt damit zusammen, daß wir Wärme aus dem Organismus, aus der Peripherie in unser Inneres hereinnehmen, hineinbauen in unsere körpereigene Substanz. Die Leber ist nicht — wie wir dies früher gelernt haben — das wärmeabgebende Organ, sondern — indem die Leber einen endothermen, einen sulfurischen, einen wärmebindenden Prozeß durchmacht — Wärme substantiiert, ein Wärme verbrauchendes Organ. Das wurde geschildert, und das nennen wir den sulfurischen Prozeß. Demgegenüber versuchte ich darzustellen, wie der Sal-Prozeß ein Wärme freisetzender Vorgang ist. Daß dabei Licht und Wärme und auch andere Energien frei werden, und daß diese freigesetzten Energien zur Grundlage werden unseres seelischen und geistigen Lebens.

Nun haben wir von *Selinger* gehört, daß der Schwefel nur schwer seine Wärme abgibt. Daß er zwar mit heißer Flamme brennt, aber noch immer gewaltige Wärmereserven in sich behält; daß dagegen der Phosphor — Sie werden sich erinnern — schon bei geringer erhöhter Außentemperatur sich an der Luft spontan entzündet. Deshalb muß er unter Wasser aufbewahrt werden. Wir hatten zwar im Phosphor ebenfalls eine sulfurische Substanz, d.h. eine Substanz, die eine besondere Beziehung zur Wärme hat, große Wärmeenergie enthält, diese Wärme jedoch bereit ist, spontan abzustrahlen. Wenn man, wie es geschildert worden ist, den Phosphor weiter erwärmt und keinen Sauerstoff zutreten läßt, dann gibt er seine Wärme ab und geht allmählich in den ungiftigen grau-schwarzen Phosphor über. Was heißt das? Das heißt, der Phosphor entledigt sich seiner gewaltigen Wärmeenergien. Das bedeutet physiologisch: Wo Phosphor im Organismus auftritt, handelt es sich um einen Prozeß, der dazu beiträgt, Wärmeenergie, nunmehr aber körpereigene, dynamisch gewordene Wärme, freizusetzen, und zwar so freizusetzen, daß man nicht mehr im üblichen physikalischen Sinne von Wärme sprechen kann. Ich erinnere daran, daß wir den Wärmebegriff entkleiden müssen von der Vorstellung der Temperatur, der meßbaren Wärme; daß Wärme, wenn sie umgewandelt wird von Stoffwechselwärme, die wir durchaus zunächst auch als Temperatur, d. h. als meßbare Wärme betrachten können, nunmehr in der Energieform auftritt, und zwar im Bereich des Nervensystems, am Sal-Pol des Menschen. Hier wird die umgewandelte Wärme Grundlage für die geistige Regsamkeit des Menschen, z. B. in der Bewegung. Es handelt sich also um eine Wärmequalität, die wir gestern als kosmische Energie, als Peripheriekraft geschildert haben. So betrachtet, ist Wärme dann ein ursprünglicher Zustand der Substanz. Das ist der Sulfur-Zustand.

Der merkuriale Prozeß spielt sich zwischen der substantiellen Wärme (Sulfur) und der Sal-Wärme ab. Mit der im Organismus freiwerdenden Wärme — das ist der wesentliche Gesichtspunkt — wird die Grundlage geschaffen zum Eingreifen dessen, was nur über die Wärme eingreifen kann, der geistigen Potenz des Menschen. Alles, was zu tun hat mit der Wärme im Organismus, ist Ausdruck der inneren geistigen Aktivität (oder Passivität). Einem Menschen, der immer friert, der immer kalt ist, fehlt dieses innere Feuer. Wenn wir nun Substanzen wie Schwefel oder Phosphor vor uns haben, die wir beide sulfurisch nennen, dann heißt das: diese Substanzen, diese Prozesse haben eine besondere Beziehung zur Wärme; und damit zur geistigen Tätigkeit des Menschen einmal im Stoffwechselaufbau (Sulfur), zum anderen im Abbau im Bewußtsein schaffenden Nervensystem (Sal) und es wird Sie folglich nicht wundern, wenn wir nachher auf die Arzneimittelbilder zu sprechen kommen, daß zunächst zu fragen ist: Wie ist das Verhältnis des Patienten zur Wärme? Eine wichtige erste Frage, um sowohl die Konstitution als auch die Krankheitsdisposition eines Menschen zu erkennen. Sulfur als Wärmequalität und sulfurische Substanzen, wie der Schwefel selbst, aber auch wie der Kohlenstoff, sind Substanzprozesse, die die Wärme festhalten — auch wenn sie bei der Verbrennung in den gasförmigen Zustand übergehen. Wir haben gehört, daß, wenn Schwefel verbrannt wird, oxidiert, er zunächst zwar in ein Gas übergeht, dann aber — bei weiterer Oxydation — in einen präzipitierenden, sich niederschlagenden Rauch übergeht. Dasselbe ist beim Phosphor der Fall. Die sulfurischen Substanzen wollen nicht aus ihrem stofflich-festen

Zustand hinaus. Sie wollen nicht in den gasförmigen Zustand übergehen. Ähnlich ist es beim Verbrennen der Kohle. Man kann ja, wie wir gehört haben, gleichsam einen Stein, den Diamanten, verbrennen. Warum ist dies möglich? Weil auch im Zustand des Diamanten der Kohlenstoff eine ganz außerordentliche Wärmeenergie in sich hat. Der Kohlenstoff verbrennt in Kohlenmonoxyd und Kohlendioxyd. Es entsteht ein schweres Gas. Dieses Gas hat noch die ganze Wärmepotenz des Kohlenstoffes in sich. Es hat seine Wärme nicht abgestrahlt. Dies ist ein wichtiges Phänomen bei der Oxydation einer sulfurischen Substanz, daß sie sich stufenweise, wie dies beim Schwefel geschildert wurde, vom Monoxyd zum Dioxyd verdichten kann. Das sulfurische Gas wird dichter, je mehr es verbrennt, so könnte man es paradoxerweise sagen. Es wird immer physischer, immer stofflicher und behält trotzdem seine Wärme in sich. Diese endotherm verlaufende Oxydation, bei der die Wärme gleichsam nach innen geht, ist deshalb zum Verständnis der Physiologie so wichtig, weil der Substanzaufbau, der sich vor allem in der Leber abspielt, ein solcher Wärmeinkarnationsprozeß ist.

Die Eiweiß- und Glykogen-Bildung ist ein solcher physiologischer Vorgang. Was die Leber bei der Glykogenbildung nachts macht, das macht die Pflanze draußen; jedoch mit dem wesentlichen Unterschied, daß mit der Inkarnation, mit dem endothermen Wärmeprozeß, sich das menschliche Wesen, seine geistige Natur, mit der Substanz verbunden hat.

Die Substanzbildung in uns ist nicht beliebig, sondern sie ist geformt vom Menschen selbst, sie ist geformt vom Wärmemenschen. Sie erinnern sich, was von der Rachitits gesagt wurde, daß der Mensch sich von der Peripherie schrittweise verkörpert und sich über die Wärme mit der Substanz, dem Eiweiß, mit den Kohlehydraten, verbindet. Die aufgenommene Nahrung muß gleichsam durch den Schmelztiegel der Wärme hindurchgehen, muß so aufbereitet, so zerstört werden, daß sie in den Wärmezustand, gehoben von den Formkräften des geistigen Menschen, ergriffen werden kann.

Wir haben im Abendvortrag (Dr. *Lothar Vogel*) gehört, wie *Schiller* (Briefe zur ästhetischen Erziehung des Menschen) den Menschen als Mittlerwesen, als ein Merkurwesen zwischen Form und Stoff, aufgefaßt hat. Mit den Formkräften wirken die geistigen Intelligenzkräfte in unserem Bewußtsein. *Schiller* sprach vom „Vernunfttrieb" und vom „Stofftrieb". Wir finden in dieser Betrachtungsweise den menschenkundlichen Schlüssel zum Verständnis der Wärmeprobleme. Ich wiederhole: Auf dem Wege der Substanzbildung, des Aufbaus des Eiweißes und des Zuckers in der Leber, haben wir das Eingreifen der geistigen Potenz des Menschen, die sich die Substanz zur eigenen Substanz formt. Wir sagen zur „körpereigenen" Substanz und müßten eigentlich genau sagen, zur „geisteigenen, individuellen" Substanz. Wir wissen, daß das Eiweiß jedes einzelnen Menschen in seiner Feinstruktur sich vom Eiweiß aller anderen Menschen unterscheidet. Dies gilt auch für das Glykogen, für den Zucker. So ist die körpereigene Substanz von der geistigen Gestalt des Menschen geprägt.

Es tritt nun das Problem auf: Was geschieht mit solchen Stoffen, die wir nicht verwandelt haben, die wir nicht völlig abgebaut und aufgelöst haben bis in einen ungeformten Nullzustand? Was geschieht mit den Stoffen, bei denen das nicht gelungen ist, die fremd bleiben?

Da haben wir den ganzen Umfang der allergischen Erkrankungen. Sie können eine gewöhnliche Akne, einen schweren Hautausschlag — vor allem z. B. die Acne necroticans, die die Haut bis in die tiefen Schichten des Coriums zerstört — heilen, wenn Sie den inneren Wärmemenschen ordnen, was bedeutet, daß Wärme im Aufbau und Wärme in der Umwandlung und im bewußtseinschaffenden Nervenprozeß wieder ins Gleichgewicht gebracht wird. Es soll Ihnen damit ein Schlüssel in die Hand gegeben werden, wie Sie das Verhältnis einer Substanz zur Wärme sehen können. Wir verstehen dann den Übergang vom unteren Menschen zum oberen Menschen. Wir verstehen den Übergang und die Substanzumwandlung vom Stoffwechselmenschen zum Nerven-Sinnes-Menschen.

Nun haben wir den Schwefel im Eiweiß als eine Substanz, die — das wurde vorhin schon angedeutet — die Plastizität des Eiweißes ermöglicht.

Man muß sich selbstverständlich freimachen von der Vorstellung, daß Eiweiß aus Kohlenstoff, Wasserstoff, Stickstoff und Sauerstoff bestünde. Das ist nur dann der Fall, wenn wir Eiweiß zerstören. Dann haben wir allerdings diese einzelnen Elemente vor uns. Das lebendige Eiweiß ist doch eine eigene Substanz auf höherer Stufe. Es hat die genannten elementarischen Energien in sich. Wir müssen den Unterschied machen zwischen der lebenden Substanz und den physikalisch-chemischen Eigenschaften der äußeren Stoffe.

Nach alledem, was über das Sulfurische gesagt wurde, werden Sie sich jetzt nicht wundern, daß das Eiweiß mit seinem Schwefel, die Albumine und Globuline, im ganzen eine hochsulfurische Substanz ist, eine Substanz, die Wärme in großer energiereicher Form in sich enthält. Und daher verstehen wir, daß Fremdeiweiß — in den Körper eingebracht — eine gewaltige allergische Reaktion auslösen kann bis zur Anaphylaxie, bis zum tödlichen Schock, mit inneren Ödemen, mit Herzödem (wie beim Serum-Infarkt), mit Hirnödemen. Es handelt sich dabei um ein völliges Versagen der Eigenformkräfte, man könnte auch sagen der Umwandlungskräfte des Menschen. Dazu ein Beispiel: Ich hatte eine zeitlang die Aufgabe, im Feldlazarett Bluttransfusionen durchzuführen bzw. Blutersatzmittel (Periston, Tutofusin) zu geben. Bei Gasbrand-Infizierten sollte zur Infusion 150 ccm Gasbrandserum vom Pferd i. v. gegeben werden. Auf meine besorgte Frage, sagte der leitende Chirurg, in der tiefen Narkose könnte dies ohne weiteres getan werden. Tatsächlich wurde diese Menge Fremdserum intravenös reaktionslos vertragen. In der tiefen Narkose verhält sich der Organismus anergisch, d. h. er kann sich gegen das Fremdeiweiß nicht wehren. Dies ist für unser Verständnis der inneren Vorgänge von großer Bedeutung. Es ist also verständlich, daß in der tiefen Narkose keine Anaphylaxie, kein Eiweißschock auftritt, weil der Gegenspieler des fremden Eiweißes, der sich damit auseinanderzusetzen hätte, wenn er wach wäre, gleichsam in der Narkose abwesend ist. Daß es demgegenüber einen Serum-Infarkt gibt, zeigt uns, daß insbesondere das Herz, das Zentrum unseres Wärmemenschen, hochempfindlich ist gegen fremdes oder auch unverwandeltes Eiweiß. Der Herzschock ist dann meist ein Herztod. Die gewaltige Wärmepotenz des fremden Eiweißes wirkt wie ein schweres Gift. Wir werden bei den tierischen Giften noch hören und auch bei der Besprechung des Phosphors, daß das Giftige, das Aktive, das Zerstörende die freie Wärme ist. Es ist die innere gewaltige Wärmeenergie, die mit solchen Substanzen frei wird. Worauf großer Wert zu legen ist, das ist das Verständnis des Sulfurzustandes des Eiweißes:

$$C \quad O \quad N \quad H$$
$$S$$

Mit Ausnahme des Sauerstoffes sind der Kohlenstoff, der Wasserstoff, der Schwefel und auch in gewisser Weise der Stickstoff sulfurische Elemente.

Der Schwefel

Was macht der Schwefel im besonderen?

Auf die 7 Modifikationen des Schwefels hat Herr *Selinger* bereits hingewiesen. Wenn wir den Schwefel erwärmen, windet er sich geradezu, um seine Eigenwärme nicht abzugeben. Er möchte sie bewahren. Er verhält sich gleichsam wie ein Wesen, das seine Wärme nicht abgeben will. Der Schwefel wird bei der Erwärmung zunächst flüssig, dann zähflüssig, dann gummiartig, dann wieder dünnflüssig und zum Schluß wieder fest. Diese Protheus-artige Verwandlungsfähigkeit wird in der griechischen Mythologie geschildert. Wir erfahren dort wie Protheus, der Alte des Meeres, sich in alle denkbaren Gestalten verwandelt, ehe er sich in seiner wahren Natur offenbart. *Purkinje* sprach in genialer Weise vom Protoplasma. Man spricht vom Protein. Darin kommt die Protheus-Natur des Eiweißes auch begrifflich, sprachlich zum Ausdruck. Der Schwefel ist gleichsam der Protheus des Eiweißes. Er vermittelt die Vielfalt der Gestaltungsmöglichkeiten der Organe. Er ist der Verwandler, der Plastizierer. Wenn der Schwefel diese Eigenschaften überbetont, dann treten die Krankheitsbilder des Schwefels auf. Die Wärme nicht abgeben können, sie im Eiweißbildungsprozeß gleichsam festhaltend, bildet die ideale Grundlage zum Verständnis der entsprechenden Krankheitsbilder. Auch im Seelischen kann sich der Mensch abkapseln, wenn er sagt: Ich interessiere mich nicht für meine Umgebung. Organisch ist dies der Schwefel in uns. Er ist gewissermaßen ein Egoist. Überprüfen wir unter diesem Gesichtspunkt das psychische Arzneimittelbild des Schwefels. Wir haben einen Menschen vor uns, der nur sich sieht — ein Hypochonder, der ständig über sich selbst nachdenkt. Die Haut kann ein Bild dafür sein. Sie wirkt schmutzig, ist heiß, trocken. Was sich an Eiterungsprozessen, an Entzündlichkeit auf der Haut abspielt, gehört zum Schwefel-Bild.

Es ist kein Zufall, daß sich sehr viele Erscheinungen des Schwefel-Arzneimittelbildes auf der Haut abspielen, daß die Schwefelwirkung gleichsam zentrifugal, vom Stoffwechsel ausgehend, in die Peripherie reicht. Die Haut ist ein ursprüngliches, undifferenziertes Organ. Die Lymphbildung der Haut, d. h. aber der Eiweißprozeß in der Haut, spielt eine wesentliche Rolle. Eiweißaufbau im Corium der Haut und Eiweißabbau in der Epidermis, in dem Stratum corneum, weisen auf die Doppelwirkung des Schwefels hin: Im Aufbau des Eiweißes zu wirken, aber auch in der Ausformung des Eiweißes in den Hautanhangsgebilden.

Ebenso gibt es zwei Konstitutionstypen: einen vegetativen, mehr pyknischen, roten Typus, bei dem der Stoffwechselaufbau überwiegt, und einen eher mageren, trockenen Typus. Im ganzen ist die Haut trocken, schuppig, neigt zu Eiterungen, brennt, juckt, es treten Rhagaden auf, vor allem an den Körperöffnungen, die wie entzündlich gerötet sind, es besteht in typischer Weise Wärmeüberempfindlichkeit, wie sie zum Arzneimittelbild sulfurischer Substanzen, wie z.B. auch Carbo, gehört. Charakteristisch ist auch die Verschlimmerung im Frühjahr und auch bei feuchtem, warmem Wetter. Verschlimmerung in der Wärme, im Bett z.B., der leichte Schlaf, der morgendliche Durchfall nach dem Aufwachen, die Verschlechterung um 11.00 Uhr. Weiter paßt zum Sulfur-Bild die Unverträglichkeit von Milch (Milcheiweiß, roh), stattdessen das Bedürfnis nach Kohlehydraten, nach Süßigkeit. Der Wärmeprozeß bleibt gleichsam im Eiweißaufbau hängen. Der Zuckerprozeß dagegen hat mit der freiwerdenden Verbrennungswärme zu tun; er unterliegt vielmehr dem Sulfur-Antagonisten, dem Phosphor. Soviel über den Schwefel.

Der Phosphor

Der Phosphor hat eine ganz andere Bedeutung im Organismus als der Schwefel. Er wirkt nicht im Protoplasma, sondern im Kerneiweiß. Das Kerneiweiß spielt für die Zelle etwa die Rolle, die dem Nervensystem im ganzen Organismus zukommt. Es ist eine Wahrnehmungsfunktion, gleichsam eine Bewußtseinsfunktion. Der Kern ist, wie das gesamte Nervensystem, empfindlich für Form und Gestaltungsimpulse aus der Peripherie. Ich darf wegen ihrer grundsätzlichen Bedeutung einige Sätze des Embryologen *Erich Blechschmidt* zitieren aus seinem Buch „Vom Ei zum Embryo", Deutsche Verlagsanstalt, Stuttgart 1968/1969: „Die Frage ist vielmehr: Auf welche Weise entstehen, trotz der Passivität der Gene, tatsächlich gesetzmäßig die verschiedenen Organe? Aus der Humanembryologie wissen wir heute, daß Wachstum ein von außen angeregter (exogener) Vorgang ist". — „Deshalb spielen sich die genannten Zellreaktionen zunächst außen an der Zellgrenzmembran, und erst anschließend innen im Zellplasma ab. Das Genom (die Summe der Gene in einer Zelle) wird immer erst indirekt betroffen."

Es ist folglich die Frage, und sie wird von *Blechschmidt,* wie eben zitiert, eindeutig beantwortet, ob z. B. die Chromosomen die Träger oder nicht vielmehr die Empfänger der Gestalt sind. Wir müßten uns in diesem Zusammenhang über den Zellenbegriff überhaupt unterhalten und welche Bedeutung der Zellenperipherie, dem Interzellularraum zukommt. Ich darf Sie in diesem Zusammenhang auf die Schrift „Zur Therapie mit potenzierten Organpräparaten" hinweisen. Dort finden sich Abbildungen von Strukturen aus Gewebesäften, aus denen hervorgeht, daß sich die Organstruktur in der Peripherie äußert. Es ist das peri-zelluläre Eiweiß vor allem, das Träger oder besser Vermittler der Formelemente des Organes ist. Wenn wir folglich den Phosphor und die Phosphor-Physiologie, die Phosphor-Dynamik im Zusammenhang mit dem Kerngeschehen sehen, so wirft dies auch ein besonderes Licht auf seine sowohl sulfurische als Sal-hafte Wirksamkeit. Dabei besteht der Unterschied, wie wir schon andeuteten, zum Schwefel und wie wir es von *Selinger* gehört haben, daß er die Tendenz hat, unter Lichterscheinung Wärme abzustrahlen. Wir erinnern uns, daß diese Eigenschaft des Phosphors uns auf das Nervensystem und den Sal-Prozeß, der dort tätig ist, hingewiesen hat. Wir finden daher den Phosphor und die Phosphorverbindungen vor allem in der Nervensubstanz und, wie schon gesagt, in der Zellkernsubstanz, und zwar immer dort, wo Energie-Impulse freigesetzt werden, wie z. B. bei der Bewegung, aber auch bei der Entfaltung von Bewußtsein, bei der Energiefreisetzung im Zukkerstoffwechsel, wobei die freiwerdende Wärmeenergie zum Träger des Ich-Impulses wird. Über den Phosphor-Prozeß wird gebundene Stoffwechsel-sulfurische Wärme freigegeben, freigesetzt.

Erinnern Sie sich an das Bild, das vom Gehirn gezeichnet wurde, wobei wir versuchten, deutlich zu machen, daß im Umkreis der Nervensubstanz ein physiologisches Phantom entsteht. Das heißt aber Freisetzung von Lebensenergie, im Stoffwechsel aufgebaute, verinnerlichte Energie von ätherischer, von seelischer, von geistiger Kraft.

Betrachten wir das Arzneimittelbild des Phosphors, so haben wir, im ganzen gesehen, bei aller inneren Verwandtschaft der beiden sulfurischen Substanzen Schwefel und Phosphor die umgekehrte Wirkungsrichtung von außen, oben nach innen. Der Phosphor-Mensch — wenn ich so sagen darf — ist eigentlich ein kalter Mensch. Er gibt zuviel Wärme ab. Wir haben den Neurastheniker, den Nervenmenschen vor uns mit verstärktem Längenwachstum. Es ist der leptosome Habitus, der Vagotoniker, eher hellhäutig, blond, als Kind zartgliedrig, sanguinisch, feinhäutig; Kinder mit dem sogenannten Engelsgesicht, mit langen Augenwimpern. Der sulfurische Charakter des Phosphors zeigt sich nunmehr umgekehrt wie der sulfurische Charakter des Schwefels mit einem zu starken Wärmegefühl, oder sogar brennenden Gefühl im Inneren, in der Herzgegend und zwischen den Schulterblättern. Es ist der Punkt in der Gegend des 6. Brustwirbels, den der Speer des Hagen treffen mußte, um in der Nibelungen-Sage Siegfried zu töten, gleichsam der Ich-Punkt. Wenn wir im Herzen das Zentrum des Wärme-Organismus sehen mit seiner doppelten Tendenz: rechtes Herz, dem venösenendothermen Wärmeprozeß unterliegend, im linken Herzen dem arteriellen Wärme freisetzenden System unterliegend, so könnte man auch sagen, daß der Phosphor im linken Herzen wirksam wird, der Schwefel im rechten Herzen. Wir fassen das Verhältnis zur Wärme zusammen:

Starkes Hitzegefühl am Herzen, zwischen den Schulterblättern, Verschlimmerung im ganzen bei Hitze, bei Gewitter, bei starker Sonneneinwirkung, Verschlimmerung auch bei warmer Nahrung und Besserung in der Kühle, Überempfindlichkeit der Sinne, neurasthenische Zustände, psychische Erregbarkeit. Der Neurastheniker, der Phosphortyp, wird überwältigt von den Sinneseindrücken, kommt an die Grenzen seines übersteigerten Sinneslebens. Er wird geradezu hellsichtig. Wir verstehen daher auch, daß der Diabetiker im allgemeinen Phosphor in höherer Potenz benötigt. Auch er leidet unter einem Wärmeverlust, einem zu starken Abbau im arteriellen System und neigt damit im Zusammenhang zur Arteriosklerose, zur lipoiden Degeneration der Gefäßintima. Man könnte geradezu von einer Vernervung der Gefäße sprechen, ehe es zur Verkalkung kommt. Die diabetische Arteriosklerose ist demnach auch ein Phosphor-Prozeß. Charakteristisch ist das Frieren von innen her, ähnlich wie wir es übrigens vom Arzneimittelbild des Kiesels kennen. Der Phosphor-Prozeß als freier Wärmeprozeß läßt das Ich durchschlagen bis in die Physis. Was heißt das? Das heißt, das zerstörende Eingreifen freier Wärme führt zur Auflösung der Organformen. Es führt vor allem zur Auflösung der Kapillaren und der roten Blutkörperchen. Es kommt zu kapillaren Blutungen. Das Bild der Sepsis steht vor uns. Wir möchten damit die Besprechung des Schwefels und des Phosphors abschließen und zusammenfassend sagen, daß beides sulfurische Substanzen sind, daß sie eine echte Polarität bilden, daß jedoch der Schwefel mehr im Aufbau des Eiweißes, im Stoffwechsel, in den Albuminen, im Protoplasma wirksam ist, daß er der Protheus-hafte Gestalter aus dem Eiweiß ist und sich im Arzneimittelbild die Wärme im Organismus, vom Stoffwechsel ausgehend, staut bis hinein in die Haut; der Phosphor dagegen aus der Peripherie, vom Kopf, vom Nervensystem ausgehend wirksam ist, daß er zu den Nervenzellen, zum Nervensystem seine besondere Beziehung hat, d.h. daß er Wärme und Licht freisetzt, nachdem es im Eiweißaufbau vom Ich, von der menschlichen Wesensgestalt, ergriffen wurde. Daher verstehen wir beim Phosphor-Arzneimittelbild das besondere, dem Schwefel zwar verwandte, aber doch ganz andersartige Verhalten. Empfindlichkeit besteht vielmehr gegenüber der Sonnenwärme, der gewittrigen Wärme. Der sulfurische Charakter wird im Inneren empfunden, in der Herzgegend. Extreme Phosphorwirkung führt zu fettigen Degenerationen, zum Abbau des Eiweißes, zur Zerstörung, zum Gewebezerfall.

Beiträge zur Substanz- und Heilmittellehre III

Substanzbetrachtungen — Metalle
Arzneimittelbilder — Pathophysiologie und Psychosomatik

Die Arzneimittelbilder Blei und Silber

In der Reihe der Metalle

Blei
Zinn
Eisen
Gold
Kupfer
Quecksilber
Silber

stehen sich Blei und Silber als äußerste Polarität gegenüber. Ähnlich wie in ihrem Verhältnis als Leiter gegenüber Wärme und elektrischem Strom, in ihrem Verhältnis zum Klang, in ihrer chemischen Angreifbarkeit (Blei) bzw. ihrer edlen Natur (Silber), zeigen sie eine völlig entgegengesetzte Kräftewirksamkeit, die es auch im menschlichen Organismus aufzusuchen gilt.

Blei hat seine imponderablen Kräfte — vor allem Wärme — in die Schwere und Dichte übergeführt und verhält sich damit wie eine sulfurische Substanz; das Silber hat dagegen seine Imponderabilien in die Umgebung abgegeben und zeigt, trotz seiner Plastizität — Weichheit und Geschmeidigkeit — ein besonderes Verhältnis zum Klang. Während Blei seine Feuernatur in der Schwere behauptet, zeigt Silber bei aller Sal-Haftigkeit ein besonderes Verhältnis zum Flüssig-Wäßrigen, in dem es als Salz der Salpetersäure in einem hohen Grade löslich ist; nach *Leeser* geht $AgNO_3$ in 100 g Wasser zu 0° C mit 115 g in Lösung; bei 100° C sogar 1 024 g, so daß man geradezu sagen könnte: Wasser geht in Silbernitrat in Lösung. Blei und Silber stehen sich damit wie Feuer und Wasser einander gegenüber.

Damit haben wir die Kräftebeziehung des Bleis zum Wärmeorganismus, die Kräftebeziehung des Silbers zum Flüssigkeits-Organismus und

123

zum Chemismus. Alle Metalle haben über ihre besondere Beziehung zum Sulfur-Prinzip (Blei) und zum Sal-Prinzip (Silber) als Prozesse ihren Wirkungsbereich im Merkurialen. Dabei zeigt sich die innere Wesensverwandtschaft des Silbers zu den Alkalien — besonders Natrium, Kalium, deren Salze in Lösung bleiben wollen. Das gelöste Kochsalz im Meerwasser zeigt auch darin seine Verwandtschaft mit den in den Ozeanen gelösten, relativ großen Mengen Silber.

Das Blei

Arzneimittelbild, Pathophysiologie und Psychosomatik

Die Haut — Wärmeperipherie

Wir sprechen vom „Bleikolorit": die Haut ist fahl, blaß, gelblich-grau, anämisch und subikterisch, faltig, gealtert, geschrumpft, eingetrocknet, schuppig.

Die absterbenden Hautschichten vom Stratum luzidum beginnend bis zum Abstoßen der sich abschilfernden Hornschuppen unterliegt dem Bleiprozeß. Es ist die Sinneszone der Haut, die im Physischen den Lebensprozeß abtötet (vgl. Abschnitt Silber). Wärme wird dabei gebunden; das Sinnesorgan der Hautwärme-/Kälte-Empfindung untersteht damit dem gesunden Bleiprozeß. Bei der Ausbildung des Plumbum-Arzneimittelbildes wird die Haut zunächst hyperästhetisch, berührungsempfindlich mit plötzlich einsetzenden Schmerzen, vor allem durch kalte Luft, später Auftreten von Parästhesien, Erlöschung der Sensibilität. Die Ichthyosis ist ein Bild des konstitutionellen Blei-Arzneimittelbildes.

Knochenmark, Blutbildung, rotes Blut

Das Knochenmark und die Blutbildungsstätten sind Wärmezentren. Bei der Bleivergiftung wird Blei im Knochen gespeichert; es hat hierzu eine Affinität (bis zu 95 % des im Körper gespeicherten Bleis). Die Bildung der roten Blutkörperchen ist geschädigt; der Zerfall der Erythrozyten beschleunigt.

Das Knochenskelett und das Knochenmark als Bildungsstätte des Blutes sind ein physiologisches Bild des Bleiprozesses: Wärmeprozeß im physischen Verdichtungs- und Absterbegeschehen des Knochenskelettes (Kalk). Bei ungenügender Skelettbildung einerseits und Blut-bildung andererseits bleibt es beim pathologischen Blei-Bild, d.h. die Wärme ist wie gefangen in der Substanz und in der Verdichtung.

In der Knochenskelettbildung einerseits und im Wärmezentrum des Knochenmarks wird die Wärme gleichsam im Blut beweglich auf der einen Seite und auf der anderen Seite der physische Kalk abgeschieden. Hier zeigt sich eine Verwandtschaft des Bleis zum Kalk, der als Salz-bildner und Repräsentant des Physisch-Tellurischen etwas von der sul-furischen Natur noch bewahrt (im Unterschied zum Magnesium, das seine ausgesprochene Sal-Natur auch in der Knochenbildung zeigt). Daher ist Blei sowohl ein Rachitis-Mittel, als auch ein Heilmittel für die Rachitis des Alters (Osteoporose) und Sklerose.

Blutgefäßsystem

Die Blutgefäße sind Bildungen aus dem strömenden warmen Blut; sie sind gleichsam aus dem Blut abgeschieden, bleiben jedoch elastisch. Vor allem die arteriellen Gefäße mit ihrer hohen Elastizität und Span-nung und Formung sind ein physiologisches Bild für einen gesunden Bleiprozeß. Wärme muß im arteriellen System aus dem Blut ständig frei werden. Wir haben es mit einer Wärmestrahlung zu tun. Wenn die Wärme — wie im Blei — an die physische Substanz gebunden bleibt, kommt es zur fettig-lipoiden Degeneration des Gefäßbindegewebes und schließlich zur Verkalkung wie im Knochen. Der Wärmeorganis-mus ist unter dem Bleiprozeß stofflich gebunden, nicht dynamisch, wechselnd im Auf- und Abbau der Organe, vor allem des gestalteten Skeletts einerseits und des geformten Blutgefäßsystems (Arterien) ande-rerseits. Strömendes Blut und Gefäße sollten im lebendigen Organis-mus im merkurialen Prozeß gehalten sein. Die Endarteriitis, die Arte-riosklerose mit Drahtpuls sind das Bild des pathologischen Bleipro-zesses.

Muskulatur — Blei-Kolik und Blei-Arthralgie

Auffallend sind die Krämpfe in der Extensoren-Muskulatur (Waden-krämpfe). Es handelt sich um eine Erkaltung, d.h. Übersteigerung der arteriellen Gefäßwandbildung mit entsprechenden Spasmen (siehe oben: Gefäße). Die Verschlimmerung tritt nachts ein und bei Bewe-gung; Besserung auf Gegendruck.

Nervensystem und Psyche

Neuralgien und Neuritiden mit krampfartig und plötzlich einsetzenden Schmerzen sowie Lähmung der willkürlichen Muskulatur (vor allem Strecker) sind Folgen einer Mangeldurchwärmung wahrscheinlich auf der Grundlage der Wärme- und Blutzirkulation in den enggestellten Endarterien und Kapillaren. Es kommt zu Optikusatrophie, zu Retinitis, Engstellung der Pupillen, Verlangsamung und Erschwerung des Gedächtnisses, Wortfindungsschwierigkeiten, manische Zustände, Delirien, Zerebral-Sklerose-Symptome. Neben allgemeiner körperlicher Schwäche, Marasmus, Kraftlosigkeit und Abmagerung zeigen sich Angst, Furcht und Depression. Der Wärmeorganismus als Träger des dynamisch tätigen Ichs erstarrt und ist an die Physis gekoppelt.

Nephritis, arteriosklerotische Schrumpfniere

Die Niere als fast ausschließlich arterialisiertes Organ ist gegenüber dem Bleiprozeß besonders anfällig. Die Niere neigt schon im Physiologischen zur Entzündung. Die Erstarrung und Engstellung der Gefäße trifft die Niere im Zentrum ihres ohnehin zur Überformung neigenden Prozesses. Durchwärmung- und Durchblutungsstörung ist daher in der Niere besonders bedrohlich. Im Zusammenhang mit dem gesamten Arzneimittelbild ist der blasse Nierenhochdruck typisch.

Darm und Stoffwechsel

Koliken, Krämpfe des Magens, des Ösophagus, des Dickdarms (spastische Obstipation), Kolon strangförmig tastbar, Afterkrampf, Symptome des Darmverschlusses (Kahnbauch); Dysmenorrhö.

Die Mangeldurchwärmung — auch der glatten Muskulatur — führt zu Erkaltung und damit zu Spasmen-Neigung. Die Appetitlosigkeit ist dann nur ein Symptom der inneren Erkaltung.

Das Silber

Arzneimittelbild, Pathophysiologie und Psychosomatik

Das Silber hat eine ganz spezifische Beziehung zum Chemismus und den chemischen Kräften im Organismus, die sich in den Flüssigkeitsprozessen ganz allgemein abspielen. Das Lymphsystem in seinen Abstufungen vom stoffwechselbetonten Chylus über die Organlymphen bis zur Sinnesorganlymphe — Auge, Ohr und Liquor cerebrospinalis — steht unter der Wirksamkeit des Silberprozesses. Die Beziehung des Silbers zum Luftorganismus und damit zur Psyche, zur Nierenorganisation und Nervensystem sind wesentliche Wirkungsmerkmale des Silbers (geschmolzenes flüssiges Silber nimmt mit großer Begierde Luft, Sauerstoff und auch Stickstoff in sich auf, um sie beim Erkalten wieder abzustoßen, Spratzen des Silbers). Wir sehen folglich den Silberprozeß im Zwischenbereich zwischen Flüssigkeits- und Aufbaugeschehen und Atmungsaktivität, Psyche. Nervensystem, System der innersekretorischen Drüsen, das Urogenitalsystem, Niere und Reproduktionsorgane sind die dem Silberprozeß unterliegenden Bereiche. Der ätherische Organismus, insbesondere der chemische Äther im Flüssigkeitsgeschehen und damit der Aufbau, das vegetative Wuchern, sind die eine Seite des Silberprozesses. Die andere Seite ist die Neigung zur Form, was mit Atmung und seelischer Gestaltung zusammenhängt und das Zurückdrängen des aufbauenden Lebensprozesses. Die Nerven und das durch die Nerven freiwerdende (emanierende) Bewußtsein, das Zurückdrängen des Lebensprozesses zu Gunsten des Bewußtseins, das Freiwerden ätherischer Kräfte entspricht der Eigentümlichkeit des Silbers.

Die Haut

Das Blei wurde der Sinnessphäre der Haut im Bereich der Epidermis und hier im besonderen im Bereich der Hornschicht zugeordnet. Dem Silber ist die Keimschicht und der Hautnervenprozeß unterworfen (Erneuerung der Keimschicht im 28tägigen Mondenzyklus). Sowohl die übermäßige Erneuerung der Keimzone der Epidermis und die Wucherung der Keimschicht im Sinne von epithelialen Entartungen wie Warzenbildung, Kondylome, Epitheliome auf der einen Seite, als auch Atrophie der Keimschicht sind gestörte Silberprozesse. Die Haut trocknet dann ebenfalls wie bei Blei aus, aber aus ganz anderen Ursachen; sie kann schrumpfen, wird als gespannt erlebt, sie verhärtet und nimmt eine bräunliche Farbe an (Licht-Prozeß). Die Haut wird flüssigkeitsarm, fettarm, nimmt ein erdfahles Aussehen an; es tritt Prickeln auf, Jucken, Ameisenlaufen als Ausdruck eines zunächst gesteigerten Nervenempfindungsvorganges.

Das Organausdehnungsgefühl schließt sich an den physiologischen Nervenprozeß an. Die auch physiologische Zurückdrängung des vegetativen Aufbauprozesses im Nerv geht einher mit einer ebenfalls physiologisch zu bezeichnenden Emanation von Bildekräften als Grundlage des Bewußtseins. Mit dem Ausdehnungsgefühl, das sich an allen Organen — insbesondere jedoch am linken Ovar und im Bereich des Großhirns (Kopf) — zeigt, ist ein bis ins Physische hineinwirkender Lockerungsprozeß und dem Seelischen verbunden. Wir finden daher auch das Silberbild bei hysterischen Erscheinungen, die — wenn sie anlagemäßig auftreten — mit einem Zurückbleiben der organischen Entwicklung, vor allem der Ovarien und des Uterus zusammenhängen. Eine gesteigerte Geruchsempfindlichkeit ist so auch zu verstehen.

Schwindel und Schwanken, vor allem im Dunkeln, konvulsive Bewegungen der oberen Gliedmaßen, Starre der Augenbewegung, Gefühl, als ob das linke Auge vergrößert sei, linksseitige Migräne — vor allem am Spätvormittag, Schwindel in der Höhe, Hitzegefühl, vermeintliche Besserung durch Bandagieren, Kopfschmerzen mit dem Sonnengang (vgl. Stannum), Neuralgien in den peripheren Nerven, Steifigkeit und Schwäche in den unteren Gliedmaßen, Lähmung der Glieder, Taubheitsgefühl und Zittern.

Das Nervensystem zeigt auf der einen Seite die Tendenz zu einem Physischwerden durch Abbau (Neuralgien) bis zur Lähmung, andererseits — im Zusammenhang mit dem Ausdehnungsgefühl — ein Ausweichen der Lebenskräfte in die Peripherie, daher Schwindel, vor allem in der Höhe und große Unsicherheit und Gefühl der Schwäche in den unteren Gliedmaßen. Die Migräne beginnt langsam, ist ansteigend und kann plötzlich abklingen. Die Besserung durch Bandagieren spricht für diesen Lockerungszustand. Im Zusammenhang mit dem Organausdehnungsgefühl könnte auch eine Erweiterung der Pupillen stehen (im Unterschied zu der Pupillenverengung bei Plumbum).

Nierensystem

Nierenlager- und Harnleiterschmerzen, Harnröhre wie geschwollen, häufiger Harndrang, verdünnter Harn, Blasenkrampf, Splittergefühl in der Harnröhre.

Im Zusammenhang mit der Nierenbeziehung steht das Bedürfnis nach frischer Luft, nach Umhergehen, der Zwang zum Gähnen und die gleichzeitig bestehende Geruchsüberempfindlichkeit, Geräuschempfindlichkeit, Ohrenklingen und -rauschen; alles Symptome eines gelockerten Wesensgliedergefüges. Das Seelische wird relativ frei; der Abbau ist verstärkt, auch das Auftreten von Zuckungen wie elektrische Schläge gehört hierher (Nierensymptom, auch Einschlafsymptom). Die Besserung der linksseitigen Hemikranie bei Eintreten der Harnflut weist ebenfalls auf den Nieren-Nerven-Zusammenhang hin.

Herz, Kreislauf, Verhältnis zur Wärme

Gestörte Wärmeempfindung, mittags Frostgefühl oder erhöhte Temperatur, nachts Frösteln, Blutdrang zu den Organen, zum Kopf; nächtliches Herzklopfen, beschleunigte Herztätigkeit, Arrhythmie, harter Puls, Unruhe, Angst, Herzbeklemmung.

Anders als beim Blei-Bild besteht entweder Wärmemangel oder Wärmeverlust. Die Lockerung des Ätherischen führt zu einem gestörten Eingreifen des Seelischen im Kreislaufsystem, daher Arrhythmie und die Besserung auch durch Bewegung. Hitze wird nicht vertragen (Nierensymptom).

Psyche

Charakteristisch ist der Verlust des Zeitgefühls. Alles dauert zu lange. Angst, Lampenfieber, Verschlimmerung der Symptome beim „Daran-Denken". Verlust der Gedanken, Gedächtnisschwäche runden das Bild ab.

Vor allem Verlust des Zeitgefühls, die Gedächtnisschwäche, die Gedankenflucht, Angst und nächtliche Verschlimmerung zeigen, daß die Lockerung des Ätherischen und des Seelischen die Geschlossenheit des physisch-geistigen Lebensgefühls zerstören. Das Vorstellungsleben dominiert. Das Gefühl der Pulsation am ganzen Körper ist dafür ebenfalls ein Symptom. Die Lockerung kann den ganzen Organismus ergreifen — Ausdehnungsgefühl des ganzen Körpers. Damit hängt auch die zu starke Wärmeabgabe und die damit zusammenhängende Wärmeverschlimmerung zusammen und das Bedürfnis nach Kühle. Ebenfalls werden die Symptome durch geistige Überanstrengung verschlimmert.

Das starke Bedürfnis nach Süßem könnte der Versuch sein, den Wärmeorganismus anzuregen.

Beziehung zum Knorpelgewebe

Knorpel-Hyperplasien, Verdickung des Nasenknorpels und Ohrenknorpels. Das Knorpelgewebe ist ein typisches System eines verhärteten Flüssigkeits-Lymph-Organismus (Silberbild). Das Silberhornerz kann dafür eine stoffliche Signatur sein.

Zusammenfassung

Die Blei- und Silberkräfte sind polar einander zugeordnet. Eine wesentliche „Verwandtschaft" besteht in ihrem Verhältnis zur Wärme bzw. Kälte. Blei als Substanz bewahrt die Wärme (Feuer) in sich; als Kräftewirksamkeit isoliert es die periphere Wärme im Organismus im Umkreis und bewirkt dadurch eine Wärmestarre. Leben wird abgetötet. Das Kalkskelett ist ein organisches Bild des Blei-Prozesses. Silber ist dagegen eine kalte Substanz. Dies kommt in der Beziehung zum Klang zum Ausdruck: Man kann auch das dumpfe „warme" Blei durch Abkühlen in flüssigem Sauerstoff zum Klingen bringen. Es stehen sich folglich im Blei und Silber Wärme und Kühle, Feuer und Wasser gegenüber. Der Blei-Prozeß wirkt im Umkreis des Organismus in den Sinnen, vor allem in der Haut, im Kopfbereich vom Hinterhaupt (Hinterhauptsschuppe) und im Streckbereich der Muskulatur des Rückens und der Gliedmaßen. Von hier wirkt Blei nach innen. Der Silber-Prozeß ist in den Flüssigkeitsprozessen der Bindegewebsflüssigkeit der Lymphe vom „unteren" Menschen (Urogenitalsystem) aus tätig; er lebt im Lebensätherischen, Physischen und im Chemismus in Richtung Peripherie und bedient sich dabei des Schwefels. Wie man dem Blei den Kalk zuordnen kann, so kann man dem Silber den Schwefel zuordnen. Im physiologischen Bleigeschehen kommen übersteigerte Absterbeprozesse zur Geltung, die über eine Erkältung die Wärme isolieren und in die Aschebildung (Sklerose) führen; im organischen Silbergeschehen ist ein übersteigerter Lebensprozeß tätig, der aus der Kühle in die Substanzverdichtung und zur Wärmefreisetzung führt.

Antimonium crudum (Grauspießglanz)

Arzneimittelbild

Konstitution

Grauspießglanz ist ein Heilmittel der frühen Kindheit und des Alters; in beiden Fällen Hypertrophie der Aufbaukräfte. Beim Kind aufgeschwemmte skrofulös-pastöse Verfassung; beim alten Menschen dick und gichtig — („Magengesicht"); beim Kind Lymphknoten, noch ungeformter Stoffwechsel, entzündliche Effloreszenzen, impetiginös um den Mund und Naseneingang; Kinder wollen sich nicht berühren und ansehen lassen; alte Menschen geraten in die Isolierung.

Psyche

Tagsüber Stupor, Schläfrigkeit, Ruhelosigkeit, Aufschrecken; übelgelaunt, Lebensüberdruß, mürrisch, verdrießlich — vor allem, wenn ein Kind angesprochen wird und antworten soll (vgl. Chamomilla). Der Antimon-Kranke ist mit seinem (unglücklichen) Schicksal beschäftigt; Drang zum Selbstmord (vgl. Gold) aus Kummer, Sorgen und Lebensüberdruß. Die Unzugänglichkeit ist ähnlich wie bei Platin, Natrium mur., Phosphor. Selbstmord durch Erschießen (bei Gold: Stürzen aus dem Fenster, aus der Höhe); körperliche, ständige große Erschöpfung (vgl. Arsen — hier jedoch Todesangst, Unruhe).

Bei Antimon Mangel an Aktivität, Müdigkeit (wie bei Hypothyreose). Hysteroide Symptome.

Verhältnis zur Wärme und Kälte

Feuchte Kälte, kaltes Baden, kalte Getränke usw. verschlimmern (vgl. Dulcamara); Verschlimmerung tritt ein in der Nacht, in der Zimmerwärme, aber auch strahlende Wärme, Sonnenhitze oder Wechsel von Kälte in Hitze werden nicht vertragen. Es kommt zum Schwitzen in der Sonnenwärme. Weiter Verschlimmerung durch Bewegung; Besserung in der Ruhe und in der frischen Luft; Gähnbedürfnis, vor allem bei bestehender Bronchitis, Pneumonie; Gähnen abwechselnd mit Husten. Husten erschöpft, läßt deshalb schließlich nach.

Haut

Trockenheit der Haut (vgl. Sulfur); Neigung zu Pusteln und Schwielenbildung, vor allem auf den Sohlen. Deformiertes Nagelwachstum; Formlosigkeit (vgl. Silicea, Graphit); Anfangsstadium der *Dupuytren*schen Kontraktur; Hyperkeratosen; um Mund und Nasenöffnung akneartige Pusteln, Impetigo; skrofulöse Bindehaut, Lidrandentzündung; juckendes, trockenes Ekzem, Einrisse in Mundwinkeln und Nasenöffnungen.

Magen, Darm

Dick weiß belegte Zunge (vgl. Mandragora); Übelkeit, Erbrechen, Völlegefühl, Klumpen im Magen — auch bei leerem Magen, Erbrechen erleichtert nicht; Widerwillen gegen Essen — schon bei Gerüchen und beim Gedanken an Essen; trotzdem Hungergefühl, verschwindet nicht beim Essen; abwechselnd Durchfall, Verstopfung; Durchfall überwiegt, Stuhl wäßrig, schleimig; Leib aufgetrieben, Tenesmen — nach häufigen Entleerungen nicht besser; Hämorrhoiden, Schmerzen im After, Schleim geht unwillkürlich ab.

Gliedmaßen, Gelenke

Gelenke steif, vor allem kleine Gelenke; Schmerzen, Schwäche, Lumbago, Gicht, Verschlimmerung auf Kälte und Hitze (s. oben) wechselnd; Verschlimmerung durch Bewegung nachts, im warmen Zimmer; Besserung in Ruhe und im Freien.

Tartarus stibiatus (Brechweinstein) — Kalium — Antimonyl-Tartrat —

Dieses Heilmittel hat mehr noch als Grauspießglanz die Beziehung zur Leber und von der Leber zur Lunge, und zwar einmal durch den Komplex mit Kalium (Lebermittel), wenn der endotherme vegetative Leberprozeß seine Grenzen in Richtung Lunge überschreitet; zweitens durch die Weinsteinsäure-Beziehung zur Atmung. Tartarus stibiatus ist ein zentrales Kreislauf-Lungenmittel dann, wenn — z.B. bei einer Pneumonie — die Hepatisation überwunden werden sollte und es nicht zur Lyse kommt und stattdessen die Lunge weiter Flüssigkeit anschoppt mit der Gefahr des Lungenödems und des Kreislaufversagens.

Daher: Tartarus stibiatus vor allem bei Pneumonie, bei Rechtsherzinsuffizienz, Lungenödem, Herz-Kreislauf-Kollaps, Atemnot, Husten erschöpft, starkes Gähnbedürfnis bei zittriger Schwäche (vgl. Arsen). Die Leber kann dann geschwollen sein und Ikterus auftreten.

Sowohl Grauspießglanz als auch Tartarus stibiatus stellen die Beziehungen zum Aufbau, zum Stoffwechsel, zur Blutbildung her. Es besteht jedoch eine Form- und Gestaltungsschwäche; im Vergiftungsbild Blutungsneigung — daher in homöopathischer Potenz von D 6 aufwärts bei Blutungen (Dysmenorrhö, Kolitis, Myomblutungen). Im ganzen herrscht das Bild der Vagotonie vor im Unterschied zu Aurum mit Betonung der Sympathikotonie.

Arzneimittelbilder Arnica und Aurum

Arnica

Konstitution

Plethorisch-muskulärer Typus.

Herz

Herzhypertrophie (Fettherz), Herzstiche, Angina pectoris, Schmerzen in den linken Arm (vor allem Ellenbogen) ausstrahlend; Puls schwach, unregelmäßig; Extremitäten geschwollen, Neigung zu Aszites (Leberstauung), venöse Stasen, Atemnot; Engigkeit über der Brust; Präkordialangst; Gefühl, als ob das Herz aufhöre zu schlagen, Puls beschleunigt, Pulsieren in den Gefäßen; Neigung zu Nasenbluten. Plethora; Apoplektiker mit rotem, vollem Gesicht; Schwindel, Gegenstände wirbeln; Doppeltsehen.

Verhältnis zur Wärme

Innerliche Hitze; Füße und Hände kalt; Verschlimmerung in feuchter Kälte; Atmung: Verschlimmerung bei körperlicher Anstrengung; Husten anfallsartig nachts im Schlaf; Atemnot mit Blutung (Hämoptoe). Beachtung: venöse Stasen, Lungenblutung oder Varizenblutung.

Haut

Schwarzblaue Flecken; bläuliche Verfärbung, vor allem im Gesicht; Ekchymosen; Kopf heiß, kalter Körper, Füße kalt; heißer Kopf morgens; Hautbrennen, Jucken; Kopfhaut wie zusammengezogen; Furunkel und Abszesse, die nicht reifen; Erysipel.

Gliedmaßen

Körper und Gliedmaßen wie geprellt, verrenkt, überempfindlich; alles ist zu hart; Gefühl der Zerschlagenheit; will nicht berührt werden.

Abdomen

Leib aufgetrieben, kolikartige Leibschmerzen, Durchfallneigung; Stuhlabgang nachts im Schlaf; bitteres Aufstoßen wie faule Eier. In der Schwangerschaft Uterusmuskulatur hoch empfindlich, schmerzhafte Kindsbewegungen.

Psyche

Kummer, Gewissensbisse, Stupor, indifferent, überempfindlich, mürrisch, will alleine sein; Platzangst — Folge von geistiger und physischer Überanstrengung, Folge von Schock; starke Erregbarkeit, Angst, Eigensinn, Gedächtnisverlust; Besserung bei Ruhe, Liegen; Ohrengeräusche.

Aurum

Konstitution

Arterieller Plethoriker, hypersthenischer Habitus.

Herz

Unregelmäßigkeit, Herzklopfen, Beklemmung, Angst; muß tief Atem holen; Pulsverlangsamung, Aussetzen; Gefühl, als ob das Herz zu schlagen aufhöre, dann plötzlich mit heftigem Herzschlag wieder beginnend. Blutdruck ist dann herabgesetzt, sonst erhöht (arteriosklerotischer, hypervolämischer Hochdruck); Atmung ist erschwert; Gefühl der Enge; Füße, Unterschenkel leicht geschwollen; Aszites, wenn Leber-

stauung; Wallung in den Gefäßen im arteriellen System; Wärmean-
schoppung, Wärmestauung. Verschlimmerung in der Kälte; Dröhnen
im Kopf, Schwindel; Kopfknochenschmerzen. Doppelt sehen.

Haut

Hitze besonders im Gesicht; lokal Bedürfnis zu kühlen; Bläschen,
Jucken, Erythem scharlach- oder masernartig; Empfindlichkeit gegen
Kälte; Verschlimmerung bei kaltem Wetter, jedoch auch Wärmeempfindlichkeit; Hitze im Kopf bei kalten Füßen und Händen. Furunkel
auf der Kopfhaut.

Gliedmaßen

Arthrosen, Spondylarthrosis, reißende Schmerzen in den Gelenken;
Exostosen; nachts Schmerzen in den Knochen, Karies, Nasen-Gau-
men-Mastoidknochen, Schmerzen in der Kälte, vor allem im Winter;
nachts von Sonnenuntergang bis Sonnenaufgang. Besserung bei Bewegung.

Abdomen

Leib aufgetrieben; Kolik, Völle, Speichelfluß, übler Mundgeruch
nach faulen Eiern, saures Aufstoßen. Durst! (im Unterschied zu Apis)
Zahnfleischbluten, Lockerung der Zähne; nachts Durchfälle; After-
brennen, Hämorrhoidalblutungen.

Psyche

Große Empfindlichkeit gegen Schmerzen, Angst, Lebensüberdruß,
Selbstmordneigung; isoliert sich (Barium). Ärgerlich auffahrend; Tätigkeitsdrang, es geht nicht schnell genug; Gedächtnisschwäche. Widerspruch erregt Zorn. Folgen von Kummer, Schreck, Enttäuschungen,
Ärger; Ohrengeräusche, Verschlechterung des Gehörs; das Herz wird
wie nach unten hängend empfunden; Herzschwermut.

Zusammenfassung

Es besteht große Ähnlichkeit zwischen Aurum und Arnica. Man
könnte Arnica gleichsam das pflanzliche Aurum nennen. Beide haben

die Beziehung zum Blut und zu den Gewebeflüssigkeiten; aber auch zum Bindegewebe, gleichsam zum Kieselprozeß und zur Gewebedegeneration. Daher sind Aurum und Arnica — neben ihrer besonderen Beziehung zum Zentralorgan des Flüssigkeitsorganismus und des Wärmeorganismus Herz — Heilmittel, wenn das Bindegewebe sklerotisiert, verhärtet (Beziehungen dieser beiden Mittel zum rheumatischen Formenkreis, zu den Gelenken und Gliedmaßen). Beide Mittel weisen auf Blut- und Gewebeflüssigkeitsanschoppung der Hauptorgane hin — vor allem des Herzens, dann des Kopfes, aber auch der inneren Organe. Wärmestauung kommt beim Goldbild besonders zum Ausdruck. Darin liegt auch die Ursache für die Empfindlichkeit gegen äußere Kälte, aber auch gegen Überwärmung und Bedürfnis nach frischer Luft. Es gilt für beide Bilder.

Im ganzen hat Aurum eher die Beziehung zum arteriellen System, zum sthenischen Habitus, zur Symphathikotonie und damit zum Herzlinksversagen.

Arnica steht ebenfalls in der Mitte des Herzens als Kieselpflanze; seine Beziehung ist eher zum venösen System gegeben, zur venösen Plethora.

Die Polarität Aurum/Stibium
Aurum*)

Das Edelmetall Gold findet sich überwiegend in feinster Verteilung in der Luft und im Wasser. Meerwasser enthält pro cbm bis zu 0,01 mg Gold. In der Erde selbst ist das Gold hauptsächlich an saures Gestein (Quarz) gebunden. Der größte bis jetzt gefundene Goldklumpen wog über 200 kg und wurde in Australien entdeckt. Gold gehört zu den schwersten Elementen; es ist bei einem spezifischen Gewicht von 19 weit schwerer als z. B. Blei. Hierin erscheint das Sal-Prinzip.

Auf der anderen Seite erfreut uns das Gold mit seinem warmen, goldgelben Leuchten. Als Metall läßt sich Gold verbrennen, obgleich das entstehende Goldoxid nicht beständig ist. — Wir erkennen das Sulfur-Prinzip.

Gold besitzt die merkwürdige Eigenschaft, sich zu sehr dünnen Schichten — dem Blattgold — auswalzen zu lassen. Dabei verschwindet im Durchblick die goldgelbe Farbe und es erscheint ein intensives

---

*) Verfasser der Substanzstudie Aurum/Stibium: E. *Selinger* und H. *Judex.*

Grün, welches an das Grün der Pflanzendecke der Erde erinnert. Das Gold neigt leicht zu Kolloidbildungen, wenn es aus Lösungen ausgefällt wird. Unter bestimmten Bedingungen ergibt es den berühmten *Cassius*-schen Goldpurpur, ein leuchtendes Rot, das zum Färben von Glas verwendet wird.

Diese Eigenschaften verweisen auf das Merkur-Prinzip.

Wir finden bei Gold alle drei Prinzipien jeweils ausgeprägt, jedoch im Gleichgewicht vertreten. Die Bindung ist derartig fest, daß die Alten gesagt haben: „Es ist leichter, Gold zu machen als Gold zu zerstören."

Stibium

Das Antimon findet sich im Gegensatz zum Gold — in der Natur fast nie in metallisch-reinem Zustande. Unterirdisch gräbt man nach seiner Schwefelverbindung, oberirdisch findet man oxidische Erze, weißpulverig bis klar-kristallin. Sein Schwefelerz glänzt grau-metallisch. Oft sind viele dünne Kristallnadeln wie von einem Punkte aus in die Umgebung hinausgeschossen. Manchmal gibt es auch gebogene Kristallnadeln.

Das schwere Metall Antimon selbst — spröde, aber ganz leicht schmelzbar — verbindet sich verwandtschaftlich leicht und vielfältig mit dem Schwefel. Dabei neutralisieren sich die Eigenschaften der beiden nicht, sondern es bleiben — etwa im Grauspießglanz — ein Metallglanz, ähnlich dem des Antimon, leichte Schmelzbarkeit, Brennbarkeit und niedrige Verdampfungstemperatur wie beim Schwefel. Durch Verdampfen dieser Verbindung kommt es zu einem teilweisen Verbrennen; der Sulfur entweicht und Antimon schlägt sich aus der offenen Atmosphäre als kristalliner, weißer Oxidrauch nieder, an kalten Stellen oft in Eisblumenformen („Sal"-Charakter). Sogar mit dem Wasserstoff kann es eine neue Einheit bilden, die zum Gas wird und brennbar ist; dieses trennt sich dabei in Wasserdampf und spiegelndes Antimon, wenn man das fahle Flämmchen nahe unter eine gekühlte glatte Fläche bringt. — In seinem Metallcharakter reicht das Antimon noch nicht an die Natur der echten festen Metalle heran, indem es der Wärmeleitung und der Elektrizität größeren Widerstand entgegensetzt. Wegen seiner Sprödigkeit kann man es — wie das Zinn — recht einfach zu Pulver verarbeiten; aber der Zerfall des Zinns zu Staub (Zinnpest) kann gebremst werden, wenn man Antimon in Zehntelprozenten hinzulegiert.

Innerhalb gewisser Temperaturgrenzen ist es möglich, Antimon wie Eis durch Druck zu verflüssigen — es zeigt eine analoge Anomalie wie das Wasser. Die Kräfte, die in der Erde zur Antimon-Bildung geführt haben, lassen eine Verwandtschaft zum Wasser erkennen („Merkur"-Charakter).

Versucht man Antimon solchen Prozessen zu unterwerfen, die bei anderen Metallen zu Salzen führen würden, so erhält man in den Antimonyl-(SbO)-Verbindungen Erdiges, Verkrustendes, das sogar unter Wasser zur Austrocknung neigt. Oder man erhält Kristalle mit niedrigem Schmelzpunkt, die in den meist leicht ins Gasförmige übergehenden organischen Flüssigkeiten löslich sind — in einigen Fällen sogar Öle. Zum Vulkanisieren von Gummi — das ist eine Art Austrocknungsprozeß der klebrigen Rohgummi-Masse — läßt sich sowohl Schwefel wie auch Goldschwefel (Sb_2S_5) verwenden.

Andere Metalle bilden als Schwefelverbindung im Raum sich abschließende Kristallformen: Antimon zieht diese Formen in die strahlige, faserige Linie. Manchmal schlägt es sich auf die Seite des Schwefels, ihn zum Teil ersetzend (Fahlerze, Antimonide). Antimonisierende Kräfte machen es möglich, daß Sulfur auch im Kristallinisch-Festen zur Wirksamkeit kommen kann. Wir erkennen also bei Antimon alle drei Prinzipien. Die Bindungs-Verhältnisse sind leicht und locker. In seinem amphoteren Verhalten und seiner Fähigkeit, Legierungen zu bilden, offenbart sich wiederum seine merkuriale Natur.

Arzneimittelbilder und Wirksamkeit

Aurum

Symptomatologie

Zentralisation der Flüssigkeiten, vor allem des arteriellen Systems (Plethora). Hypertrophie und Kongestion bzw. Flüssigkeitsanschoppung in den Organen, die zur Zentralisation veranlagt sind: Herz, Schilddrüse, Uterus (Trias!). Arterieller Blutandrang und Anschoppung von Gewebeflüssigkeit auch in den inneren Organen: Lunge, Leber, Niere, Milz und im Kreislauf selbst (Hypervolämie, Polyglobulie).

(Es handelt sich um ein Blutverteilungsproblem mit einseitiger Ausbildung der gespannten, sthenischen Sympathikotonie mit schließlich drohendem Versagen des linken Herzens.)

Organisch-physiologisch: Puls schwach, rasch, unregelmäßig; Herzklopfen, wechselnd mit dem Gefühl des Aussetzens; Herzstiche substernal; Bedürfnis tief durchzuatmen; Atemnot nachts. Hypertonie, Koronarsklerose, Herzmuskelhypertrophie, Kopfkongestionen, Schwindel.

Psychisch: Herz-„Organgefühl", Schweregefühl, Gefühl des Absakkens oder Herunterhängens; Herzangst, depressive Verstimmung, Hoffnungslosigkeit, Schwermut, Suizid-Gedanken. Schlechtes Gedächtnis; ständiges Fragen, ohne auf Antwort zu warten; Schlaflosigkeit; Verschlechterung des Zustandes von Sonnenuntergang bis Sonnenaufgang sowie durch Kälte.

Konstitution

Hypersthenischer Habitus; Plethora; Betonung des arteriellen Systems; gesteigerte Wärmebildung.

Aurum ist *das* spezifische Herzmittel, wenn Herzatmung (Sauerstoffatmung), Lymphabfluß und der Fluß der interstitiellen Gewebeflüssigkeit des Herzens ungenügend sind.

Stibium

Symptomatologie (Vergiftungsbild):
Herabsetzung der Gerinnung des Blutes, Thrombopenie, Lymphozytose. (Das Lymphsystem ist betont.) — Generell gesehen, steht die Antimon-Wirksamkeit zwischen Luft- und Flüssigkeitsgeschehen. Die Eiweißbildung bleibt ursprünglich, ungestaltet, „kosmisch-undifferenziert". Das Eiweiß ist ungenügend individualisiert. Daher Blutungsneigung, Flüssigkeitseinbruch in die lufthaltigen Alveolarräume der Lunge mit drohendem Lungenödem.

Herz-Symptome: Herz-Kreislauf-Versagen, Insuffizienz des rechten Herzens, Lungenödem, Herzstillstand in der Diastole. (Vagotone Herz-Kreislauf-Situation und venöses Herz stehen unter der Antimon-Wirkung.) Es besteht Druck und Schweregefühl auf der Brust. Puls ist schwach; Kreislaufkollaps, Absinken des Blutdruckes, kalter Schweiß.

Psychische Symptome: Mattigkeit, Lebensüberdruß; abweisend, schläfrig.

Die Antimon-Wirkung steht dem Aurum-Bild nahe. Es wirkt aus dem Luftelement (Lunge — Atmung) in den venösen Bluteiweiß-Prozeß hinein. Es besteht Wärmeempfindlichkeit und Bedürfnis nach frischer Luft.

Die Polarität Gold/Antimon

Die beiden Metalle Aurum und Stibium bilden als Substanzen und in ihrer physiologisch-funktionellen Wirksamkeit energetisch eine Polarität.

Gold ist als Zusammenfassung kosmisch-solarer Wirksamkeit in der Evolutionsreihe der Elemente nach *Bindel/Blickle* am tiefsten Punkt seiner Dichte angelangt. Aurum umfaßt die Kräfte der obersonnigen Planeten: Saturn, Jupiter, Mars — und trägt deren kosmische Prinzipien in die Schwere und Dichte.

Im Arzneimittelbild kommt dies in den psychischen Symptomen (Schweregefühl am Herzen, Schwermut) zum Ausdruck. — Die Wärmeleitfähigkeit des Goldes steht zwischen Blei und Silber; dagegen ist seine spezifische Wärme, d. h. die Wärmeaufnahmefähigkeit sehr hoch. Im Arzneimittelbild wird dementsprechend ein starkes Bedürfnis nach lokaler Anwendung von Kühle und ein Bedürfnis nach frischer Luft angegeben. Beides erinnert an die tierische Wärme-Luft-Beziehung von Apis; zugleich besitzt Aurum eine Beziehung zum Mesenchym, zu den Wärmeumwandlungsvorgängen im Bindegewebe, zur Gewebeflüssigkeit und schließlich zur Bindegewebs-Hypertrophie (Verdichtungstendenz im Bindegewebe).

Antimon

Antimon hat (nach *Rudolf Steiner*) dagegen die kosmische Wirksamkeit der untersonnigen Planeten in sich: Mond, Merkur, Venus — und bleibt — im Gegensatz zu Aurum — kosmisch (es verhält sich diamagnetisch).

Antimon hat eine eigentümliche Beziehung zur Eiweißbildung. Im Vergiftungsbild bleibt das Eiweiß (Albumine) zu flüssig, zu unindividuell, kosmisch, allgemein. Im Arzneimittelbild finden wir daher Geweebeerschlaffung, Tonusverlust am Herzen: Myokardschwäche (Rechtsinsuffizienz) mit Überbetonung des venösen Herzanteils und der diastolischen Erschlaffung.

Die Doppelwirkung von Aurum und Stibium umfaßt das ganze Herz in seiner venös-arteriellen Polarität: Aurum — Sympathikotonie (linkes

Herz); Stibium — Vagotonie (rechtes Herz). Der Zusammenbruch der polaren Spannung im Herzinfarkt ist danach Ausdruck der Verselbständigung der einseitigen Kräfte, wie sie im Antimon-Bild rechts und im Aurum-Bild links am Herzen tätig sind. — Man könnte damit eine Kombination von Aurum und Stibium als ein Spezifikum für das Versagen der Herzmitte bezeichnen.

Die weitgehende Verwandtschaft der Symptome von Gold und Arnica, eines Minerals und einer Pflanze, sind Erscheinungen, die auf ein gemeinsames Urphänomen hinweisen, das mit dem Ursprung der Wärme und des Kieselprozesses zusammenhängt. Arnica bevorzugt als Standort das Urgestein, Gold in seinem Vorkommen den Quarz. Die Paracelsische Medizin würde von der Saturn-Wärme als dem Ursprung von Arnica und Gold sprechen. Beide Substanzwirkungen weisen auf eine verwandte tierische Substanz hin: die Biene (Apis mellifica). Das Apis-Arzneimittelbild ist wie Arnica und Aurum vor allem ein Wärmebild sowohl bezüglich der Wärmestauung und Wärmeempfindlichkeit als auch durch die extreme Flüssigkeitsanschoppung im Kreislauf und im Bindegewebe der Hauptorgane. In seinen psychischen Symptomen hat Apis eine ähnliche Heftigkeit und Zornmütigkeit wie Arnica und Aurum (Abb. 8):

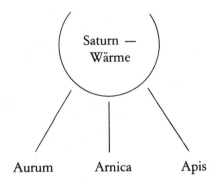

Beiträge zur Substanz- und Heilmittellehre IV

Arsenicum album

Naturstoff — Arzneimittelbild — Kräfteorganisation und Konstitution des Arsenprozesses

Vor dem Hintergrund der Beziehungen (Affinitäten) von äußerem Naturgeschehen (Naturreiche, Naturbildungen, Stoffe) und innerem organischem Prozeß im Menschen ist die nachfolgende Betrachtung zu sehen.

Arsen als Naturstoff

Es ist uns ein Anliegen, den Substanzprozeß im Naturstoff, d. h. in unserem Falle in dem Metalloid Arsen in einem Zusammenhang zu sehen mit einem innermenschlichen Prozeß. Im Grunde finden wir nur von daher das Urprinzip der Therapie, welches die Homöopathie darstellt: indem wir im Krankheitsgeschehen einen Naturzustand im Menschen aufsuchen und über das Arzneimittelbild die Brücke schlagen und die Verwandtschaft auffinden zu einem Naturprozeß. Von diesem Gesichtspunkt aus soll das Arsen und darüberhinaus verwandte Prozesse behandelt werden.

Es ist die Frage zu stellen, wie das Arsen im Naturzusammenhang selbst steht, d. h. im Zusammenhang mit anderen Naturprozessen. Wir wissen, daß im periodischen System der Elemente das Arsen zu der sogenannten Stickstoffgruppe gehört:

$$N — P — As — Sb — Bi$$

Wismut ist in dieser Reihe die dichteste Substanz, während Stickstoff ein „amphoteres" Gas ist, ist Phosphor ein hoch energiereiches Nichtmetall, Arsen ein Metalloid, Antimon ein echtes Metall und Wismut ein Schwermetall. Wir haben vom Stickstoff zum Wismut gleichsam einen Abstieg vor uns von einer noch kosmischen, unbestimmten Kraft (Stickstoff) über den hochsulfurischen Phosphor zum bereits charakteristischen, im Irdischen bestimmteren, in gewisser Weise auch noch amphoteren Arsen und schließlich das Antimon als ausgeprägtes Metall, jedoch noch mit sulfurischem Charakter.

Im Wismut ist dieser Prozeß ganz in die irdische Schwere geraten. Ein kosmischer Prozeß ist auf der Erde angekommen. Worauf hier nur hingewiesen werden soll, ist die innere chemisch-physikalische Verwandtschaft dieser absteigenden Reihe. Die Stickstoffgruppe steht in einer Ordnung mit einem gemeinsamen Prinzip, in der das Arsen einen ganz bestimmten Platz einnimmt, der in der innermenschlichen Organisation aufgesucht werden soll.

In der gegenüberliegenden Skizze wird der Versuch unternommen, die äußeren Substanzprozesse — wie sie zusammengefaßt in der Stickstoffgruppe des periodischen Systems auftreten — auf den inneren Kräfteorganismus des Menschen zu übertragen (Abb. 9).

Wir stellen den Arsenprozeß und den Antimonprozeß in die große Polarität, die besteht zwischen Phosphorprozeß einerseits und Sulfurprozeß andererseits. Es wurde wiederholt in diesem Seminar die Polarität Schwefel—Phosphor dargestellt. Es soll deshalb nur kurz dieser Zusammenhang zu unserem Thema hergestellt werden. Es wird dann die Einordnung des Arsen- und Antimonprozesses deutlicher.

Schwefel und Phosphor sind gleichsam wie zwei nahe Verwandte oder wie zwei Seiten einer Medaille, eines gemeinsamen Prozesses, nämlich des Wärmeprozesses. Der Phosphor hat die Tendenz — obwohl er auch eine sehr feurige sulfurische Substanz ist — an der Luft Wärme und Licht abzustrahlen: ein salhafter Prozeß, jedoch ganz im sulfurisch-wärmehaften verlaufend. Der Schwefel hat diese Wärmequalität sowohl als Substanz als auch im Physiologischen verinnerlicht. Er wirkt wärmebindend im Aufbau des Eiweißes, in den Modifikationen des Eiweißes, in der Plastizität des Eiweißes. Er ist der *Protheus* des Eiweißes, das Protein bildende. Die Fähigkeit des Schwefels, die Wärme in sich zu halten, kommt bei der stufenweisen Erwärmung zum Vorschein. Die Schwefelsubstanz „windet" sich gleichsam wie der *Protheus* selber, der sich nicht offenbaren will. Dafür ist der Schwefel der Plastiker im Eiweiß vor allem bei der Organplastizierung. Damit ist der Schwefel die Substanz, die im Eiweiß die gestaltende, substanziierende Kraft des Seelischen darstellt. Der Schwefel übernimmt im Ausplastizieren der Organe, in der Ausbildung der Konstitution, die Vermittlertätigkeit für das Seelische. Alle Organgestaltungen bis hin zur Konstitution und das Konstitutionelle selbst sind eine seelische Einprägung. Der Schwefel hat einen besonderen Zugang zum seelisch Gestaltenden. Von hier ist zu verstehen die besondere Beziehung des Seelischen zum

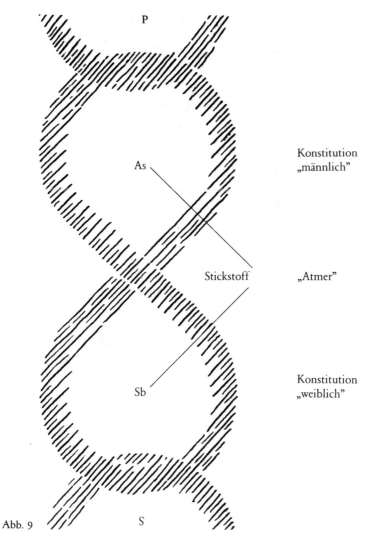

P

As

Konstitution
„männlich"

Stickstoff   „Atmer"

Sb

Konstitution
„weiblich"

Abb. 9   S

Eiweiß, zur Eigenprägung des Eiweißes, was darin zum Ausdruck
kommt, daß die Psyche empfindlich, sensibel ist gegenüber fremdem
Eiweiß. Alle überschießenden Reaktionen, die zu den vielfältigen allergischen Erkrankungen führen, sind stets Eiweißüberempfindlichkeit.

Sulfurische Substanzen, das energiereiche Eiweiß selbst, Schwefelhaf-
tes, Blütenhaftes, sulfurische Wärme, sind die Substanzen, die Allergien
hervorrufen. Dies hängt zusammen mit der besonderen Empfindlich-

keit, die im Psychischen liegt, wenn das Wärmewesen, das Ich nicht völlig „Herr im eigenen Hause" ist. (Schwäche der Ich-Organisation, Schwäche des Kieselorganismus.) Das allergisch-hyperergische Geschehen ist folglich eine Übertätigkeit des Seelischen im Sulfurprozeß des Eiweißes und des Stoffwechselsystems; ein Prozeß, der zu unterscheiden ist von dem hypoergischen oder anergischen Prozeß im Nervensystem. Soviel über die Allergie.

Wir haben eine große Polarität (siehe Skizze) zwischen dem Phosphorprozeß im Bereich des Nervensystems und dem Schwefelprozeß im Bereich des Stoffwechsels, des Substanzaufbaues, des Eiweißes und Glykogens der Leber. Im Plasma des Blutes, der Lymphe und der Interzellularsubstanzen bis hinein ins Plasma der Zellen, haben wir das plasmatische Prinzip (s. o.) vor allem in den Albuminen, und als Ausdruck seelischer Reaktion in den Globulinen. Dagegen wirkt im Kerneiweiß der Phosphor: im großen wirkt der Phosphor im zell- und kernreichen Nervensystem, der Schwefel in den plasmatischen Flüssigkeiten des Stoffwechsels. Deshalb der Phosphorreichtum in den Nerven als Träger des differenzierenden Prinzips im „oberen Menschen" und der Schwefelreichtum im Stoffwechselsystem mit dem Wirkungsprinzip der Auflösung, der Universalisierung und schließlich Entzündung im „unteren Menschen". Übergreifen des einen Prinzips in das andere bedeutet Krankheit.

Dem Phosphorgeschehen folgt, wie gesagt, die Differenzierung, die Gliederung und die geistige Form in der Organbildung. Es stehen sich gegenüber: Formprozeß (Phosphor) und Substanzprozeß (Schwefel). Eine übersteigerte Phosphortätigkeit führt zur Vernichtung der Substanz, zum Abbau und zur Nekrose. Es sei in diesem Zusammenhang daran erinnert, daß in früheren Vorträgen (Dr. *Lothar Vogel*) auf die zu unterscheidenden Begriffe — Gestalt und Form — hingewiesen wurde.

Geist
Form
Gestalt

Gehalt

Bildung
Stoff
Natur

(Goethe)

146

Es stehen sich polar gegenüber Form und Stoff und Gestalt und Bildung.

Die Gestalt führt zur Konstitution und diese wiederum ist Ausdruck des Seelischen, während der Bildeprozeß (siehe die *Goethe*sche Anordnung, hier der Begriff Bildung) ein Phänomen des Lebensprozesses selbst ist.

Wir greifen zurück auf die erste Skizze und verweisen auf die beiden lemniskatisch ineinandergreifenden Kreise des oberen und des unteren Menschen. Es soll dies ein Bild der Ein- und Ausatmung des Seelischen sein. Wir können das Seelische von der Atmung und dem Luftgeschehen nicht trennen. Wir atmen selbstverständlich die äußere Luft ein. Wir verinnerlichen die Außenluft, sie wird seelentragend, wird zur inneren Atmung bis hinein in den letzten Ausläufer, bis hinein in das Nervensystem und bis zur Ausprägung der Nerven.

Auch der Stoffwechsel wird von der Atmung ergriffen; sie verebbt jedoch in der Leber — im Splanchnikusgebiet. Sie taucht gleichsam unter und verschwindet im Flüssigkeitssystem des Stoffwechsels.

Anders als in dem Flüssigkeitsorgan Leber verbindet sich die innere Atmung mit der Niere. Hier wird die Atmung in besonderer Weise von der Nebennierenorganisation und dem hier wirksamen Lichtprozeß aufgefangen. Wir haben es in der Niere mit einem anderen energetischen Prozeß zu tun als in der Leber. Dies geht aus dem unterschiedlichen Bau der Organe hervor. Die Gestalt der Niere ist strahlig. Wir haben die Arteriae arcuatae, die Bogenarterien, von denen strahlig in die Nierenperipherie die Nierenarterien mit den Glomerula ausgehen. Damit stehen in Zusammenhang die Stauungs- und Druckverhältnisse des Kreislaufs, die in den Nieren ihr Zentrum haben. Es sind insbesondere Gestaltungskräfte, die in den Tonusverhältnissen des arteriellen Gefäßsystems zum Ausdruck kommen, was zu tun hat mit dem Problem der Hypertonie und der Hypotonie. Vor allem Hypozustände weisen auf eine Schwäche der Atmungs-Nierenorganisation hin.

Wir befinden uns im eigentlichen seelischen Bereich, wenn wir von Gestaltung sprechen. Dem Psychischen folgt der Atmungsprozeß. Die Niere wird beherrscht vom arteriellen System, in dem die Einatmung und der Sauerstoff dominieren.

Im Zusammenhang mit der Einatmung und dem Sauerstoff kommen wir zu folgenden Fragen:

1. Welcher Substanzen bedient sich die Atmung?
2. Auf welcher Ebene oder in welcher Schicht spielt sich die Atmung im Zusammenhang mit bestimmten Substanzen ab?

Wir denken zunächst an das Eisen und an die Erregbarkeit des arteriellen Systems, an die Labilität des arteriellen Kreislaufes, an wechselnde Blässe, Röte, wechselnde Pulsation, beschleunigte und verlangsamte Atmung, so daß wir vom Ferrum-Arzneimittelbild der Homöopathie sprechen. Dieser Prozeß spielt sich im Blut- und Gefäßbereich des arteriellen Systems ab und steht im engsten Zusammenhang mit der Lungenatmung.

Arsen als Atmer

Um den Arsenprozeß als „Atmungsprozeß" zu verstehen, ist es notwendig, die Arsenvergiftung, das Arzneimittelbild eingehender zu schildern. Es zeigt sich dann, daß der Arsenprozeß sich im Empfindungsorganismus (Seelenorganismus) und hier wiederum im besonderen Bereich der Sinnes-Nerventätigkeit einerseits und im Bereich der Nierenorganisation andererseits auswirkt.

Sinnesorgane

Augen

Lichtempfindlichkeit, Flimmern vor den Augen und schließlich ist die Sehkraft herabgesetzt.

Nase

Geruchsempfindung gesteigert, unangenehme Geruchsempfindung wie nach „Pech und Schwefel", hochempfindlich gegen Speisegeruch (vgl. Colchicum), siehe auch Knoblauchgeruch der Arsendämpfe.

Ohr

Überempfindlichkeit gegenüber Geräuschen, Klingen, später Nachlassen des Gehörs.

Psyche

Depression, Ruhelosigkeit, kann nicht allein sein, äußert sich lebhaft, wird herumgetrieben, Selbstmordgedanken, Todes- und Lebensangst, Selbstsüchtigkeit, boshaft, überempfindlich, Psychasthenie.

Im Zusammenhang mit der seelischen Verfassung ist von einer Psychasthenie zu sprechen. Sie ist zu unterscheiden von der Neurasthenie (Phosphor-Arzneimittelbild) dadurch, daß bei der Psychasthenie ein Kräftemißverhältnis zwischen Vitalität und seelischer Schwäche besteht. Dieses Mißverhältnis kommt dadurch zum Ausdruck, daß auch ein längerer Schlaf in der Nacht nicht erfrischt, sondern eher erschöpfend wirkt. Erst im Laufe des Spätnachmittags und Abends, wenn für gewöhnlich Müdigkeit einsetzt, stellt sich ein Gleichgewicht zwischen körperlicher Vitalität und seelischer Energie ein. Die subjektive, körperliche Frische hält bis nach Mitternacht an.

Charakteristisch ist die Angabe, daß kurzer Schlaf erholsamer sei. Die seelische Energie ist gegenüber den vegetativen Aufbaukräften der Nacht relativ zu schwach. Die lasziv-psychasthenische Schwäche kann durch seltene Gaben von hochpotenziertem Arsenicum album gebessert, energisiert werden. Arsen energisiert die Psyche. (In diesem Zusammenhang sei nur auf die Arsenesser, Steiermark, hingewiesen. Durch allmähliche „Gewöhnung" wurde eine Steigerung der Energie und der körperlichen Kraft erzielt. Bekannt ist auch, daß durch Arsengaben bei Pferden ein vorübergehend kräftiger Körperzustand und ein glänzendes Fell bewirkt werden können.)

Atmung

Atemnot mit Angst, die sich um Mitternacht steigert, großes Bedürfnis nach frischer Luft (Niere), Lungensekret zäh, gelb-grün, schaumig — (Tendenz zum Lungenödem).

Geschmack

Bitter, salzig.

Im Bereich des Halses

Brennen, Gefühl des Zusammengeschnürtseins (Hysterie, Globusgefühl am Hals).

Magen

Brennende Schmerzen, hochempfindlich gegen Druck, beim tiefen Einatmen ist Leib aufgetrieben, sehr viel Luft im Leib, Geräusche, Durchfälle, nach Stuhl Erschöpfung.

Niere

Brennen in der Harnröhre, im Urin Eiweiß, Erythrozyten, Zylinder. Es entwickelt sich langfristig das Bild des Nephrotischen Syndroms. Periodizität der Beschwerden zweitägig, bei chronischem Verlauf jährliche Wiederholung.

Hervorzuheben ist das Verhältnis der Wärme:
Kälte — Verschlimmerung, Kopf bedarf der Kühle, Körper der Wärme.

Herz, Kreislauf, Blutbildung

Pulsverlangsamung (Vagotonie), Lähmung des Reizleitungssystems, Herzdilatation, Angina-pectoris-Beschwerden, Gefäßkrämpfe, Bild des Herzinfarktes, die Kapillaren werden durchlässig, es treten kapillare Blutungen auf und interstitielle Ödeme. Arsen ist ein Kapillargift. Die Kapillaren vor allem im Splanchnikusgebiet werden gelähmt. Es kommt zu feinen Kapillarthrombosierungen, vor allem der unteren Extremitäten.

Bei der Blutbildung spielt Arsen eine wichtige Rolle, zu denken ist an Ferrum arsenicosum, an Levico-Wasser und Chininum arsenicosum.

Nervensystem

Anfangs Parästhesien, Kribbeln, Ameisenlaufen, Kältegefühl, schließlich Gefühllosigkeit, Störungen der Tiefensensibilität, Berührungs- und Temperaturempfindlichkeit sind herabgesetzt, Krämpfe in den großen Zehen.

„Tabes arsenicalis", Anaesthesia dolorosa.

Die Sympathikuslähmung führt zur Kapillarlähmung. Schließlich kommt es zum Bild der Polyneuritis, ein Zustand wie bei Vitamin-B1-Mangel.

150

Haut

Die Haut ist trocken, schuppig, es kommt zu Keratosen, Erythemen. Haare, Nägel und Zähne können ausfallen, das Gesicht ist grau, fahl, subikterisch. Die Haut kann bronzefarben werden, pigmentiert. Man spricht von Arsenmelanosen, selten Hautgangrän, häufig kalte Schweiße. Der Lichtstoffwechsel ist herabgesetzt. Das Nierensystem ist funktionell und schließlich pathologisch-anatomisch in Richtung Nephrose verändert.

Konstitution

Zarter Körperbau, feines Haar, Blässe, trockene Haut, oxygenoide Konstitution im Sinne von *Grauvogl*. Neigung zur Hyperthyreose (siehe auch cholera- und ruhrartige Durchfälle, Reiswasserstühle, Asiatische Cholera).

Allgemeinsymptome:
Appetitlosigkeit, sehr viel Durst, Bedürfnis nach warmen Getränken, Brennen der Haut, vor allem der Kopfhaut, Empfindlichkeit der Haare, Brennen im Mund.

Zusammenfássung und anthropologisch-pathogenetische Zuordnung des Arsenprozesses

Aus dem Arzneimittelbild geht im ganzen hervor, daß der Arsenprozeß gleichzusetzen ist mit einem gesteigerten Empfindungsgeschehen. *Rudolf Steiner* spricht vom Arsenprozeß synonym von Astralisierung. Astralisierung (Anregung oder Kräftigung des Empfindungsorganismus) und Arsenisierung werden von ihm gleichsinnig gebraucht. Das Organ des „Astralleibes" *(Rudolf Steiner)*, d.h. des Empfindungsorganismus ist das Nervensystem. Arsen in der Natur hat flüssigkeitsverneinende Eigenschaften. Es kommt interessanterweise auch gediegen vor (Scherbenkobalt), meist jedoch als Arsenkies (Fe-As), als Arsenikblüte (As_2O_3), als Auripigment (As_2S_3) und als Realgar (As_4S_4).

Als gediegenes Arsen ist es typischerweise spröde und sublimiert, ohne zu schmelzen. Darin kommt seine flüssigkeitsabweisende Eigenschaft zum Vorschein, in dem es unter Sauerstoffabschluß bei Erwärmung auf etwas über 600° C in Dampf übergeht (vergleiche entsprechende Eigenschaft des Phosphors). Der Sal-Charakter des Arsens kommt im Arsenik (As_2O_3), dem Arsenicum album der Homöopathie,

zum Ausdruck. Es ist ein kaum wasserlösliches Pulver („Giftmehl").
Seine Neigung von spröder Trockenheit und — unter Vermeidung des
flüssigen Zustandes — in den gasförmigen Zustand (Arsendampf,
Knoblauchgeruch) überzugehen, weist auf den Luft-Atmungsprozeß
hin: der seelisch-astralische Prozeß „trocknet" die über den Stoffwechsel gebildete organische Substanz aus. Der Nerv ist das Ergebnis.

In diesem Zusammenhang ist es von Interesse, zu erfahren, in welchen Organen Arsen in Spuren gefunden wird, wobei es physiologisch
ungewiß ist, ob Arsen eine natürliche den Organen physiologisch zu-
kommende Substanz ist. Auf alle Fälle muß Arsen ausgeschieden werden.

Schilddrüse	13,0 Gamma-Prozent
Gehirn	11,0 Gamma-Prozent
Niere	10,0 Gamma-Prozent
Haut und Haare	9,7 Gamma-Prozent
Blut	8,3 Gamma-Prozent
Nägel	17,0 Gamma-Prozent
Dotter	23,6 Gamma-Prozent

Der Rohanteil der Schilddrüse an Arsen zeigt die hier wirksame see-
lisch-astrale Aktivität; die Atmung greift tief in den Stoffwechsel ein
und baut (verbrennt) das Eiweiß ab. Das strukturgebende Element in
uns, die Atmung, gilt es im Arsenprozeß wiederzuerkennen, der die
vom Stoffwechselpol aufgebaute organische Substanz ausgestaltet, typi-
siert und individualisiert bis in die Zellbildung hinein. Das Nervensystem ist ein Massenorgan von bis ins Extrem ausdifferenzierten Zellen
als Ausdruck und Abdruck der Wirksamkeit des Seelischen oder — wie
wir jetzt sagen können — des Arsenprozesses.

Wir haben hier im oberen Pol des Menschen — wenn wir auf unsere
erste Skizze schauen (Abb. 9) — eine Verwandtschaft zum Phosphor.
(Arsen kann im Knochen Phosphor ersetzen.) Beide Prozesse, der Phosphor-
prozeß und der Arsenprozeß, wirken im physischen Nervensystem, jedoch
der Phosphorprozeß als formendes Prinzip ist in der Wärme wirksam, der Arsenprozeß als gestaltendes Prinzip im Seelischen, d. h. in der Atmung.

In unserer Skizze könnten wir folglich oben hinschreiben: Differenzierung, Zellbildungstendenzen, im unteren Menschen Entdifferenzierung, Gestaltauflösung. Wir befinden uns hier unten auf dem Gegenprozeß des Arsens beim Antimonprozeß. Beide Substanzen sind auch

in der Natur sehr verwandt. Arsen hat jedoch im Paracelsischen Sinne mehr mit dem Sal-Geschehen zu tun, Antimon mit dem Sulfur. Antimon ist eine hochsulfurische Substanz. Wenn Arsen ein Gestalter ist, ist Antimon ein Auflöser. Dies kommt in den Vergiftungsbildern von Arsen und Antimon zum Ausdruck.

Das Arsenbild

Arsen steigert die Gerinnungsneigung, indem es das Blut in den Kapillaren und die Kapillaren selbst lähmt. Antimon: das Blut kann nicht gerinnen. Der Nerven-Arsen-Prozeß dominiert im Kapillarbereich. Anhand des Arzneimittelbildes haben wir den degenerativen Nervenprozeß gesehen. Der Arsenprozeß — einseitig wirksam — macht gleichsam einen „Übernerven". Der Nerv trocknet aus, er mumifiziert. Man hat die richtige Vorstellung, wenn man sich die Austrocknung des Organismus durch einen heißen Wüstenwind denkt. Was entsteht, ist eine Mumie. Der ganze Mensch wird Nerv. Die Durchfallneigung, die choleraartigen Stühle (vergleiche auch: Überfunktion der Schilddrüse) gehört zu dem Austrocknungsbild. Wenn der Arsenprozeß sich nicht auf sein ureigenstes Feld — die Nervenbildung selbst — beschränkt, und übergreift auf andere Systeme, etwa auf das Gefäßsystem, kann man von einer „Vernervung" der Gefäße, vor allem der Arterien, sprechen. Es lagern sich Substanzen ein, Nervensubstanzen, wir sprechen von Lipoidbildung in den Gefäßwänden. Im Vorstadium der Arteriosklerose haben wir ein Übergreifen des Arsen-Nerven-Bildeprozesses auf das rhythmische System. Die Lipoide — fettige Degeneration der Gefäße ist ein solcher Arsenprozeß. Die Lähmung und das Durchlässigwerden der Kapillaren im Arsenprozeß gehört zum Übergreifen des Arsen-Nervenprozesses auf das Gefäßsystem.

Dieses Bild kann sowohl akut als auch chronisch auftreten. Im akuten Zustand sprechen wir dann allerdings von einem Kreislaufkollaps, der sich steigern kann bis zum akuten Nierenversagen. Der Blutdruck sinkt ab bis auf 60 mm Hg, 50 mm Hg und 40 mm Hg. Wir haben es mit einem dem Arsenbild verwandten pflanzlichen Krankheitsprozeß, dem Veratrum-Prozeß zu tun (Veratrum album). Veratrum ist gleichsam das pflanzliche Arsen.

Wir sind damit bei einem weiteren Arsenprozeß, dem Nierenprozeß. Sowohl das akute Nierenversagen, als auch das chronische sind gestörte Arsen-Atmungsprozesse. Das Seelische zieht sich aus dem Nieren-Atmungsgeschehen zurück, der Blutdruck sinkt (siehe oben) auf tiefste Werte ab. Das Kapillarsystem, vor allem im Splanchnikusgebiet, wird durchlässig, Flüssigkeit tritt aus dem Blut ins Gewebe über. Man könnte beim akuten Nierenversagen von einem akuten Arsenbild sprechen. Dieser Zustand ist jedoch dem Veratrum — dem pflanzlichen Arsen — zugänglicher. Beim chronischen Nierenversagen tritt etwas ähnliches ein wie wir es am Gefäßsystem geschildert haben. Die Nierenepithelien der Tubuli quellen, das zelluläre Prinzip der Niere wird verstärkt, es kommt zur lipoiden Degeneration, gleichsam auch hier zu einem Nervenprozeß, Nervenbildungsprozeß an falscher Stelle. So wie die lipoide Degeneration der Gefäßintima ein Arsenprozeß ist mit schließlicher Verengung der Arteriolen (übrigens besteht hier eine gewisse Verwandtschaft zu Nicotiana tabacum) so haben wir bei der Lipoidnephrose eine Art Vernervungsprozeß im Nierenbereich. Die lipoide Degeneration im Arsenbild hat eine gewisse Verwandtschaft zur fettigen Degeneration des Phosphorbildes. Man muß jedoch fein unterscheiden zwischen der fettigen (Phosphor-Degeneration) und der lipoiden (Arsen-Degeneration). Beim akuten Nierenversagen, dem akuten Veratrum-Arsenbild, zeigt sich das besondere Verhältnis zur Wärme bzw. zur Kälte. Im schweren Kollapszustand tritt Leichenblässe ein, das Gesicht ist verfallen, der Körper eiskalt, es steht kalter Schweiß auf der Stirn, mit einem stärksten Bedürfnis nach Wärme und nach frischer Luft (siehe Arzneimittelbild). Bei diesem Bild ist der konstitutionelle Arsenprozeß extrem gesteigert (siehe Abb. 10):

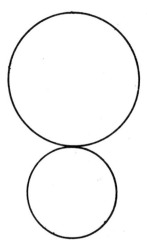

Im oberen Menschen ist der Lebensprozeß und die Psyche ausgedehnt, im unteren Menschen eng zusammengezogen, daher auch Anurie. Infolge vieler kleiner Schocks kann dieser Zustand sich organisch ausprägen. Während das Seelische im Nerven-Sinnesbereich sich lokkert, tritt im unteren Menschen und vor allem im Nierenorganismus Degeneration, Verdichtung, Erstarrung der Gefäßknäuel in den Glomerula ein. Das Nephrotische Syndrom ist ein organischer Endzustand eines pathologischen Nerven-Arsenprozesses. Chronische Eiweißausscheidung, Ödemneigung sind Endstadien. Ein Arsenbild tritt auch ein, wenn bei alten Menschen oder in den Endstadien chronisch verlaufender schwerer Erkrankungen (z. B. Karzinom) der Körper gleichsam zurückgelassen wird und sich das Seelische löst. Die Sinneswahrnehmung ist dann verschärft, das Bewußtsein überwach, es besteht Überempfindlichkeit vor allem des Geruchs (vgl. Arzneimittelbild). Der homöopathische Arzt spricht vom Arsen als einer Sterbehilfe. Eine Gabe hochpotenzierten Arsens kann dann den Schwebezustand zur Entscheidung führen.

Auf die Beziehung des Arsenprozesses zur Schilddrüse wurde schon hingewiesen. Eine akute Thyreoiditis kann unter Umständen mit hohen Potenzen von Arsen sehr günstig beeinflußt werden. Wir haben bei diesem Bild die Abmagerung, den Durchfall, die Übererregbarkeit, die Unruhe. Der Arsen-Nervenprozeß greift dann zu tief in den Stoffwechsel ein. Die Thyreoiditis ist, wenn Fieber und übersteigertes Wärmeempfinden auftritt, mit hohen Potenzen von arsensaurem Jod zu behandeln. Die Wärme wird sozusagen aus dem Körper herausgepreßt, aber nicht nur die Wärme, sondern auch alle Flüssigkeit. Dabei ist, wie schon erwähnt, der Kopf heiß, der Körper kalt, das Gesicht gedunsen. Es ist überhaupt eine gewisse Gedunsenheit der Haut bemerkenswert (siehe auch Kapillardurchlässigkeit).

In mancher Hinsicht erinnert dieses Bild an das Nieren-Natrium-Arzneimittelbild. Auch hier haben wir eine feine, gedunsene Haut. Sie ist nicht pastös wie bei Calcium carbonicum oder Apis, sondern schleierhaft gedunsen.

Wir haben sowohl im Arsenbild den Zusammenhang von Nervensystem und Niere wie auch im Natriumbild. Denn die Niere ist der Atmer im Organischen. Die Psyche taucht in die Niere unter, durchatmet den Nierenorganismus und greift hier in den Flüssigkeitsprozeß des

Blutes bei der Ultrafiltratbildung ein. Die Absonderung des Primärharnes aus dem Blut ist so gesehen ein Arsenprozeß wie auch die Bildung des Liquor cerebrospinalis aus dem Plexus chorioideus ein Arsenprozeß ist. Die fettige Degeneration der Nierentubuli ist das Endstadium eines chronischen Arsenprozesses.

Charakteristisch ist dann lange Zeit die Hypotonie. Die nephrotische Niere geht erst im Endstadium in die Hypertonie über. Für den Arsenprozeß selbst ist die Hypotonie charakteristisch.

Ein ganz anderer Prozeß liegt der Glomerulonephritis zugrunde, die von vornherein mit einer Hypertonie vergesellschaftet ist. Wir haben deshalb im Unterschied zum Arsenprozeß sehr bald die Ödemneigung.

Schließlich sei noch ein Blick auf das Herz gerichtet:

Wie ist es zu verstehen, daß Arsen auch ein Infarktmittel sein kann? Wir sprachen von der Kapillardurchlässigkeit im Arsengeschehen. Am Herzmuskel spielt sich ebenfalls ein ödematöser Prozeß ab. Im Herzmuskelbindegewebe kommt es zur Kapillardurchlässigkeit und zu lokalen Gewebeinfarkten. Wenn dieser Prozeß akut auftritt und der Kreislauf im ganzen kollabiert (die Schulmedizin spricht von Linksherzversagen, was nur bedingt richtig ist), dann haben wir es ebenfalls mit einem akuten Nierenversagen zu tun im Sinne der bisherigen Schilderung. Im Präinfarkt und beim Infarktgeschehen selbst kann deshalb Arsen ein Heilmittel sein. Dies jedoch im Vorstadium. Beim akuten Infarktgeschehen kommt wiederum Veratrum in Frage. Wir haben beim Infarkt so gut wie immer im Urin Eiweiß und rote Blutkörperchen, Leukozyten und Zylinder. Im Blutbild finden wir häufig eine Leukopenie. Das *Blutbild* des chronischen Arsenbildes zeichnet sich durch Leukopenie, vor allem der Granulozyten aus und durch eine Anämie. Man kann dann geradezu von einer Arsenschwäche sprechen oder von einer Psychasthenie bei der Blutbildung. Es ist in der Allgemeinmedizin zwar eine Erfahrungstatsache, daß Arsen die Blutbildung fördert. Man kennt jedoch den Zusammenhang nicht. Wenn man den Arsenprozeß richtig versteht, bereitet er die *Blutkörperchen*bildung aus dem noch undifferenzierten blutbildenden Knochenmark vor. Die Differenzierung, die Zellbildung ist ein Arsenprozeß. Er wird unterstützt durch den Kupferprozeß, während der Eisenprozeß die Blutbildung erst abschließt. Daher die günstige Wirkung von arsenik-saurem Kupfer und auch von arsenik-saurem Eisen bei der Blutbildung (vgl. Levico-Compositum der Fa. Wala).

Die Arsen-Konstitution wurde geschildert. Sie unterscheidet sich von der Phosphor-Konstitution insofern, als der Arsenmensch noch graziler, zierlicher und beweglicher ist als der leptosome, aufgeschossene Phosphormensch. Während die Phosphor-Konstitution eine zarte, durchscheinende Haut hat, ist die Haut des Arsenmenschen blaß, fahl, unlebendig, trocken (siehe Arzneimittelbild). Die Arsenpsyche ist schreckhaft aufgrund der Übersensibilität der Sinne. Sie ist hellfühlig und ängstlich. Das sanguinische Temperament ist übersteigert, die Atmung vertieft und damit der oxygenoide Abbau verstärkt. Das melancholisch-kalte Temperament bildet den konstitutionellen Hintergrund.

Arsen ist wie der Kiesel ein notwendiges Mineral, beide müssen jedoch ständig überwunden werden: der Kiesel durch das Ich, das Arsen durch den Astralleib. Nur dadurch haben wir ein harmonisches Atmungsverhältnis. Antimon und Arsen sind als Prozesse im Menschen einander polar zugeordnet, Arsen dem oberen Menschen, Antimon dem unteren Menschen. Bis hinein in die Psyche besteht eine gewisse Ähnlichkeit. Die Depression kann sich hier wie dort bis zur Selbstmordneigung steigern. (*Leeser* spricht in seinem homöopathischen Lehrbuch von *Goethes* „Werther" als einem Antimonmenschen mit der Neigung sich durch Erschießen zu töten.) Todesfurcht ist beiden Konstitutionen eigen. Während sich Arsen jedoch stark nach außen orientiert und wir es, wie schon gesagt, mit einem Sal-Prozeß zu tun haben, wendet sich der Antimon-Prozeß als Sulfur-Prozeß nach innen (Kinder wollen nicht berührt, nicht angesehen werden, sie ziehen sich zurück, gehen in die Isolierung).

Der Arsenprozeß fördert die Gerinnung und die Thrombosierung, die Thrombenbildung in den Endarterien, und führt damit zur Mangeldurchblutung in der Peripherie. Das Schwarzwerden der Haut (Oberflächenthrombosierung) an den Beinen, die Gefühllosigkeit bis hin zur Gleichgewichtsstörung ist ein Arsenprozeß. Die mangelnde Gerinnung dagegen behandeln wir mit mittleren Potenzen von Antimon. Die Ulkusbildung am Unterschenkel kann folglich auch ein Arsenbild sein.

Die Gliedmaßen sind kalt, es besteht Wärmebedürftigkeit — man muß in diesem Fall das Arsenbild vom Siliceabild unterscheiden.

Abschließend soll das Arsen im Zusammenhang mit der Stickstoffgruppe in das Elementenkreuz: Feuer — Luft — Wasser — Erde, und damit in die vierfache Kräfteorganisation des Menschen eingefügt werden (Abb. 11):

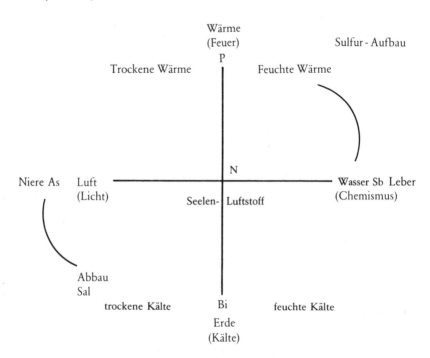

Wir haben im Arsenprozeß das unmittelbare Aufeinandertreffen im Luft-Licht-Prozeß der Atmung die trockene Wärme vom Feuerpol und die trockene Kälte vom Erdpol. Arsen gibt nach „oben" die Wärme ab, es geht über in den Luft-Licht-Zustand. Das Seelische wird frei. Wir haben darauf hingewiesen, daß das Arsen in der Natur nicht schmilzt, sondern vom festen, spröden Zustand direkt in den gasförmigen Zustand übergeht. Der flüssige Zustand wird gemieden. Dies müssen wir im Bewußtsein haben, wenn wir den Arsenprozeß und den Nervenprozeß einerseits und die eigentümliche Beziehung zur Auskühlung, zur „Erde" (das Gehirn als Erdenorgan) verstehen wollen.

Der unmittelbare Übergang in den gasförmigen Zustand offenbart den Sal-Charakter des Arsens und weist daraufhin, daß das Luft-Element die Sal-Bildung fördert.

Das Antimonbild

Ganz anders: das flüssige Element, in dem polar zum Arsen der Antimon-Prozeß wirkt. Antimon ist geschmeidig, plastizierbar, amalgamierfähig und hat wie das Wasser beim Erkalten die Eigenschaft, sich auszudehnen (siehe größere Ausdehnung des Wassers im gefrorenen Zustand als im flüssigen). Dabei ist Antimon eine sulfurische Substanz mit der Neigung, sich dem peripheren Wärmezustand anzunähern. Es ist explosiv und zeigt auch in seiner Affinität zum Schwefel seinen sulfurischen Charakter (vgl. auch die von einem Zentrum strahlig verlaufende Kristallisationsform der Grauspießglanz-Kristalle).

Antimon wirkt so im Blut wie der Sulfurprozeß selbst, d. h. die Gerinnung wird verhindert (siehe oben). Die Verirdischung, die Individualisierung des Blutes wird verhindert. Daher die Wirkung auf das Ich-Wärmewesen in mittlerer Potenz und damit die Überführung der kosmischen, universellen Eiweißbildung in die irdische Verdichtung. Während also Arsen eine mittlere Stellung zwischen Luft-Pol und physischem Kälte-Pol einnimmt, neigt der Antimon-Prozeß zum merkuriell-Flüssigen einerseits, mit der inneren Qualität zum Wärme-Sulfur-Pol andererseits. Die Antimon-Konstitution ist daher — im Gegensatz zum Konstitutionsbild des Arsens — pastös, blaß, anämisch, aufgeschwemmt, und das Wesen will sich nicht mit dem Irdischen verbinden. Darauf weist das seelische Bild, das sich Zurückziehen und die Anämie hin.

In die Mitte der Skizze haben wir den Stickstoff geschrieben als Träger des Seelischen (Seelenstoff *Rudolf Hauschka*). Er begleitet in der Atemluft den Ein- und Ausatmungsprozeß (79,04 Vol. % Stickstoff und Edelgase, 20,93 Vol. % Sauerstoff, 0,03 Vol. % Kohlensäure. Ausatmungsluft: Stickstoff 79,72 Vol. %, Sauerstoff 16,23 Vol. %, Kohlensäure 4,05 Vol. %). Während wir deutlich weniger Sauerstoff ausatmen als wir einatmen, ist der Unterschied zwischen eingeatmeter und ausgeatmeter Stickstoffmenge ganz gering. Der Stickstoff ist ein wesenhafter Begleiter des Atemprozesses selbst. Aus der Eiweißstickstoffbilanz kann die minimale Erhöhung des Stickstoffs in der Ausatmungsluft nicht erklärt werden. Der amphotere Charakter des Stickstoffs, des Arsens und des Antimons sind Hinweise für die Beziehung zum Atmungsprozeß. Wir haben weiter oben schon erwähnt, daß die Substanzprozesse der sogenannten Stickstoffgruppe mit dem Eiweißprozeß, dem Eingreifen des Seelischen in den Stoffwechselaufbau und -abbau, d. h. aber mit der Atmung im Stoffwechsel zu tun haben. Der Stickstoff selbst bleibt noch ganz im Luftbereich, der Antimon-Prozeß greift in den Eiweißaufbau ein (siehe Antimon-Konstitution), der Arsenprozeß prägt dem lebendigen Eiweiß seinen Stempel auf, entvitalisiert es und preßt gleichsam wie aus einem Schwamm das Leben aus ihm heraus, während der Substanzabbau auf der einen Seite und das Freiwerden ätherischer Kräfte im Nervensystem auf der anderen Seite als Grundlage des Empfindungslebens und des Bewußtseins dient.

Der Wismutprozeß

Auf den Wismutprozeß, in dem die Eiweißatmung ganz in die Erdenschwere gerät, soll kurz hingewiesen werden: In der Magengegend wird Druck wie von einem Gewicht empfunden, es treten *brennende Schmerzen* auf, die in den Rücken zur Wirbelsäule hin ausstrahlen und in die Gegend zwischen die Schulterblätter. „Der drückende Schmerz im Rücken zwingt dazu, sich nach rückwärts zu beugen" *(Leeser)*. Bei mancher Verwandtschaft zum Antimonbild ist die Psyche durch Angst vor dem Alleinsein charakterisiert. Die Einsamkeit wird nicht ertragen (im Gegensatz zur Antimonpsyche), der Schlaf ist schlecht, Aufwachen schreckhaft, bei Tag besteht Schläfrigkeit. Allgemein besteht große Hinfälligkeit und Erschöpfung bis zu Ohnmachtszuständen, der Körper ist ähnlich wie beim Antimonbild heiß, vielfach von Schweiß bedeckt, Hitze wird nicht vertragen, frische Luft und Kühle bessern hier wie dort. Die Atmung ist wie im Stoffwechselgeschehen gebunden. Die Wärme ist gestaut.

Die Einfügung des Arsenprozesses in das Elementenkreuz mit den Arsen verwandten Substanzprozessen sollen das Bild abschließen. Das Arsenbild soll durch nachfolgenden Text zusammengefaßt werden:

„Bei den akuten Krankheiten muß man auf folgendes achten: In erster Linie auf das Gesicht des Kranken, ob es dem Gesicht gesunder Menschen gleicht, vor allem aber, *ob es sich selbst gleicht.*
So wäre es nämlich am besten, am schlimmsten aber, wenn es ganz und gar unähnlich ist, nämlich so: spitze Nase, hohle Augen, eingefal-

lene Schläfen, kalte, zusammengezogene Ohren mit abstehenden Ohrläppchen, die Gesichtshaut hart, gespannt, trocken, die Gesichtsfarbe grün oder fahl.

Wenn das Gesicht zu Beginn der Krankheit dieses Aussehen hat, und es nicht möglich ist, aus den anderen Zeichen einen Schluß zu ziehen, muß man den Kranken fragen, ob er nicht geschlafen hat, ob er sehr dünnen Stuhl hatte, oder ob er Hunger gelitten hat. Gibt er eine dieser Ursachen zu, ist der Zustand für weniger gefährlich zu halten. Es kommt im Zeitraum eines Tages und einer Nacht zur Entscheidung, wenn das Gesicht aus den angeführten Gründen ein solches Aussehen hatte. Gibt aber der Patient nichts derartiges an, und erholt er sich nicht im angegebenen Zeitraum, dann weiß man, daß das Ende bevorsteht.

Wenn das Gesicht bei einer Krankheit, die älter als 3 Tage ist, dieses Aussehen hat, muß man die Fragen stellen, die ich oben angegeben habe und auf die übrigen Zeichen achten, am ganzen Körper und auch an den Augen. Wenn diese das Licht fliehen, oder wenn sie überlaufen oder sich verdrehen, oder das eine kleiner wird als das andere, oder das Weiße rot wird oder blau, oder schwarze Adern sich auf ihnen abzeichnen, oder Sekret um die Pupillen erscheint, wenn die Augen unruhig sind oder hervorquellen, oder tief in den Höhlen liegen, oder wenn die Farbe des ganzen Gesichts verändert ist, all dies muß man als schlechte und verderbliche Zeichen ansehen. Man muß auch darauf achten, ob man während des Schlafes vom Auge etwas sehen kann. Wenn nämlich bei geschlossenen Lidern das Weiße des Auges sichtbar ist, und der Kranke nicht an Durchfall leidet, Arznei genommen hat oder gewöhnt ist, so zu schlafen, dann ist dieses Zeichen übel und verkündet den sicheren Tod. Wenn zu den anderen Zeichen hinzu Lid, Lippe oder Nase krumm oder blau werden, dann muß man wissen, daß das Ende nahe ist. Den Tod verkünden auch schlaffe, herunterhängende kalte und weiße Lippen" (Hippokrates; „facies hippokratica").

Arsenvorkommen:

Dürkheimer-Max-Quelle: 19,6 mg As_2O_3 pro Liter
Levico: 6,0 mg As_2O_3 pro Liter
Roncegno: 14,0 mg As_2O_3 pro Liter
Meerwasser: 1,5 Gamma pro 100 g

In der Homöopathie wichtige Arsen-Verbindungen:

Arsenicum album (As_2O_3)
Arsenicum jodatum
Natrium arsenicosum
Kalium arsenicosum
Cuprum arsenicosum
Antimon arenicosum (Gemisch aus Sb_2O_5 mit As_2O_3)

Nachtrag zu Levico-Wasser:

Levico-Wasser enthält arsenik-saures Kupfer (natürliches Vorkommen als Olivenit — Kupferarsenik) und arsenik-saures Eisen.

Gemeinsamkeiten eines pflanzlichen, mineralischen und tierischen Heilmittels

Gelsemium — Argentum — Lachesis muta

Gelsemium sempervirens und Argentum nitricum

Ein Vergleich, Gemeinsamkeiten und Differenzierungen

Beim Studium homöopathischer Arzneimittelbilder sind die immer wieder festzustellenden Gemeinsamkeiten von Symptomen und Modalitäten zwischen mineralischen, pflanzlichen und tierischen Heilmitteln auffallend.

Beispiel:

Man kann die Verwandtschaft der Arzneimittelbilder von Arsenicum album (Mineral), Veratrum album (Pflanze) und Aranea diadema (Tier) nicht übersehen, so daß man geradezu von einem gemeinsamen Urphänomen sprechen kann, das sich einmal in einem Mineral, ein anderes Mal in einer Pflanze und schließlich in einem tierischen Organismus manifestiert.

In ähnlicher Weise kann man von der Durchgängigkeit *eines* Bildungsprinzips bei Aurum, Arnica und Apis sprechen.

Wir versuchen im folgenden, das gemeinsame Urphänomen aufzuzeigen, das in Gelsemium und Argentum nitricum wirksam ist.

Beide Arzneimittelbilder weisen soviel wesentliche übereinstimmende typische Merkmale auf, daß man sich berechtigt fühlt zu sagen, Gelsemium ist das pflanzliche Argentum.

Allgemeines zu Gelsemium sempervirens:

Gelsemium sempervirens gehört zur Familie der Loganiaceae: Zu den wichtigsten Heilpflanzen gehören außerdem Spigelia anthelmia, Nux vomica (Strychnin), Ignatia, Curare.

Der Typus der Wirksamkeit der Loganiaceen bezieht sich auf das Nervensystem, und zwar teilweise auf das Zentralnervensystem (wie Strychnin, Nux vomica, Ignatia), auf das Rückenmark und verlängerte Mark, auf die Reflexbögen (wie Gelsemium) und auf die periphere Erregbarkeit der sog. motorischen Endplatten (Curare). Von allen genannten Loganiaceen kann gesagt werden, daß sie insbesondere den zehnten Hirnnerven, den Nervus vagus, reizen, erregen und lähmen. Damit im Zusammenhang steht eine charakteristische Veränderung der physiologischen Prozesse im gesamten Vegetativum, vor allem des emotionalen Pols der Psyche im Zusammenhang mit den „unteren" Lebensprozessen der Reproduktionssphäre. Es treten Zustände auf, wie sie teilweise Schockereignissen folgen: Erregung im Zentral- und Rückenmarksnervensystem, Reflexsteigerung bei „Lähmung" des Vegetativums im Magen-Darm-Bereich und im Urogenitalsystem. Wir sprechen dann von Lockerungserscheinungen des Seelischen und der lebensätherischen Prozesse der genannten Organsysteme.

Es folgt eine Skizze (Abb. 12): Es wird eine vertikal stehende Lemniskate gezeichnet, deren obere Schleife verengt und untere Schleife erweitert ist.

Gelsemium folgt als Schlingpflanze (Schlingstrauch, siehe Ausführungen von Herrn Dr. *Schaette*) „horizontal-vegetativen" Kräften der im ätherischen Lebensprozeß sich auslebenden Bildekraft. Diesem pflanzlichen Prinzip steht die Alkaloidbildung (Stickstoffbase) gegenüber, die sich vor allem in der Wurzel anreichert. Von der Pflanze wird deshalb die Wurzel zum Heilmittel verarbeitet. Wenn in einer Pflanze Alkaloide auftreten, ist dies immer ein Zeichen für die Überwältigung des Pflanzenprinzips, des vegetativen ätherischen Prinzips, durch ein „astralisches" (*R. Steiner*).

Vgl. auch die Verwandtschaft zur Giftwirkung und zu den Arzneimittelbildern der Nachtschattengewächse, wie Hyoscyamus, Belladonna, Mandragora, Nicotiana. Man könnte bei Gelsemium von einer Art Kurzschluß sprechen zwischen vegetativen ätherischen Bildekräften *(Steiner)* und außerpflanzlichen, über die Pflanze hinausführenden astralischen Kräften. Diese Doppelbeziehung ist festzuhalten, da sie in ähnlicher Weise auch beim Arzneimittelbild Silber eine wichtige Rolle spielt.

Auffallend ist beim Gelsemium-Arzneimittelbild die von oben nach unten absteigende Lähmung der unwillkürlichen Muskulatur der Augen, des Schlundes, des Ösophagus, des Zwerchfells, des Magen-Darms. Es ist das Versorgungsgebiet der zwölf Hirnnerven, für die der Nervus vagus repräsentativ ist; aber auch die willkürliche Muskulatur der oberen und schließlich auch der unteren Extremitäten und deren Bewegungsimpulse werden gelähmt. Zunächst ist dann häufig die Reflexbereitschaft erhöht, es kommt zu Zittern, Schreibkrämpfen, Krämpfen in der Unterarmmuskulatur. Bemerkenswert ist die Tatsache, daß unter der Gelsemiumwirkung (Vergiftung) trotz fortschreitender Lähmung bis zur Atem- und schließlich Herzlähmung das Bewußtsein erhalten bleibt. In der indianischen Volksmedizin nannte man deshalb diesen Zustand den „gläsernen Sarg". Die Steigerung aller Symptome, vor allem der seelischen, des Kopfdruckes, der Kopfneuralgie, der Kopfkongestion tritt nach Schreck, also nach schockartigen Zuständen ein. Wir haben es mit der weiter oben geschilderten „Lockerung" zu tun. Die ätherischen Lebenskräfte — chemischer und Lebensäther *(Rudolf Steiner)* — greifen vom „unteren" Menschen über auf den „oberen" Nervenmenschen. Von hier aus kann die Brücke geschlagen werden zum Arzneimittelbild von Argentum und Argentum nitricum.

Argentum und Argentum nitricum

Auch Argentum und insbesondere auch Argentum nitricum zeigt in seinem Arzneimittelbild die besondere Beziehung einerseits zum Nervensystem, andererseits zum Urogenitalsystem. Das Arzneimittelbild entwickelt sich ähnlich wie das Arzneimittelbild von Gelsemium nach einmaligen oder wiederholten Schockereignissen, wodurch es zu den bei Gelsemium schon bereits geschilderten Lockerungserscheinungen kommt: Gefühl des ausgedehnten Kopfes oder Organausdehnungsempfindung in anderen Organen oder im ganzen Körper. Dieses „Phantom"-Erlebnis ist für Argentum und Argentum nitricum besonders charakteristisch. Wir finden es aber auch bei Gelsemium.

Das Nierensystem ist bei beiden Mitteln betroffen; bei Gelsemium Besserung der Kopfkongestion, wenn bei Migräne Harnflut eintritt; Argentum nitricum: unwillkürlicher Abgang von Harn tags und nachts; Entzündung der Harnwege, Brennen, wechselnd spärlicher Urin oder reichliche Absonderung.

Während die Gelsemium-Symptome sich im Funktionellen halten, greift Argentum nitricum tiefer in den Chemismus und in die physische Organgrundlage ein. Argentum und auch Argentum nitricum ist gegenüber Gelsemium als Mineral ein Mittel bei tiefgreifenden und chronischen Verlaufsformen. Die Organdegeneration von Haut, Schleimhäuten und Nervensystem überwiegt. In der Haut kommt es zu Verhärtungen der Epidermis, der Keimschicht der Oberhaut; bei Schleimhäuten zu Ulzerationen. Die Beziehung zum Flüssigkeitsorganismus ist vor allem bei Argentum nitricum auffallend. In 100 ccm Wasser lösen sich bei 0 Grad Celsius 115 g $AgNO_3$, bei 100 Grad knapp über 1 kg $AgNO_3$!

Auch zum Luftelement und damit im physiologischen Bereich zum Psychischen hat Silber eine besondere Affinität. Flüssiges Silber nimmt die umgebende Luft begierig in sich auf, um sie beim Erkalten unter Spratzen- und Kraterbildung wieder auszustoßen. Auch hier kann man von einem „Kurzschluß" von Flüssigem und Luftigem, von Ätherischem und Astralem sprechen. Im Meerwasser ist Silber mit $3 \times 10^{-8}\%$ enthalten. Im Organismus hat es eine besondere Affinität zur Bindegewebsgrundsubstanz, zu den Nervenscheiden, zum Knorpel. Das Ausdehnungsgefühl des Kopfes, ein Symptom, das wir nicht selten nach Schocks, nach Unfällen beobachten, mit dem Symptom des Schwindels, des Gefühls des Taumelns und erstmals Migräneanfällen linksseitig, weist auf eine Verstärkung des „physiologischen Phantoms" im Bereich des Zentralnervensystems hin (s. Skizze).

Auch andere Heilmittel, wie z.B. Hypericum, haben im Arzneimittelbild ein Ausdehnungsgefühl im Bereich des Kopfes nach Erschütterung, vor allem der Wirbelsäule. Auch zu Gelsemium gehört, wie oben angegeben, das Ausdehnungsgefühl im Bereich des Kopfes. Argentum steht als Metall in der Reihe der sieben Hauptmetalle Blei, Zinn, Eisen, Gold, Kupfer, Quecksilber, Silber, dem Blei polar gegenüber. Blei enthält als sulfurische Substanz noch seine Imponderabilien oder Energie: Wärme, Licht, Chemismus. Silber hat seine Imponderabilien entlassen. Darauf beruht wahrscheinlich seine oligo-dynamische Wirkung, die der Eigenschaft eines Katalysators entspricht (Wirkungen in der Umgebung zu entfalten, ohne an chemischen Umsätzen beteiligt zu sein). Wir kennen diese Eigenschaft vor allem auch vom Platin, das eine gewisse Silberverwandtschaft zeigt. Die Wasserverwandtschaft des Silbers und damit die Wirksamkeit des Chemismus (chemischer oder Klang-Äther, *Rudolf Steiner*) offenbart seine Verwandtschaft im Flüssigkeitsorganismus zu den chemischen Aufbauprozessen, vor allem auch des Nervensystems. Im Bereich der Nerven, vor allem des Zentralnervensystems, werden im Sinne einer Substanzumwandlung chemische und auch andere ätherische Kräfte frei, worauf die hohe Leitfähigkeit sowohl des Silbers als auch des dem Silber verwandten Nervenprozesses beruht. (Silber hat gegenüber allen anderen Metallen die größte Leitfähigkeit für Elektrizität und Wärme; der helle Klang reinen Silbers — etwa im Unterschied zum dumpfen Klang von Blei — weist ebenfalls auf die „Befreiung" des Silbers von seinen imponderablen Kräften in die Peripherie.)

Die Lockerung der Wesensglieder aus dem unteren Bereich des Organismus, vor allem aus dem Bereich des Urogenitalsystems, schlägt die Brücke des Silber-Arzneimittelbildes zur hysterischen Konstitution. Silber kann deshalb zum Heilmittel hysterischer Zustände werden. Damit zeigt es übrigens eine gewisse verwandtschaftliche Beziehung zu Ignatia, jenem Heilmittel aus der Familie der Loganiaceaen, das seine besondere Beziehung zum weiblichen Organismus hat im Unterschied zu Nux vomica, das vor allem der männlichen und neurasthenischen Verfassung entspricht (Hinweis auf die Darstellung von Nux vomica und Ignatia, Dr. *Martin Stübler*, Arbeitsunterlagen des Bad Boller Medizinischen Seminars, Bd. II).

Gelsemium

Psyche und Nervensystem

Lampenfieber, Examensangst, Ruhelosigkeit, Zittern, allgemeine Erschöpfung; Geist klar. Lähmung der willkürlichen Muskulatur; Ptosis der Augenlider (Nervus facialis) Trigeminus-Neuralgie, Erregung und anschließend Lähmung der Gehirn- und Rückenmarksnerven; Lähmung absteigend, Augenmuskellähmung, *Pupillen weit,* Strabismus, Lähmung der Mund-Schlund-Muskulatur, schließlich Atemlähmung; Schwindel, Schläfrigkeit, Kopfkongestion, Kopfdruck: wie ein Band um die Stirn; Kopf wird wie vergrößert empfunden, Hemikranie, Besserung nach Harnflut! Neuritis optica, Retinitis, Iritis, Glaukom, Kopf wird wie zu leicht empfunden.

Schmerz

Im ganzen Kopf von der Hirnbasis bis in den Hinterkopf, Nacken nach hinten verkrampft, Schmerz hämmernd, breitet sich aus im Nacken und Rücken, Hirnstauung, Hirnkongestion, Gesicht purpurrot, Schmerzverschlimmerung: durch Furcht, Schreck und Überraschungen (Schocks). Die Beschwerden entwickeln sich *langsam.*

Verhältnis zur Wärme
Herz und Kreislauf

Verschlimmerung der Beschwerden tritt ein durch Wärme, durch Sonnenhitze, durch feucht-warmes Wetter. Der Kopf ist dann heiß, die Füße und Hände kalt. Es ziehen kalte Schauer den Rücken aufwärts. Dabei besteht wenig Durst. Die Blutgefäße sind erschlafft; Herzschwäche wie nach Diphterie, die Herztätigkeit ist zunächst beschleunigt, dann unregelmäßig und schließlich verlangsamt: Es ist, als ob das Herz stehenbliebe, wenn sich der Patient nicht bewegt. In der Ruhe ist der Puls langsam, in der Bewegung rasch. Es treten Krämpfe im Uterus auf, dann Lähmung. Durch Hitze kann Fieber auftreten, dann Verschlimmerung in warmen Gegenden und in warmen Wintern. Der Kreislauf wird vagoton.

Verhältnis zur Luft
Atmung

Es besteht Bedürfnis nach frischer Luft, dann Besserung; häufiges Gähnen ist erstens ein Zeichen für Lufthunger, zweitens ein Hinweis auf die Beeinflussung der Niere im Sinne einer leichten Niereninsuffizienz.

Charakteristisch dafür ist, daß Tabak, auch Tabakgeruch verschlechtern (Nierensymptom).

Schluckauf (Nierensymptom), Urinverhaltung oder (s. oben) reichlich verdünnter Harn.

Hysteroide Symptome: Gefühl eines Kloßes im Hals, der nicht geschluckt werden kann (vgl. Ignatia).

Argentum metallicum / Argentum nitricum

Psyche und Nervensystem

Angst, Examensangst, Schwindel, Taumeln mit Benommenheit und Zittern, konvulsivische Bewegungen, vor allem der oberen Gliedmaßen, Pupillen sind erweitert (bei Plumbum verengt). Migräneanfälle linksseitig, Kopf-Ausdehnungsgefühl, Geruchsempfindlichkeit, Schlaflosigkeit, kongestiver Kopfschmerz — Druck und Bandagieren des Kopfes bessern; Gefühllosigkeit in den Armen, Beklemmungsgefühl im Raum mit vielen Menschen; beim Nachdenken wird alles verschlimmert; Vergrößerungsgefühl der Ovarien; Verschlimmerung der Beschwerden nach Schlaf; in der Nacht; Zeit vergeht langsam, Ratlosigkeit, Eile; Patient ist besessen vom Vorausschauen unglücklicher Gedanken.

Schmerz

Schmerzen und Verschlimmerung der Beschwerden vor allem der Kopfschmerzen und der Migräne durch Emotion nach Schocks. Die Schmerzen sind ansteigend, dann abnehmend.

Verhältnis zur Wärme
Herz und Kreislauf

Es besteht Unverträglichkeit von Hitze aller Art; Besserung durch Kälte. Herz: intermittierender Puls, Herzklopfen und Zittern am ganzen Körper, vor allem bei Rechtslage. Hand aufs Herz (*Mignon, Goethe:* Wilhelm Meister): Ascites! Bei Fieber Frösteln mit Übelkeit, beim Zugedecktsein jedoch Beklemmungsgefühl; Verschlechterung durch kalte Speisen — während der Menses durch Erregung; Menses im allgemeinen unterdrückt oder schwach, Beschwerden betont linksseitig.

Verhältnis zur Luft
Atmung

Allgemeine Besserung durch frische Luft. Zwang zum Gähnen. Leib aufgebläht zum Bersten, Luftmangel im Raum, in geschlossenen Räumen mit vielen Menschen; Luftaufstoßen, Übelkeit, Blähsucht; starkes Verlangen nach Süßigkeiten, die nicht vertragen werden, starke Flatulenz.

Nierenzusammenhang: Unwillkürlicher Harnabgang, entzündeter Harnleiter, spärlicher Urin, Nachtröpfeln.

Hysterische Symptome: Neurotiker, hypochondrisch, neigt zu Sinnestäuschungen, unmotiviertes Handeln, unbegründbare Ängste, Zwang, aus dem Fenster zu springen, Gefühl, als ob ein Auge vergrößert wäre, Schwächegefühl in den Augen, Lähmung der Ziliarmuskeln, sonderbare Geschmackssensationen, Verengungsgefühl am Hals.

Der gemeinsame Typus von Gelsemium und Argentum nitricum Übereinstimmung mit dem tierischen Arzneimittel Lachesis muta

Die auffallenden und eigentümlichen Symptome der Arzneimittelbilder von Gelsemium und Argentum nitricum lenken den Blick einerseits auf das vegetative Nervensystem und die peripheren Nerven der willkürlichen Muskulatur, andererseits auf das Urogenitalsystem.

Da das Bewußtsein auch bei stärkster Ausprägung der Symptome beider Arzneimittelbilder erhalten bleibt und zunächst die Medulla oblongata mit ihren Kernen und das Versorgungsgebiet der Hirnnerven, insbesondere des Nervus vagus, betroffen sind, in zweiter Linie das Rückenmark und die von ihm ausgehenden peripheren Nerven mit dem Versorgungsgebiet der willkürlichen Muskulatur, sind beide Heilmittelwirkungen allgemein auf die Lebenskräfte der „unteren, emotionalen" Prozesse (Stoffwechsel und Muskulatur) und der Reproduktionsorgane gerichtet.

Es kommt bei Gelsemium und Argentum nitricum zu Lähmungen und schließlich zur degenerativen Erschöpfung zunächst der unwillkürlichen und im weiteren Verlauf auch der willkürlichen Muskulatur und der Organe des Urogenitalsystems.

Vom Gesichtspunkt der Vier-Elementen- und Ätherlehre der Hippokratischen Medizin:

Feuer	periphere Kräfte
Luft	zentrifugale Kräfte
Wasser	zentripetale Kräfte
Erde	zentrale Kräfte

sind es die zentripetal wirkenden chemischen Lebensprozesse und die zentralisierenden lebens-ätherischen Kräfte, die der Wirksamkeit von Gelsemium und Argentum nitricum gemeinsam zugrundeliegen.

Die Paracelsische Medizin spricht von Sal-Prozessen und meint damit die im Physisch-Organischen sich verdichtenden Lebensvorgänge. Das Nervensystem ist gleichsam der Spiegelungsapparat des Substanz bildenden, aufbauenden und erneuernden organischen Lebens. Das Bewegungsleben (vegetative und willkürliche Muskulatur) und das Reproduktionsleben, in das wir die Nierenorganisation einbeziehen, sind die Wirkungsbereiche von Gelsemium und Argentum nitricum. Das seelische, emotionale Leben ist im unteren Menschen mit dem Bewegungsleben und Reproduktionsleben auf das innigste verbunden. Es ist dies die Sphäre des Unterbewußten. Im Nervensystem taucht die Psyche zu einem abgestuften Eigenbewußtsein aus der Sphäre des Unbewußten auf. In den Arzneimittelbildern Gelsemium und Argentum nitricum wird das unterbewußte, vegetative Leben gelockert und teilweise ins Oberbewußtsein, in den Nervenbereich heraufgehoben. Dieser pathologische Vorgang tritt häufig nach Schock, Schreck und schweren seelischen Erschütterungen auf. Die Symptome wie Organausdehnungsgefühl, Schwindel, Konvulsionen, Krämpfe, Zittern sind die psychosomatischen Begleiterscheinungen dieses Lockerungsprozesses. Es kommt zu dem weiter oben geschilderten Kurzschluß zwischen bewußtem und unbewußtem Seelenleben. Trotzdem bleiben die pathologischen Vorgänge im wesentlichen auf die vegetativen und motorischen Nervenzentren beschränkt. Das Bewußtsein bleibt erhalten.

Beziehungen zum Arzneimittelbild Lachesis muta

In der Homöopathie werden vor allem die Gifte von Lachesis muta, Naja tripudians und Crotalus verwendet. Lachesis ist das stärkste Schlangengift. Die chemische Kraft des Speicheldrüsensekrets steigert sich bis zur Giftbildung. Bei der Giftwirkung kommt es zur Eiweißauf-

171

lösung und zur Lähmung. Einerseits wirkt das Lachesisgift damit verzögernd auf die Gerinnungsfähigkeit des Blutes und der Lymphe, andererseits kommt es zur Koagulation des Blutes. Bei der rasch einsetzenden Entzündung mit Bindegewebsödem und blauroter Verfärbung in der Umgebung des eindringenden Giftes wird die vegetative Abwehrreaktion abgelähmt; es bildet sich kein Entzündungswall aus Leukozyten; es kommt nicht zur Eiterbildung, sondern zur trockenen Gewebsnekrose. (Ein Bild wie bei der anäroben Gasbrandentzündung.) Nicht nur die Speicheldrüsentätigkeit ist gesteigert, sondern die gesamte Verdauung – von Magen, Pankreas und Leber. Die Gliedmaßenbildung und damit die Bewegungsfähigkeit nach außen ist nach innen zurückgenommen. Schulter- und Beckengürtel sind rudimentär und in die Wirbelbildung und die verlängerte Wirbelsäule umgewandelt. Der Zusammenhang von Speicheldrüsen (Parotis) und Gonaden ist bekannt. Bei den Giftschlangen ist diese Polarität gesteigert. Ein weiterer Hinweis für die Betonung des vegetativen Poles bei den Giftschlangen ist der Verlust der linken Lunge oder ihre nur rudimentäre Anlage charakteristisch. Die Rückbildung der rechten Arteria carotis communis bei bestimmten Arten weist mit dem Verlust der linken Lunge auf die Betonung des vegetativen Pols, der mit der Venosität und Rechtsseitigkeit (rechtsseitige Leber) zusammenfällt. Eigentümlicherweise sind die Symptome des Lachesis-Arzneimittelbildes linksseitig verstärkt.

Das venöse blaurote, gedunsene Gesicht des Lachesis-Arzneimittelbildes und Gelsemium-Arzneimittelbildes ist nicht nur ein äußeres gemeinsames Merkmal, sondern weist auf ein wichtiges toxisches Bild, das Erysipel, hin. Beide Heilmittel, Gelsemium und Lachesis, können hierfür ein wichtiges Heilmittel sein.

Die wichtigsten Merkmale des Lachesis-Arzneimittelbildes:

Psyche und Nervensystem

Melancholische, gedrückte Stimmungslage; Verschlimmerung aller Beschwerden durch Schreck, Kummer, Eifersucht; große Erschöpfung, Delirium tremens; Trigeminusneuralgie linksseitig, Zittern, hysterische Lähmungen; Augenmuskellähmung wie bei Diphtherie; Verlust des Zeitsinnes, morgendliche Depression.

Hysterische Symptome

Religiöser Wahn, Kloßgefühl und Gefühl der Strangulation, vor allem nachts in der Halsgegend, Hals wie zugeschnürt.

Verhältnis zur Wärme
Herz und Kreislauf

Verschlimmerung der Beschwerden durch Sonnenbestrahlung im Frühling und Sommer, Verschlimmerung nach Schlaf (in der Nacht wird der vagotone Zustand und das Untertauchen des Psychischen im Stoffwechsel betont). Verschlimmerung durch heiße Getränke und warmes Bad. Besserung durch Ingangkommen von Absonderungen (Menses usw.), Senkung des Blutdrucks, Kollaps. Die Venosität ist betont. Es besteht eine starke Wirkung auf das rechte Herz. Die O_2-Differenz zwischen venösem und arteriellem Gebiet wird verringert (vgl. geringe O_2-Differenz zwischen zufließendem und abfließendem Nierenblut). Vagotonie ist typisch. Füße sind kalt. Gesicht blaurot gedunsen. Menses schwach.

Stoffwechsel

Leber empfindlich, kann Einschnürung nicht vertragen, Obstipation, Hämorrhoiden, linkes Ovar schmerzhaft vergrößert und verhärtet. Leib aufgetrieben, empfindlich.

Verhältnis zur Luft

Bedürfnis, tief durchzuatmen. Beklemmungsgefühl, Präkordialangst, Herzklopfen, unregelmäßiger Herzschlag; Atmung stockt beim Einschlafen.

Zusammenfassend kann gesagt werden, daß das seelische und Luftelement der drei Arzneimittel Gelsemium, Argentum nitricum und Lachesis in ähnlicher Weise tief in das substantielle Aufbaugeschehen eingreift. Beim Gelsemium kommt es zu Alkaloidbildung, bei Argentum nitricum zur intensiven Verbindung des Luftelementes, zum Chemismus eines Metalles; bei Lachesis greift das Psychische tief in die Stoffwechsel- und Reproduktionsprozesse ein zugunsten einer Betonung und Steigerung der Verdauungskraft bis zur Giftbildung und gesteigerten Venosität. Die Arterialität, gleichsam die linke Seite des Organismus, wird vernachlässigt.

Selbstverständlich muß bei der Auswahl des geeigneten (verwandten) Arzneimittels die Tatsache berücksichtigt werden, daß wir es einmal mit einem Mineral, dann mit einer Pflanze und mit einem tierischen Heilmittel zu tun haben. Die Wirkung des Minerals (Argentum nitricum) greift am tiefsten in die physisch-organischen Aufbauvorgänge ein. Das pflanzliche Heilmittel Gelsemium wirkt insbesondere im Bereich des Funktionellen im Verhältnis von Seelischem, Astralischem und Ätherischem. Es ist vor allem geeignet bei akuten Krankheitszuständen. Lachesis wirkt als tierisches Heilmittel besonders auf die pathologisch veränderten, im Organischen sich abspielenden Lebensvorgänge.

Menschliche Konstitution
Typusbegriff und Krankheit

Die Urbilder der menschlichen Konstitutionen sind der weibliche und der männliche Organismus. Aus ihnen sind die mannigfaltigen Konstitutionsbilder zu entwickeln.

Die menschliche Konstitution ist damit jedoch keine ein für allemal festgelegte Anlage, aus der Gesundheit oder Krankheit gleichsam als ein überpersönliches Schicksal hervorgehen. So liegen dem weiblichen und dem männlichen Organismus zwar deutlich zu unterscheidende — in gewisser Weise polare — Konstitutionen zugrunde, die zunächst nichts über Gesundheits- und Krankheitsmöglichkeiten aussagen, wenn sie nicht allzusehr von der gemeinsamen, beide Geschlechter in der menschlichen Gestalt vereinigenden Mitte ins Typisierend-Einseitige abweichen. In der folgenden kurzen Darstellung einseitiger Konstitutionen wird darauf noch eingegangen.

Die Extreme männlicher und weiblicher Konstitutionen münden allerdings — vom Gesichtspunkt des Ideal-Menschlichen aus gesehen — schließlich ins Krankhafte. Zu einer nicht geringen konstitutionellen Problematik kommt es bei einem mehr oder weniger starken Einschlag männlicher Konstitutionsmerkmale im weiblichen Organismus oder umgekehrt, weibliche konstitutionelle Merkmale in der männlichen Organisation. Wir sprechen dann vom Feminismus beim Manne und Maskulinismus bei der Frau (Transvestismus). Entwicklungsbiographisch wird die „ideale Mitte" der Natur gleichsam vorweggenommen. Der Freiheitsraum der Mittefindung ist eingeengt. Die Spannung zwischen männlicher und weiblicher Konstitution verlagert sich in den individuellen Träger der männlichen oder weiblichen Organisation selbst. Daraus geht hervor, daß das männliche und weibliche Konstitutionsprinzip eine offene biographische Situation schaffen, die in der Begegnung der Geschlechter und im Streben nach Ergänzung das rein Menschliche in beiden Konstitutionen zur Offenbarung bringen. Der männliche wie der weibliche Organismus sind von der idealen Mitte gleichsam gleichweit entfernt: Der weibliche Organismus ist um so vieles undifferenziert, unausgeformt, gleichsam „kosmisch", wie der männliche Organismus überdifferenziert, überformt, „tellurisch" geprägt ist.

Ein zweiter Konstitutionsbegriff, der einer biographischen Wandlung unterliegt oder unterliegen sollte, ist das zwischen Kindheit und Greisenalter sich ausbreitende Leben selbst. Wir sprechen von der Kindheits- und Alterskonstitution. Was meinen wir damit? Die nachfolgende Skizze (Abb. 13) soll dies veranschaulichen:

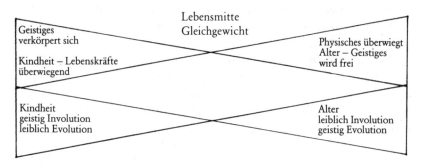

Vorzeitiges Altern in der Kindheit geht einher mit Abbau der Lebenskräfte und bedeutet Überformung. Bis in das Alter fortdauernder Aufbau, d. h. weiterbestehende Kindheitsphase, geht einher mit Erweichungskrankheiten und Wucherungen.

Aufbau   *Abbau*

Lymphatische   Neurasthenische
Konstitution   Konstitution
Ernährungs-   Empfindungs-   Atmungs-
Naturell   Naturell   Naturell

Typus, Konstitution

Der Konstitutionsbegriff spielt in der Medizin — und auch in der Pädagogik — dann eine fundamentale Rolle, wenn sich „konstitutionelle Merkmale" zum Typus steigern. Als Konstitutionstypen können sie den Hintergrund abgeben für „anlagebedingte" Diathesen und im weiteren Sinne zu Organdispositionen.

Unter Diathese verstehen wir — im Unterschied zur Disposition — eine bereits krankhafte, in der Konstitution begründete organisch-funktionelle Einseitigkeit, Disharmonie oder Schwäche des Organismus.

Was verstehen wir unter Konstitution?

Konstitution ist die „Verfassung", die Prägung des ganzen Organismus durch ein bestimmtes Gestalt-, Bildungs- oder Formprinzip, das sich sowohl in der Körperlichkeit morphologisch als auch funktionell in den Lebensprozessen und den psychischen Äußerungen als ein identisches, charakteristisches Gesamtbild ausprägt.

Wir sagten bereits, daß die Fixierung (oder Erstarrung) der konstitutionellen Merkmale zum Typus, d. h. zum charakterologisch vorhersehbaren, „typischen" Verhaltensmuster in den Bereich des Pathologischen gehört und daß der Konstitutionsbegriff als solcher durchaus dem Gesunden zuzurechnen ist. Dies kann deutlich werden, wenn wir Körperbau und psychisch-funktionelle Lebensäußerungen in der tierischen Organisation einerseits und beim Menschen andererseits ins Auge fassen. Der Vergleich ermöglicht uns, den subtilen, doch höchst bedeutsamen und folgenschweren Unterschied von Konstitution und Typus im Zusammenhang mit der Krankheitslehre deutlich zu machen.

Wir nennen zwei in Gestalt und Lebensäußerung sehr verschiedene, ja geradezu polar entgegengesetzte typische Tierbildungen, die Arzneitiere Aranea diadema (Kreuzspinne) und eine Molluske Ostria edulis (Auster). Wir wählen zwei sogenannte Arzneitiere aus dem Arzneischatz der Homöopathie, weil an ihnen das „Typische" und — im Hinblick auf ihre therapeutische Bedeutung — „konstitutionelle Merkmale" am Menschen bereits sichtbar gemacht werden können. (Wir werden später bei der Besprechung konstitutioneller Merkmale homöopathischer Arzneimittelbilder auf die Unterscheidung von Typus und Konstitution wieder zurückkommen.)

Man kann zunächst sagen: Bei den Spinnen — und den Mollusken — werden jeweils besondere, eigentümliche und höchst charakteristische morphologisch-funktionelle Prinzipien organisierend wirksam; und dieses gleichsam ab ovo, d. h. anlagemäßig. In der Formulierung *Kretschmers (Ernst Kretschmer:* Körperbau und Charakter — Untersuchungen zum Konstitutionsproblem und zur Lehre von den Temperamenten, Springer-Verlag, 1951, 20. Auflage) sind Körperbau und Charakter zu einer Einheit verschmolzen. Sie sind identisch. Was heißt das? Die unterschiedlichen organisierenden Prinzipien des Nervenkopftieres Spinne einerseits und des Lymph-Stoffwechseltieres Auster andererseits und ihre entsprechenden Organisationen sind in Form **und** Prozeß ganz und gar eins geworden. Form und Lebensäußerung bedingen sich, sind unteilbar, identisch. Außerhalb der in die Organisation vollständig eingegangenen, konstituierenden, nervös-psychischen Eigenschaften des Spinnenwesens bzw. der lymphatisch-vegetativen Lebensqualitäten der Molluske ist kein Lebensraum. Wir sprechen vom Typus, und zwar bei den Spinnen vom Typus des Nerventieres, bei den Mollusken vom Typus des Lymphtieres. Die konstitutionellen Merkmale sind zum Typus erstarrt; über den Typus hinaus besteht kein Spielraum. Die Organisation der beiden, im Typus völlig aufgehenden Lebewesen ist zugleich ihr Verhaltensmuster. Wir sprechen vom Instinkt.

Wir verstehen jetzt, daß *Goethe* vom *Ur-Gestein,* dem Granit, sprechen kann, gleichsam als dem Typus des Mineralischen überhaupt; daß er von der *Ur*-Pflanze spricht als dem Typus der Pflanze und daß er — wenn er die Idee des Tierischen charakterisiert — zwar nicht vom Ur-Tier, jedoch vom *Typus* des Tieres spricht. In jedem Falle handelt es sich um die Totaloffenbarung des organisierend-schaffenden Prinzips (Wesen, Idee), in der Erscheinung ohne Rest; es handelt sich um die Manifestation des „Ur-Phänomens" (*Goethe*) im Phänomen.

> „Das Höchste wäre zu begreifen, daß alles Faktische schon Theorie ist ... Sucht nichts hinter den Phänomenen, sie selbst sind die Lehre." *(Goethe:* Wahlverwandtschaften)

Wenn wir im Sinne der obigen Ausführungen den Typusbegriff auf die tierische Organisation anwenden, so wird es verständlich, daß der Konstitutionsbegriff etwa zur Charakterisierung des Bau- und Funktionsplanes einer Spinne oder einer Molluske ungeeignet ist. Allenfalls kann man beim Tier vom Konstitutions-*Typus* sprechen (was übrigens *Kretschmer* auch von den in das Pathologische einmündenden *Konstitutionstypen* beim Menschen tut), d.h. man kann von konstituierenden Merkmalen, die den Typus ausmachen, sprechen. „Das Tier gerät in Sackgassen" (*Goethe*). Es wird zum Typus. Der Konstitutionsbegriff, wie wir ihn beim Menschen anwenden, sagt über diesen selbst noch nichts aus. Bei ihm versagt daher der Typusbegriff. Vom Menschen könnte man daher sagen: Das Typische des Menschen ist der Nicht-Typus.

Stattdessen ist der Konstitutionsbegriff, die leiblich-seelische „Verfassung" beim Menschen lediglich eine konstituierende Bedingung seiner menschlichen Lebensäußerungen und als solche sachgemäß anwendbar und fruchtbar. Wir verstehen daher unter dem Begriff „Konstitution" beim Menschen ein durchaus offenes, organisches Bildungsgeschehen, wenn wir von den „konstituierenden Bedingungen" der menschlichen Organisation sprechen. Der Konstitutionsbegriff geht damit fließend in den Konditionsbegriff über.

Es spricht daher *Letterer (Ernst Letterer:* Allgemeine Pathologie, Georg Thieme Verlag, Stuttgart 1959, Seite 6—15) von einer „funktionellen Pathologie" die den großen Rahmen abgibt für eine ebenfalls sehr allgemeine „Konstellations-Pathologie" (*A. Dietrich:* Allgemeine Pathologie und Pathologische Anatomie, Hirzel, Leipzig 1935). Der Konstellations-Pathologie liegt eine „Konditions-Pathologie" zugrunde und dieser wiederum eine „Konstitutions-Pathologie" (Abb. 14):

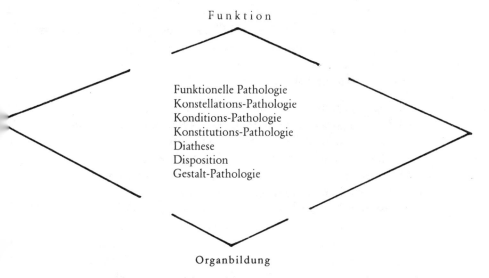

Funktion

Funktionelle Pathologie
Konstellations-Pathologie
Konditions-Pathologie
Konstitutions-Pathologie
Diathese
Disposition
Gestalt-Pathologie

Organbildung

Unter dieses allgemeine Begriffssystem der Pathologie lassen sich spezielle pathologische Systeme einordnen:

Humoral-Pathologie (*Rokitansky* 1804—1878)
Solidar-Pathologie, übergehend in die Zellular-Pathologie
(*Virchow* 1821—1902)

Diese beiden pathologischen Systeme bilden durchaus ein großes polares Doppelsystem der funktionell-organischen Betrachtungsweise: das humorale Prinzip als ein vereinheitlichendes, universalisierendes Geschehen und das zelluläre Prinzip als ein differenzierendes, individualisierendes Geschehen.

Über diesen einander entgegengesetzten konstitutions-biologischen Auffassungen steht die Rickersche Relationspathologie *(Gustav Ricker 1870—1948)*[*])

Die oben angeführten Systeme der Pathologie könnte man in folgende Ordnung einfügen, aus der gleichzeitig eine organismusgerechte Zuordnung ersichtlich ist.

Solidar-(Zellular)-Pathologie
Relations-Pathologie
Humoral-Pathologie

Mit dieser Anordnung der Systeme der Pathologie soll zugleich auf die großen Funktionssysteme der menschlichen Organisation hingewiesen werden, die in der Gesamtordnung des Menschen ihrerseits konstituierende Bedeutung haben.

Wir fassen vorläufig zusammen:
Der Typus ist das sowohl in der Gestalt als auch in der Funktion völlig aufgehende Wesen selbst (Ur-Phänomen, Idee).

Die Konstitution kennzeichnet die Qualität der in Gestalt *und* Funktion, in Morphé- und Lebensäußerung wirksamen Kräfte und ist damit die organische Grundlage der Kondition.

Konstitutions-Pathologie und Konditions-Pathologie gehen folglich von derselben Betrachtung des organischen Geschehens aus. Unser Konstitutionsbegriff schließt die Gestalt- und Funktionspathologie ebenso mit ein wie die Konstellations-Pathologie (*A. Dietrich*) und die Adaptions-Pathologie (*Hans Selye:* Einführung in die Lehre vom Adaptionssyndrom, Georg Thieme Verlag, Stuttgart 1953). Die Lehre vom Streß (*Selye*) ist ein Spezialausschnitt der Konstellations-Pathologie und fußt letzten Endes wie diese auf der Konditions-Pathologie und diese wiederum auf der Konstitutions-Pathologie.

Schließlich möchten wir noch die „Interzellular-Pathologie" nennen (*Th. Huzella:* Die zwischenzellige Organisation auf der Grundlage der Interzellular-Theorie und der Interzellular-Pathologie, Gustav Fischer Verlag, Jena 1941), weil sie nach meinem Verständnis den neuerlichen Versuch darstellt, sowohl für die Humoral-Pathologie als auch für die

---

[*]) *Gustav Ricker:* Relations-Pathologie — Pathologie als Naturwissenschaft. Springer-Verlag, 1924.

Funktions- und Relations-Pathologie einen neuen gemeinsamen organischen Grund zu legen.

Das „Grundregulationssystem" (*Pischinger*) ist das lockere mesenchymale Bindegewebe, dessen humoral-zelluläre Bildung und Funktion den spezifischen Organleistungen übergeordnet ist:

> „Das bindegewebige Ganzheitssystem ist mit seinen Leistungen den Organzellen vorgeschaltet und schafft die unspezifischen Voraussetzungen (und Konditionen, d. V.) für die differenzierten Funktionen der letzteren … Der Primat des biologischen Geschehens verlagert sich somit von der speziellen Parenchymzelle auf das ganzheits-biologische Grundregulationssystem." (Das System der Grundregulation, Karl F. Haug Verlag, Heidelberg, 1976 — Seite 143).

Huzellas Interzellular-Pathologie und *Pischingers* Arbeiten über das humorale „Zelle-Milieu-System" bilden die Brücke zur *Ricker*schen Relations-Pathologie. Sie findet „in den Relationen, Beziehungen der pathischen Körpervorgänge zueinander und zur Außenwelt den Gegenstand der Pathologie als Naturwissenschaft" (*Ricker*). „*Ricker* leugnet nicht nur das Primat der Zelle als letzter Lebenseinheit des Organismus, ihre Lebensselbständigkeit (Autonomie), Regulation und Reizbarkeit, Funktion, Nutrition und Formation, er leugnet auch die Konzeption einer Komposition des Organismus aus Zellen als Einzelindividuen und lehnt somit die zellulare Lehre *Virchows* als, wie er meint, logisch und naturwissenschaftlich unhaltbar ab" (*Letterer*).

Das mesenchymale, humoral-retikuläre Interstitium, das sämtliche Organe als einheitlicher lockerer Bindegewebskörper zu einer Einheit in der Differenziertheit konstituiert, ist letzten Endes der Ort der Relations-Pathologie *Rickers*. Im mesenchymalen Bindegewebe spielen sich die biologischen Ur-Prozesse ab. Sie haben ihren wesentlichen Grund in der Erhaltung der Form, in der Gewährleistung des Gleichgewichtes zwischen Aufbau und Abbau, zwischen Eigenständigkeit und Umweltanpassung des Organismus.

Der Konstitutions-Begriff

In der Medizin der Gegenwart ist der Konstitutionsbegriff vor allem von *Ernst Kretschmer* und seiner Schule geprägt worden. *Kretschmer* ging als Psychiater vom psychisch kranken Menschen aus und suchte nach „charakterologischen" Merkmalen, die sich in Körperbautypen ausprägen mußten. Das grundlegende Werk heißt darum auch „Körperbau und Charakter":

> „Wir stehen also auf dem Standpunkt: den ganzen Menschen nach Soma und Psyche umfassende und die wirklichen biologischen Zusammenhänge treffende Konstitutionstypen können wir vor allem dann als gefunden annehmen, wenn wir zwischen rein empirisch gefundenen komplexen Körperbautypen und ebenso komplexen psychisch-endogenen Typen (wie etwa dem zirkulären und schizophrenen Formenkreis) gesetzmäßige Beziehungen aufgedeckt haben." (*Kretschmer*, Seite 18).

Auf statistischem Weg kommen *Kretschmer* und seine Mitarbeiter zu den Konstitutionstypen:

leptosomer Typus
pyknischer Typus
athletischer Typus

Dabei verdient, festgehalten zu werden, daß nur 10% der Kranken „maximale Merkmalskonzentrate" aufwiesen und den drei Konstitutionstypen zugerechnet werden konnten. Bei weiteren 10% konnte kein „Überwiegen einer Merkmalsgruppe" festgestellt werden. Sie wurden als „uncharakteristisch" geführt. „Für den Konstitutionstypus ist deshalb charakteristisch, daß er einen durch Gruppenkorrelation bestimmbaren, *festen Kern, aber keine festen Grenzen* hat." (*Kretschmer*, Seite 348).

Für die Beurteilung und vor allem Bewertung von Körperkonstitution und Persönlichkeitsstruktur ist das oben angeführte statistische Ergebnis (aus 8000 Fällen der internationalen Literatur) tröstlich. Aufschlußreich für die Konstitutionslehre sind die *Kretschmer*schen Untersuchungen insofern, als der Konstitutions*typus* nur für die Pathologie gilt. Man kann sagen: Beim Menschen gehört der Konstitutions*typus,* d.h. was dem Gesetz des Typus folgt, in den Bereich des Pathologischen.

Die Frage nach der Bedeutung der Konstitution führt uns zu den konstituierenden Prinzipien der menschlichen Organisation. Körperliche und psychische „Verfassung" weisen auf das qualitative, das „Wie" der Lebensäußerungen hin, die das Individuelle oder Besondere des einzelnen Menschen kennzeichnen.

Die Psyche ist der Gestalter der konstitutionellen Merkmale. Sie selbst ist Hervorbringer und Träger des Empfindungslebens in der Hinwendung einmal zum Sinnes-Nervenpol der Organisation, zum anderen zum Stoffwechsel-Blut-Pol. In ihrem eigenen Bereich der rhythmischen Mitte nennen wir die Empfindung der Empfindung „Gefühl". Im Gefühlsleben ist die Seele ganz Seele. Im oberen Sinnesbereich wandelt sich die Gefühls*empfindung* in Sinnesempfindung (Wahrnehmung, Denken), im Blutbereich in Trieb*empfindung* (Tätigkeit und Wollen). In den beiden polar einander zugeordneten organisch-funktionellen Groß-Systemen:

Nerven-Sinnes-Organisation und
Blut-Stoffwechsel-Organisation

lebt das Seelische gestaltend (den Körperbau formend) und empfindend (das Organleben durchatmend). Antipathie-Kräfte als organisch-physiologische Vagotonie in der Sinnes-Nerven-Empfindung und Sympathie-Kräfte als organisch-physiologische Sympathikotonie im Triebleben sind die psychischen Atemexkursionen der unmittelbaren organisch-seelischen Lebensäußerungen.

Nur sehr allgemein erinnern die beiden psychisch-konstitutionellen Pendelausschläge an die pathologischen Merkmale der „leptosomasthenischen" und „pyknischen" Konstitutionstypen nach *Kretschmer*; schon gar nicht der *Kretschmer*sche pathologische „athletische Konstitutionstypus" etwa an eine mittlere seelisch-körperliche Konstitution (die Dreiheit dieser Konstitutionstypen könnte zu einer solchen Konstitutionsgliederung verleiten). Die oben angeführte Dreigliederung des seelischen Empfindungslebens ist zunächst an der Eigentümlichkeit des Seelischen selbst abzulesen: Indem sie sich atmend in polaren Bezügen darlebt, in Zuwendung und Abwendung — in Verinnerlichung und Veräußerlichung — in Einatmung und Ausatmung.

Indem sich das empfindende Seelenwesen der vierfachen Kräfteorganisation des Menschen atmend und empfindend einordnet, wird eine vierfache, mit Schwerpunkten ineinander verwobene morphologisch-funktionelle Gesamtkonstitution veranlagt:

Die Konstitution des Physisch-Körperlichen
Die Konstitution des Vegetativ-Strömenden

Die Konstitution des Seelisch-Atmenden
Die Konstitution des Geistig-Ordnenden

Wir erkennen wieder: in der physischen Konstitution die Solidar- und Zellular-Pathologie; in der vegetativen Konstitution die Humoral- und Permeabilitäts-Pathologie; in der seelischen Konstitution die Konstellations- und Adaptions-Pathologie; in der geistigen Konstitution die Relations- und Gestalt-Pathologie.

Ich greife noch einmal auf, was wir behandelt haben im Hinblick auf die Urkonstitution Männlich — Weiblich (Abb. 15):

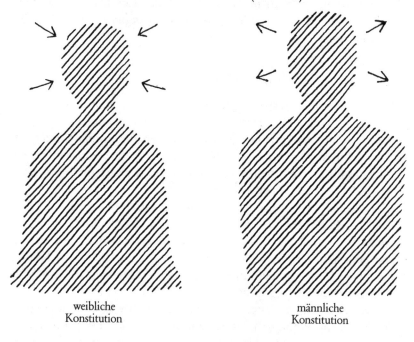

weibliche
Konstitution

männliche
Konstitution

Als wir die Konstitution des Weiblichen anschauten, wurde gesagt, daß das eine Inkarnationsbewegung ist, die Sie gleichzeitig mit dem jugendlichen Menschen, mit dem kindlichen Menschen, mit der Kindheitskonstitution etwa in einem sehen können, und zwar im Bereich des Flüssigen, des Lymphatischen, des Ätherischen. Wir haben den Inkarnationsprozeß gleichsam von außen nach innen. Dann haben wir die Gegenposition geschildert — die zeichne ich absichtlich ein bißchen schmäler —, die männliche Konstitution, die schon, ich möchte sagen, von Anfang an eigentlich auf das Ende hinweist, auf die Alterskonstitution. Hier Jugend und Kindheit, Kindheitskonstitution, und hier eine umgekehrte Bewegung — durch die Pfeile angedeutet —, die Alters/Greisenkonstitution. Sie entsinnen sich, daß ich eine gegenläufige Bewegung gezeichnet habe: die Mitte, den lebenseigentlichen biographischen Bereich — Geburt und Tod — (Abb. 16):

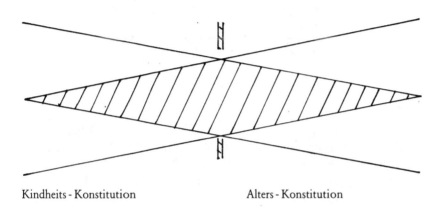

Kindheits - Konstitution   Alters - Konstitution

Dazwischen breitet sich das ganze konstitutionelle Wandlungsleben aus. Wir haben hier eine Art Lebensmitte. Schon mit dem ersten Atemzug des Säuglings, des Neugeborenen, beginnt dieser Alterungsprozeß, wobei die Atmung noch ganz flach ist — eine Hechelatmung. Sie wird stufenweise vertieft — das will ich nicht alles wiederholen. Etwa in der Pubertät vertieft die Atmung sich noch einmal ganz mächtig, so daß dann auch seelisch eine gewisse melancholische Nuance auftritt; schließlich haben wir die tiefste Atmung im Todesmoment zusammen mit einer Überstreckung der Gestalt. Der Tod wird gleichsam ausgelöst durch einen Einatmungsprozeß. Der letzte Atemzug ist ein *Ein*atemzug. Die letzte Atmung ist eine *Überatmung*, eine bis in die letzte Physis hineingehende, in den Tod hineinführende Atmung.

Und nun hatten wir eine Skizze gezeichnet, die ich noch einmal wiederhole (Abb. 17, auf der folgenden Seite). Sie entsinnen sich vielleicht, daß ich zwei ineinandergehende Kreise gezeichnet hatte.

physisch-melancholische Konstitution

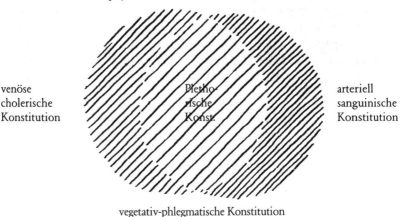

venöse
cholerische
Konstitution

Pletho-
rische
Konst.

arteriell
sanguinische
Konstitution

vegetativ-phlegmatische Konstitution

Abb. 17

Wir sprachen von der plethorischen Konstitution und hatten hier
angedeutet nach der einen Seite die Arterialität, das Arterielle, auf der
anderen Seite die Venosität, das Venöse. Wir können hier in der Mitte,
wie es soeben zum Ausdruck kam, das Herz, die Mitte, die Vereinigung
von Venosität und Arterialität sehen; in der Begegnung von rechtem
und linkem Herzen haben wir in der Herzsituation und damit überhaupt im Kreislauf die Mitte. Nun entsinnen Sie sich, daß ich hier von
der Mitte aus, die ich gleichzeitig als eine atmende Mitte bezeichnete,
nach oben die Atmung, das Atmen, die atmende Psyche gezeichnet
hatte und unten die Ernährung; hier oben den Luftmenschen, hier unten den Flüssigkeitsmenschen. Was würde man in die Mitte hineinschreiben? Den Wärmemenschen. Wir hatten hier unten welchen Flüssigkeitsprozeß? Die Lymphe. Und ganz unten hatte ich Stoffwechsel
hingeschrieben, und hier oben Nervensystem. Von hier aus hatten wir
versucht, uns die Konstitutionsfragen noch einmal anzuschauen, und
ich sagte, daß die Konstitutionsfrage abhängt von der Art und Weise,
wie der atmende Mensch, die Psyche, die Seele in der Atemexkursion
lebt, aber nicht nur in der äußeren Atemexkursion, sondern auch in der
inneren Durchatmung und Durchseelung des ganzen Organismus. Da
haben wir eine quasi Bedingung für das Konstitutionelle, Einseitige. In
dem Maße, wie sich die Atmung, ich möchte sagen, mehr nach oben
hin wendet, zum Bewußtsein hin wendet, erreicht sie die Sinnes-Be-
wußtseinssphäre.

Wir haben eine Sensorik, haben den sensorischen Menschen, wir haben den wahrnehmenden Menschen, wir haben die Sinnesempfindung. Wir haben in der Mitte im Rhythmus — auch im Herzrhythmus — die sich betätigende Psyche, in der Zusammenziehung, in der Ausdehnung. Aber nicht nur in der Zusammenziehung und Ausdehnung, sondern auch — und jetzt achten Sie bitte darauf —, daß wir hier zum Arteriellen hin eine gewisse Tendenz haben zum Männlichen (deshalb habe ich auch rechts den Mann gezeichnet) und hier, auf der anderen Seite im venösen Bereich eine Tendenz zur weiblichen Konstitution, und zwar so, daß die Psyche — und das ist jetzt ein wichtiger Gesichtspunkt, den wir immer wieder brauchen — vor allem im Bereich des Venösen lebt (denken Sie an die nach innen gehenden Pfeile, wir sind hier auf der weiblichen Seite, der weiblichen Konstitution), daß die Psyche, das Seelenhafte, das atmende Wesen tief eintaucht in die Substanzsphäre, tief untertaucht in die Venosität, in das Seelenhafte des Stoffwechsels und sich dort ganz tief mit der Wärme verbindet. In welchem Organ spielt sich das ab? Wo ist die Psyche am meisten mit dem Flüssigkeits- und Wärmemenschen verbunden? In der Leber.

Wenn Sie nach der anderen Seite gehen, da haben Sie — auf der männlichen Seite — die Arterialität. Und mit der Arterialität haben wir das tiefe Sichverbinden mit der Sauerstofftätigkeit, also mit der Verbrennung und damit mit dem Freiwerden von Kräften. Wir haben also hier in diesem Bereich, und zwar im männlichen Bereich — denken Sie an die hinausführenden Pfeile — ein sich Wiederbefreien von Kräften, ein Wiederauftauchen mittels der Verbrennung. Welches Organ spreche ich an? Die Niere. So daß wir von daher schon einmal sehen, daß das Verbrennende — die Niere ist ein verbrennendes Organ, die Substanz wird verbrannt, verascht könnte man geradezu sagen — einhergeht mit einem Freisetzen, mit einem Freiwerden von Lebens-, Seelen- und Wärmekräften. Daher ist es die Niere, die mit am stärksten Wärme abstrahlt. Es ist ja so, daß im Nierenbecken der dort sich konzentrierende Harn um einige Teilstriche wärmer ist als das arterielle Nierenblut. Wir haben es hier mit konstitutionellen Bedingungen zu tun.

Nun hatten wir gestern vom Lymphatiker gesprochen, vom Lymphmenschen, vom Flüssigkeitsmenschen, vom Stoffwechsel mehr bedingten Menschen und hatten auch die Problematik, auf die Dr. *Lang* hingewiesen hat, bei der Erfassung der lymphatischen Konstitution, daß wir durchaus auch einmal einen plethorischen Menschen vor uns haben, der im Hintergrunde doch ein Lymphatiker ist. Ich meine auch, daß es in einem Falle so dargestellt wurde, daß, wenn nun ein solcher plethorischer kräftiger, sthenischer Mensch — vorhin ist auch der Begriff sthenisch noch einmal aufgetaucht, d. h. kraftvoll, blutfüllig, vollblütig —, wenn ein solcher Plethoriker erkrankt, eine Pneumonie z. B. hat, es dann passieren kann, daß diese sthenische Verfassung, die zunächst in Erscheinung tritt, nicht durchgehalten wird, daß der lymphatische Hintergrund zum Vorschein kommt. Der Patient wird blaß, seine Atmung greift nicht mehr genügend energisch durch. Es ist ja eine energische Sache mit der Atmung; sie ist ein energisierendes Phänomen. Denken Sie an die Arterialisation, an diese ungeheure Energie, die im Arteriellen liegt. Atmung ist Formkraft, Straffung, Energetisierung. Wenn sie nachläßt, dann kommt dieser etwas strömend-fließende lymphatische Charakter zum Vorschein. Das wird dann zu einem echten, in einer Pneumonie schwerwiegenden Kreislaufproblem. Der Blutdruck sinkt ab. Zu dem Lymphatischen gehört zunächst der niedrige Blutdruck, zum Plethoriker dagegen durchaus ein gespannter Blutdruck, so daß wir sagen können, daß das Calcium carbonicum-Bild mehr im Hintergrund ist und eventuell erst zum Vorschein kommt, wenn hier eine Kreislaufbedrohung eintritt, etwa in einer Pneumonie.

Wenn also hier das Psychische, die Psyche sich gleichsam über den Kalkprozeß im Lymphhaften einseitig betätigt — der Kalkprozeß hat mit dem Seelenhaften zu tun und hat gleichzeitig zu tun mit dem Eiweißaufbau —, dann entsteht ein übersteigerter Eiweißaufbau, ein Lymphatismus; das hängt durchaus mit dem Kalkprozeß zusammen. Der Kalk ist ein Aufbauer, ein Eiweißsubstanzaufbauer. Der Kalk tritt auch in der Natur erst bei den niedrigen Lebewesen, bei den Mollusken, bei den Schnecken z. B. auf. Die Schneckenhausbildung ist eine Kalkbildung. (Die einwickelnde Spirale ist eine Kalksignatur; wir finden sie hier auf der Schwäbischen Alb.) Wir haben das Eintauchen des Seelischen in das Lymphhafte über den Kalkprozeß.

Nun haben wir den reinen Calcium carbonicum-Menschen, ich könnte hier unten einfach einmal hinschreiben: Calcium carbonicum. Ich mache es in der Lymphfarbe (orange). Ich schreibe hier unten den Calcium carbonicum-Zustand, also die überstarke Eiweißbildung, den Eiweißaufbau, so daß das Gewebe weich, lymphhaft, schwammig bleibt. Wenn dieses Lymphhafte — jetzt mache ich einen umgekehrten Pfeil

— gleichsam aufsteigt bis in die Mitte, dann entsteht die eben geschilderte Kreislaufsituation, von der ich schon sagte, daß wir von der Lymphämie sprechen, wenn wir zuviel Lymphe im Kreislauf haben. Dadurch wird die Wärmesituation im Kreislauf gleichsam gekühlt, die Lymphe ist kühl. Der Lymphatiker ist sozusagen in uns der Kaltblüter, der leicht fröstelt, der interessanterweise aber auch Wärme nicht gut verträgt, das wurde ja auch geschildert. Wenn Lymphe, das Lymphatische zu stark in die Mitte hineinreicht, es zur Lymphämie kommt, dann haben Sie dieses Bild. Dann kann es eben passieren, daß Sie eine Konstitution haben, die im Hintergrund lymphatisch ist und im Vordergrund durchaus auch als eine sthenisch-plethorische Kraftnatur in Erscheinung tritt. Bei dieser mittleren plethorischen Situation, wenn wir die ins Auge fassen — es hat jemand schon auch ein homöopathisches Bild genannt —, an welche Konstitution muß man zumindestens auch denken? Sie ist leicht hyperton, es besteht eine gewisse Plethora, es muß nicht eine Polyzythämie sein, also eine Vermehrung der roten Blutkörperchen etwa auf 5,5 Mill. oder womöglich 6 Mill., wie das leicht im Hochgebirge passieren kann, beim Training. Es besteht eher oder häufiger ein Blutdruck, den wir einen hypervolämischen Blutdruck nennen, d. h. wir haben eine gewisse Fülle einer Flüssigkeitsanreicherung im Blut. Dies nur als weiterer Begriff. Das Lymphhafte geht zu sehr in die Mitte.

Jetzt wollen wir uns einmal vorstellen, es würde die Psyche sich noch mehr nach oben wenden, noch mehr in die obere Situation gehen, d. h. die Atmung reicht bis hinein in den Nervenbereich, jedoch bei einer gewissen Betonung des Lymphatischen, d. h. die Mitte wird gleichsam etwas übergangen. Natürlich wird sie nicht völlig übergangen, die Mitte ist selbstverständlich da; aber es schlagen die lymphatischen Konstitutionsmerkmale durch bis in den Nervenbereich, oder Sie könnten auch sagen, das Nervliche geht stärker nach unten. Wir haben immer noch den Lymphatiker. Wir haben das lymphatische Kind; es schlägt jedoch zu stark von oben, von der Atmungsseite her das Psychisch-Nervliche durch. Vielleicht ist auch eine zu frühe Vertiefung der Atmung in der Entwicklung des Kindes damit verbunden und damit eine Überbeanspruchung des Nervlichen. Wir haben eine Art, ich will noch nicht sagen, Kurzschluß, aber doch eine stärkere Zuwendung des oberen nervlichen atmenden Menschen zum Lymphatischen, zur lymphatischen konstitutionellen Grundlage. Wir haben eine Abwandlung des Lymphatismus. Und was würde ich jetzt hier oben hinschreiben, wenn ich hier Calcium carbonicum habe, was würden Sie da hinschreiben? *Calcium phosphoricum.* Sie haben also das Nervenhafte im Lymphhaften. Aber gehen Sie bitte immer davon aus, daß es die Psyche ist, die sich einmal stärker nach oben, einmal stärker nach unten wendet oder aber in sich selbst sehr stark konstitutiv wirkt, wodurch die Mitte natürlich geschwächt wird. Und in beiden Fällen haben Sie eine gewisse Problematik in bezug auf das Wärmegeschehen, bei beiden Konstitutionen, beim Calcium phosphoricum und beim Calcium carbonicum. Wobei allerdings das, was von oben wirkt, sich auf die Gesamtverfassung so auswirkt, daß wir mehr das trockene Bild haben bis in die Hauterscheinung hinein. Wir haben das Bild des vorzeitigen Alterns und altklug Werdens. Das Alternde kommt von oben. Der Nerv ist in Gefahr, zu sehr physisch zu werden, zu sehr abzubauen, so daß die Erdenprozesse hier oben zu stark wirken. Wenn die Erdenprozesse hier oben allein wirken, ist es gut, aber wenn sie hineingreifen in die Mitte oder in die Lebensprozesse, dann ist das ein Problem, das nennen wir dann ein vorzeitiges Altern. Es geht sozusagen der Alterungsprozeß, den ich hier stehen hatte auf der rechten Seite, die Alterskonstitution, in jedem Menschen von oben aus. Die Jugendkonstitution geht von unten aus. Wenn wir einen zu stark und zu früh hereinwirkenden Nerven-Alterungsprozeß haben, dann entwickelt sich u. U., wenn es sich um eine lymphatische Situation in der frühen Kindheit handelt, wo wir eigentlich im ganzen noch lymphatisch sein sollten, zu früh das Prinzip der Streckung, das ich angedeutet habe. Wir sprachen von Ballung, Anschoppung, das war das untere Prinzip, und Streckung als dem oberen Prinzip. So kommt es in unserem Falle zum Erethischen, was auch in der *Kretschmer*schen Konstitution des Leptosomen u. U. wirksam ist. Das ist ein Alterungsprozeß. Ein Hinweis nebenbei, daß im Westen die Menschen sich stärker konstitutionell strecken, im Osten bei Japanern und Chinesen haben wir es ursprünglich mit kleinen Menschen zu tun. Sie bleiben der Kindheitssituation nahe. Vereinfacht: Alterskonstitution im Westen, Jugendkonstitution im Osten.

Sie haben die Möglichkeit, in der frühen Kindheit schon zu ahnen, daß sich hier zu früh von rechts sozusagen oder von oben der Alterungsprozeß bemerkbar macht. Das Kind muß füllig bleiben, muß lymphatisch bleiben, bis es dann in die nächste, von uns kurz geschilderte sanguinische Phase usw. eintritt.

190

Wir haben im Calcium phosphoricum-Bild dieses zu frühe nervliche Prinzip in der Lymphphase der Entwicklung. Wenn das sich konstitutionell, ich möchte sagen, noch steigert in der frühkindlichen Entwicklung, daß sozusagen das Irdisch-Physische sich sehr stark bemerkbar macht, dann kommt ein weiteres lymphatisches Bild zum Vorschein, ich will es nur erwähnen, das Bild des Alumen oder den Alaun oder in diesem Fall einmal eine Pflanze — es ist ja ganz selten, daß wir Pflanzen nennen können, die in das Konstitutionelle hineinwirken —, ein Lymphmittel, mit frühem Altern. Die Kinder, die 8-, 9-, 10jährigen, sehen schon alt und altklug aus. Es sind auch altkluge Kinder. Sie atmen durch den Mund, sie können auch nachts nicht durch die Nase atmen: *Lycopodium*. Ich schreibe es hier nur als Ausnahme hin, Lycopodium oder Alumina. Alumina ist ja Aluminium, und Sie wissen, daß die Sporen des Lycopodium, des Bärlapp, Aluminium enthalten. Lycopodium oder Alumen repräsentieren besonders stark das Tellurisch-Physische oder das Irdische, das Erdenprinzip. Wenn Sie die Elemente hier hinschreiben: Wasser, Luft, Feuer, dann haben Sie im Alumen und auch im Lycopodium ein sehr stark erdenhaftes Prinzip, daher das Altern, die Beziehung zum Physischen. Die Psyche — jetzt als Konstitution — ist wie gefesselt an ihr Erdenprinzip. Beim Phosphor ist das noch gar nicht so sehr der Fall, der Phosphor ist noch beweglich. Im Phosphor haben Sie noch durchaus das atmende Wesen selbst. Ich möchte sagen, der Phosphor reicht nur sozusagen bis ins Funktionelle. Das Alumen, der Alaun und Lycopodium — auch als Pflanze in diesem Falle — reichen eigentlich bis hinauf in das Nervenhafte. Schauen Sie sich daraufhin das austrocknende, alternde Bild, auch das Hautbild, das Magersein, das Physischsein, das Irdischsein des Lycopodium-Bildes an, und Sie haben dieses Prinzip.

Schauen wir uns die Arterialität hier noch einmal im besonderen an und hier die Venosität. Denken Sie wieder an die Seele, die hier hineinatmet in das Arterielle, sich des Sauerstoffs bedient und eine gesteigerte Aktivierung des Verbrennungsprozesses und von daher ein starkes Freiwerden seelisch-ätherischer, wärmehafter Energie bewirkt. Denken Sie sich jedoch diesen Vorgang übersteigert. Sie haben dann ein Krankheitsbild des arteriellen Systems, wo diese Konstitution gleichsam anlagemäßig dahintersteckt: Sie kommen zum *Aconit*. Jetzt sind wir mehr in einem akuten Geschehen. Sie haben ein Aconit-Bild, und zwar gerade in der Heftigkeit, in der Plötzlichkeit, in der Übermächtigkeit, sich

hier in diesen arteriellen Nieren-Verbrennungs-Atmungsprozeß hinein-
zubegeben. Die Psyche geht sozusagen tief hinein in ihre eigene ätherische Organisation, aber im arteriellen Bereich, und bewirkt hier die ungeheure Freisetzung von Energie, auch von Wärme-Energie, von Hitze
und Trockenheit. Die Haut wird trocken, alles wird trocken. Es ist also
eigentlich ein Prozeß, der von hier oben kommt. Ich könnte ihn hier in
den oberen Atembereich hineinschreiben. Wenn Sie anlagemäßig das
Aconit-Bild in die Konstitution hineinversetzt sehen, dann haben Sie
manche Ähnlichkeit, es wurde auch vorhin erwähnt, zum Arnika-Bild.
Aber es ist nicht Arnika, sondern es ist eben doch das Aconit-konstitu-
tive Bild: kräftig, sthenisch, rotbackig, kräftiger Körperbau, kräftige
Muskulatur, so daß man sogar — nicht im *Kretschmer*schen Sinne — an
das Athletische denken könnte bei der Aconitbildung. Es sind Menschen, die sozusagen in ihrer ganzen Konstitution etwas aconithaftes
haben, kräftige, rasche, willenshafte, ja cholerische Menschen. Und
wenn Sie das Aconit-Krankheitsbild haben, dann ist das übersteigert,
allerdings dann bis zu einem richtigen psychischen Syndrom: Es
kommt zur Angst, zum tief Hineinbegeben in den Nierenprozeß, zur
Nierensperre, zur Anurie.

Was entwickelt sich auf der venösen Seite unter Umständen bis ins
Konstitutionelle? Interessanterweise finden wir eine Pflanze, die zur
selben Familie gehört wie Aconitum, eine Ranunculaceae: die *Pulsatilla.* Ich darf sie hier hinschreiben. Ich will nicht im einzelnen sozusagen
die weibliche Seite des Blutprozesses, die venöse, die weiche Seite schildern. Die Konstitution geht leicht in die Fülle, in die Venenfülle, in die
Lymphfülle, in die Weichheit, auch im Gemüt. Die Psyche taucht im
Flüssig-Venösen unter; im Arteriellen wird sie zu sehr freigesetzt, im
Venösen gebunden. Ist Ihnen dieser gegenläufige Prozeß deutlich?
Also, untertauchen ins Blut, weinerliche, tränenreiche Stimmung —
auftauchen aus dem Blut, Angstphänomen. Untertauchen — venös,
auftauchen — arteriell.

Immer ist es die Seele, die atmende Seele, die das macht. Deshalb
sind auch die Arzneimittelbilder oder die Krankheitsbilder in ihrer Psyche zu beachten. Oft ist die Psyche wichtiger als das körperliche Symptom.

Zwischenfrage: Wie ist das Verhältnis zur Lymphe?

Das Untertauchen ist hier im venösen Bereich, auch in der Lymphe natürlich, aber hier gerade bei diesem Gegensatzpaar steht das Venöse im Vordergrund.

Frage nach dem arteriellen Prinzip.

Das ist der *Aconit-Prozeß*. Der Aconit-Prozeß führt zu einer gesteigerten Verbrennung und damit zu einem Freiwerden von Kräften. Wenn Sie etwas verbrennen, wenn Sie Holz verbrennen, was wird frei? Wärme, Licht, das ist der Verbrennungsvorgang, und das spielt sich in der Niere ab, d. h. das heftige Eingreifen in den Nierenbereich führt zu einer zunächst einmal gesteigerten Nierentätigkeit und dann schließlich zur Nierensperre. Was gesteigert frei wird ist das, was auch normalerweise frei wird in der Niere, es wird nur heftiger. Es befreien sich die Kräfte, ich möchte sagen, in übersteigerter Weise, und das ist ein Angstphänomen. Das Angstphänomen tritt immer dann auf, wenn die Psyche sozusagen wie gelockert ist und einer neuen Situation gegenübertritt. Wenn Sie so ganz bei sich sind, so richtig im Körperlichen verankert sind, dann haben Sie keine Angst. Aber wenn Sie nur ein wenig verunsichert sind, wenn Sie nicht ganz in Ihrer Organisation drin sind, dann tritt die Angst auf, und es kommt in der Niere, durch die Niere tatsächlich zum Angstphänomen, das begleitet ist von einer übersteigerten Verbrennung.

Ich möchte fortfahren und sagen, daß in der Homöopathie eine weitere konstitutionelle Betrachtung eine nicht uninteressante Rolle spielt. Sie kennen die Konstitutionsbegriffe von *von Grauvogl,* die allerdings nicht auf ihn zurückgehen, sondern schon auf Vorläufer von vor 100 Jahren. Er spricht zum Beispiel von der oxygenoiden Verfassung und schildert nun eine Konstitution, die im Grunde hier im Nierenbereich beginnt, mit einer gesteigerten Verbrennung. Es entsteht schließlich das Bild der Asthenie. Es beginnt sozusagen der Verbrennungsprozeß im Nierenbereich und endet, wenn Sie so wollen, im Nervenbereich. So daß wir von einer zu heftigen, starken Verbrennungs-Atmungs-Situation auszugehen haben. Ich will es einmal so skizzieren, daß die oxygenoide Konstitution, sozusagen die Atmungskonstitution nach oben zu wirkt, zu mächtig ist, so daß ein zu starker Abbau eintritt. Es entsteht die asthenische Verfassung. Es entsteht eigentlich das, was wir schon im Phophorbild haben, bis zur Neurasthenie hin: es entsteht durchaus auch ein Phosphorbild. Ich schreibe es einmal hier hin. Diese Begriffe tauchen immer wieder auf, und ich halte sie doch für wertvoll.

Oxygenoide Konstitution von *von Grauvogl:* Er stellt ihr entgegen
— und das ist das Fruchtbare dieser Betrachtung —, die polaren Bezüge, eine entgegengesetzte Konstitution im Bereich des Wässerigen: die
hydrogenoide Konstitution. Im Unterschied zur oxygenoiden (atmungs-
bedingten Konstitution) ist sie gleichsam „wasserbedingt". Er schildert
sie durchaus als den lymphatischen Menschen, den wässerigen, flüssigen Menschen mit allen seinen entsprechenden Eigenschaften. Und
nun ist es interessant, daß er eine dritte Konstitution schildert, die uns
an die Pulsatilla erinnert, auch an Carbo und Graphites, wenn man so
will, aber gesteigert. Er nennt sie die carbo-nitrogene Konstitution. Was
ist das? Da sehen Sie, daß der Pulsatilla-Prozeß, der Carbo-Prozeß, der
Venenprozeß, der eigentlich durchaus noch ein richtig gesunder Prozeß
ist, sich steigern kann bis ins Konstitutionelle, bis ins Physisch-Sichtba-
re. Hier steht das Carbo-Geschehen im Vordergrund. Was ist physiologisch unter Carbo-Prozeß zu verstehen? Es tritt folgendes ein: Der atmende Mensch, die Atmungsseele, die natürlich auch hierhin (ins
Splanchnikusgebiet) atmet und auch da herunter atmet, diese Atmung
wird im wahrsten Sinne des Wortes schwächer und schwächer; sie
versinkt gleichsam in das venöse Gebiet hinein. Denken Sie vor allem
an das Pfortadergebiet, wo die Atmung nur noch schwach hinkommt.
Es tritt ein leichter Erstickungsprozeß ein. Es ist das Gegenteil, möchte
ich sagen, von Aconit zunächst. Aconit ist ein übersteigerter Atmungsprozeß, und hier handelt es sich um einen immer schwächer werdenden Atmungsprozeß, um einen Erstickungsprozeß. Es entwickelt sich
welches Bild? Es besteht Atemnot, das Bedürfnis, immer tief durchzuatmen, Neigung zu Thrombosen, zu Ausfällungen im unteren Menschen bis hinein in das venöse Blut, eine Art Erstickung. Was ist *Carbo
vegetabilis* oder *Carbo animalis,* wenn wir es verwenden? Carbo ist
nichts anderes als das Simile für die physiologische Erstickung. Carbo
ist die erstickte Substanz. Kohle ist ursprünglich Holz gewesen. Wir
nehmen gerne Birkenkohle aus bestimmten Gründen. Die Birke hat
eine gewisse Beziehung zum venösen Gebiet. Bei der Kohlebildung,
beim pharmazeutischen Prozeß der Kohlebildung verzichten wir auf
die Verbrennung. Das Holz wird gerade nicht „verbrannt" im Nieren-
sinne, sondern zu schwach verbrannt. Die Niere liefert den eigentlichen
Grund für das Carbo-Bild, wenn die Niere nicht das leistet, was sie zu
leisten hätte, nämlich organische Substanz total zu verbrennen, total zu
vernichten, wie es vorhin geschildert worden ist. Es werden gerade die

Kohlehydrate, die Carbo-Trägersubstanzen nicht völlig überwunden. Es bleibt dann im Blut etwas, was fremd ist, was unverbrannt, unveratmet ist. Dafür ist Carbo, das verschwelte Holz, das erstickte Holz, das nicht richtig verbrannte Holz *das* Heilmittel. Die nicht befreite Wärme, das nicht befreite Licht ersticken, werden nicht ausgeatmet. Sie haben den Typus, den carbo-nitrogenen Konstitutions-Typus Grauvogls.

Klassische Bilder, die zu unterscheiden sind, sind Carbo mit den verschiedenen Modifikationen: Carbo vegetabilis oder Carbo Betulae und Graphit und der Stickstoffträger Ammonium carbonicum. Ich setze den Graphit in die Mitte zwischen die Modifikationen Diamant — (Graphit) — Kohle. Sie haben hier das *Graphitbild.* Beim Carbo, das kann man fein unterscheiden, haben wir den Carbomenschen, der in diese Konstitution fällt. Er unterscheidet sich vom Graphitmenschen durchaus. Die Carbo-Konstitution ist im großen und ganzen eher etwas leptosom, schlankwüchsig; sie kann auch dicklich sein, aber muß es nicht sein, während der Graphitmensch, der in der Mitte steht, eher füllig ist, aber lymphhaft füllig, venös füllig. Ich will jetzt das Graphitbild im einzelnen nicht schildern, ich will Ihnen nur deutlich machen, daß wir hier in einer konstitutionellen Diathese sind, die *von Grauvogl* die carbo-nitrogene Konstitution nennt. Lesen Sie es bei ihm nach, dann finden Sie die im venösen Bereich erstickende Atmung.

Nun ist es interessant, daß es bei *von Grauvogl* bei diesen drei Konstitutionen bleibt. In Wirklichkeit brauchen wir eine vierte. Diese ist hier nicht deutlich herausgearbeitet, sie ist bei *von Grauvogl* überhaupt nicht zu finden. Wir haben also die Konstitutionsanlage nicht, die ich hier — ich möchte sagen, vorläufig — mit dem Aconit-Bild versuchte zu charakterisieren. Es gibt also eine Art Aconit-Konstitution, wenn Sie so wollen. Sie ist eher kräftig, nicht unbedingt untersetzt, sthenisch, plethorisch im Grunde. Wir haben zwei plethorische Konstitutionen. Die mittlere, die sozusagen echt in der Mitte steht, die reine Herz-Kreislauf-Plethora, entwickelt dann wirklich ein Herzbild, durchaus tendenziell, aber auch krankhaft, wenn das Herz sozusagen übermächtig wird, nicht mehr durchlichtet ist von oben, an die Bewußtseinskräfte nicht mehr richtig angeschlossen ist, wenn der obere Mensch an die Stoffwechselkräfte des unteren Menschen nicht mehr richtig angeschlossen ist. Der mittlere Mensch ist dann verselbständigt. Wir haben das *Aurum-Bild.* Wenn Sie die ganze Planeten-Metallreihe nehmen, die sieben Metalle, dann würde in der Mitte das Aurum zu stehen kommen:

Pb   Sn   Fe   Au   Cu   Hg   Ag

Es ist die Frage, wenn wir mit *von Grauvogl* sprechen könnten, ob er uns zustimmen würde, daß wir hier noch eine gewisse einseitige konstitutionelle Tendenz herausarbeiten müssen, die in der Arterialisation liegt.

Wenn wir von der Atmung ausgehen beim Versuch, die Konstitutionen zu verstehen, und Sie fragen, was liegt vor, wenn nun die Atmung, ich möchte sagen, unter Betonung des Atmenden stärker hineingreift in den Blutsprozeß, und zwar in den arteriellen Blutsprozeß, wobei das Atmende, das Psychische überwiegt? Beim Aconit-Bild bin ich ausgegangen vom Blut. Ich müßte nunmehr das arterielle Blut in der Zeichnung nach oben verlagern, so daß ihm im Aconit-Bild die Atmung begegnet. Jetzt mache ich das anders und lasse das Arterielle gleichsam zurücktreten und betone das Atmende. Wir bekommen dann ein weiteres Arzneimittelbild: *Das Ferrum.* Das Ferrum gehört sozusagen da oben hin (siehe Abb. 18, Seite 207).

Ich will jetzt nicht die Planeten-Metalle vom Blei bis zum Silber behandeln. Sie sehen aber, daß hier ein Metall auftaucht, ein Atmungsmetall, ein arterielles Metall. Im arteriellen Blut haben wir das *Eisen.* Und wir haben sozusagen einen Atmer substantiell, einen übersteigerten Atmer. Das atmende Prinzip ist dominant. Das Blutprinzip ist etwas schwächer. So müssen wir anfangen zu differenzieren. Beim Aconit-Bild ist sozusagen das Arterielle selbst, das Blut selbst aktiv und überheftig im Zusammenhang mit der Einatmung. Beim Eisen bleibt das Atmende dominant, und Sie haben deshalb die wechselnde heftige Rötung und Blässe, den unregelmäßigen Puls, der sehr stark auch mit der physischen Atmung einhergeht, ungeheuer rasch wechselnd. Man hat den Eindruck, das Blut wird im ganzen wie hin- und hergeschaukelt, mal in die Peripherie, mal ins Zentrum, mal in die Lunge. Deshalb ist Ferrum auch ein Lungenentzündungsmittel. Das nur zum Verständnis.

Gehen wir jetzt noch einmal nach unten und schauen uns das Lymphwesen an. Sie atmen durch und kommen in den Lymphbereich. Sie erinnern sich vielleicht an das Bild über die Mollusken, was ich von den Mollusken sagte, vom Lymphtier, vom Lymphtypus, den Weichtie-

ren, der Auster. Und was haben sie anstatt Eisen im Blut? — *Kupfer.*
Also wir kommen zum *Kupfer-Bild.* Ich schreibe es zum Venenbild,
denn es ist physiologisch interessant, daß das Kupfer auch vermehrt im
Venenbereich zu finden ist. Sie können venöses Blut und arterielles
Blut analysieren und finden mehr Kupfer im venösen Bereich als im ar-
teriellen.

Zwischenfrage: Müßte das dann nicht auch dem venösen Bereich zugeschrieben werden?

Ich muß das leider jetzt etwas vereinfachen. An sich haben Sie voll-
kommen recht, denn die Lymphe ist sozusagen die Grundlage wiederum des Venösen. Aus der Leber strömt die meiste Lymphe. Vor allem das in der Leber gebildete Eiweiß fließt als Leberlymphe fast so ei-
weißreich ins Blut wie das Blut selbst. Die Leberlymphe hat etwa 6%
Eiweiß, das Blut normalerweise 7%. Sie fließt zunächst ins venöse System hinein, in die Subclavia, von oben interessanterweise. Sie macht
einen Umweg, so daß Sie das Kupferprinzip zum Lymph-Venenbereich
rechnen. Schreiben wir es Ihrem Anliegen entsprechend auch auf die
andere Seite, zum Lymphbereich **und** zum Venenbereich.

Wenn Sie das Kupfer-Arzneimittelbild studieren, haben Sie auch in
gewisser Weise ein erstickendes Bild, aber es ist ganz anders als Carbo
und Graphit. Denken Sie an den Status asthmaticus — blaurot, kupfer-
rot läuft der Patient an. Er wird seine Kohlensäure nicht mehr los, er
kann nicht ausatmen; das ist ja das Problem. Und da kann das Kupfer
— D 8 — lebensrettend sein. Ich habe seine Wirkung einmal in einem
lebensbedrohlichen Zustand in der Klinik erlebt, als ich zufällig dazu-
kam, wie man mit Sauerstoffzelt und Cortison und Strophantin vergeb-
lich einen 50jährigen Mann behandelt hat. Da war tatsächlich, sichtbar
nach 10 bis 15 Minuten, nach einer Kupfer D 8-Spritze der Status asthmaticus überwunden. Sehen Sie, die Überladung mit Kohlensäure
hängt mit dem Kupfer zusammen. Und Sie sehen auch hier wieder vor-
ausgegangen eine ungenügende Nierentätigkeit, deshalb kann man
auch Kupfer als ein Nierenmittel bezeichnen.

Ich möchte es damit bewenden lassen. Mein Anliegen ist, Ihnen
deutlich zu machen, daß wir diese Prozesse — diese Arzneimittelbilder
sind ja Prozesse — in der Gesamtkonstitution des Menschen wiederfin-
den. Das ist eigentlich das Anliegen.

Ich möchte Ihnen nur ganz kurz zum Schluß zeigen, wie eine Persönlichkeit wie *C. G. Carus* an diese Problematik herangegangen ist. Ich lese Ihnen vor, wie er in seinem Buch „Die Symbolik der menschlichen Gestalt" eine Art Vorentwurf macht zu seiner Konstitutionslehre. Da erkennen Sie wieder, was gestern abend von der führenden Position des Geistigen im Menschen gesagt wurde, das das „Ich" genannt wurde, wie auch *Carus* von dieser führenden Position, von diesem inneren Autokraten ausgeht. Die Überschrift über eines der wichtigsten Kapitel in diesem Buch „Symbolik der menschlichen Gestalt" heißt: „Die rein menschliche Gestalt soll dargestellt werden, inwiefern sie durch ihre höhere Gliederung sich als Symbol der Idee der Menschheit darstellt." Jeder von uns sollte sozusagen nach *Carus* ein lebendes Symbol der Menschheit sein, in seiner wahren menschlichen Gestalt. Wenn Sie das männliche, das weibliche Prinzip, so wie ich es versuchte zu skizzieren, noch einmal im Bewußtsein haben, dann liegt dem Männlichen *und* dem Weiblichen diese Idee der Menschheit zugrunde, so wie sie gestern abend geschildert wurde. In der höheren Begegnung von Männlich-Weiblich, in der Ich-Begegnung ist eigentlich der volle Mensch wieder hergestellt, den wir in uns selber immer wieder anstreben müssen, der Mann in sich und die Frau in sich. Aber es gelingt, solange wir Erdenmenschen sind, erst, wenn wir uns im Geistigen begegnen. Nun schildert *Carus* die menschliche „Konstitution". Ich will an dieser Stelle den Konstitutionsbegriff von Dr. *Lothar Vogel* aufgreifen, obwohl im engeren Sinne, wie ich gesagt habe, das Konstitutionelle vom Seelischen ausgeht. Die Ich-Gestalt ist demgegenüber das ordnende Prinzip, das hinter diesen Konstitutionen steht und sie gleichsam in Schach, besser im Gleichgewicht, hält.

Sie haben bei *Carus,* diesem Goetheanisten bereits die Idee der Dreigliedrigkeit der Seele: Denken, Fühlen, Wollen. Er ist leider nur einmal, wie er selbst bedauert, *Goethe* begegnet. *Goethe* hatte ihn für den nächsten Tag zum Essen eingeladen und etwa gesagt: „Bleiben Sie doch hier. Wir müssen das Gespräch fortsetzen." *Carus* beschreibt es in seiner Selbstbiographie dann so, daß er sagt, er verstehe heute nicht mehr, daß er nicht in Weimar geblieben sei. Er ist abgereist, er ist der Aufforderung, am nächsten Tag wiederzukommen, nicht gefolgt. Aber er hat *Goethe* unendlich verehrt und ist eigentlich einer der größten *Goethe*-Kenner, so daß Sie sehen, wie *Carus* die Dreigliedrigkeit der menschlichen Gestalt schildert vom seelischen Standpunkt. Warum? Weil er dabei ist, die Konstitution zu schildern. Das soll ganz kurz skizziert werden. *Carus* überschreibt einen Artikel: „Das Geistige setzt sich durch". Das Geistige dominiert unter allen Umständen in den verschiedenen Bereichen des Leiblich-Seelischen. Er nennt es die durch Vorwalten der höheren seelisch-geistigen Lebensformen gebildeten Konstitutionen. *Carus* spricht vom *Geistig-Seelischen* bzw. vom Psychisch-Cerebralen, meint aber das bewußtseinsmäßig dem Geiste zugewandte Seelische und findet einen „zarten Körperbau" und die „Freiheit des Geistes" und „Tiefe des Gemütes".

Dann kommt die eigentlich *psychische Konstitution,* er nennt sie die „Sensuelle", den Sensualismus, das Hervortreten der Sinnesorgane: Die Psyche ist gegen die Außenwelt gerichtet, geöffnet, durch Sinneseindrücke bestimmbar. Es ist die offene Seelenhaftigkeit, jedoch alles im Gesunden.

Dann spricht er drittens über die *vegetative Konstitution:* Willenskräfte überwiegen, starker Knochen- und Muskelbau. Ich will das nicht im einzelnen interpretieren. Während bei der zuerst genannten Konstitution sozusagen die geistigen Bewußtseinskräfte im ganzen überwogen, überwiegen jetzt die vegetativen Kräfte. Es sind die durch Vorwiegen der bildenden vegetativen Lebensformen bestimmten Konstitutionen. Da tritt das geistige Leben zurück, das Physisch-Vegetative ist betont. Nur eines möchte ich herausgreifen, daß bei dieser Betrachtung, wo das Vegetative, Kraftvolle, die Lebenskräfte dominieren, *Carus* auch die plethorische Konstitution ähnlich schildert, wie ich es getan habe, als von der arteriellen Seite und der venösen Seite gesprochen wurde. So schildert *Carus* die venöse Seite gemütbetont — denken Sie an Pulsatilla — etwas schwermütig, weich, von venös-schwammiger Körperform. Sie sehen beinahe die Pulsatilla-Konstitution. Oder er nennt bei der arteriellen Konstitution das heftige Gemüt, das betonte arterielle System, die kräftige Körperbildung. Sie sehen, wie *Carus* mit einer großen Feinsinnigkeit das Konstitutionelle betrachtet, und zwar immer vom Seelischen ausgehend.

Schließlich finden wir bei ihm noch einen Abschnitt: „Das Physische ist betont", eine Konstitution, wie sie gestern abend geschildert worden ist, wo die Lebenskräfte zurücktreten, aber auch die geistigen Kräfte sich nicht mehr richtig offenbaren können. Das Irdische, das Melancholische, im Extremfall die schwere pathologische Melancholie mit völliger Antriebslosigkeit, mit in-sich-Versinken, die rein physisch-atrophische Konstitution steht vor uns. *Carus* schildert die physische Konstitution in ihrer Schwäche mit einem schwachen Seelenleben, einem traumhaften Seelenleben, mit der Neigung zum Unbewußten. Die geistige Entfaltung ist unbedeutend. Im Extremfall haben wir dann — nach *Carus* — die laszive Konstitution. Lasziv heißt energielos, schwach, dem Physischen verfallen. *Carus* spricht dann sogar von der sterilen Konstitution.

Ich möchte Ihnen sehr empfehlen, wenn Sie einmal die Gelegenheit haben, sich „Die Symbolik der menschlichen Gestalt" zu besorgen. *Carus* war Leibarzt des Königs in Dresden, er war Professor für Frauenheilkunde und ein bedeutender Maler der Romantik, ein Freund von *Caspar David Friedrich*. Wir haben in *C. G. Carus* eine bedeutende Arzt-Gestalt, und seine Betrachtungen über die Konstitutionen sind sehr anregend. Man darf sich nicht sehr im einzelnen darauf festlegen, wie man überhaupt bei dem ganzen Konstitutionsbegriff sehr beweglich bleiben muß.

Die Beschäftigung mit den homöopathischen Arzneimittelbildern kann uns eine große Hilfe sein, das Konstitutionelle zu erkennen, welches natürlich im äußerlichen Sinne oft ganz zurücktritt. Tendenziell tritt es auf und interessanterweise im Krankhaften. Wenn der Mensch erkrankt, kommen die hintergrunds-konstitutionellen Tendenzen nach vorne, wie ich es angedeutet habe: Wenn ein plethorischer Mensch eine Lungenentzündung hat und die wärmeplethorische Konstitution sozusagen nicht durchhält und er zurückfällt in seine kühle untergründige lymphatische Diathese, dann setzt ein Kreislaufproblem ein, dann sinkt der Blutdruck unter 100 und kollabiert. Das Lymphgeschehen tritt hervor, und wir haben alle Erscheinungen eines ganz bestimmten Kreislaufversagens.

Die Symbolik der menschlichen Gestalt

Carl Gustav Carus (3.1.1789 bis 28.7.1869) hat seine Konstitutionslehre — „Symbolik der menschlichen Gestalt", 1858 — entwickelt, die der Vielfalt individueller Seelen- und Leibesverfassung Rechnung trägt, ohne der Gefahr zu verfallen, den Konstitutionsbegriff einengend zu fassen oder ihn als pathologischen Typus zu fixieren.

Carus legt die *Dreigliedrigkeit der Seele* seinem Konstitutionsbegriff zugrunde (S. 34):

„Jedenfalls begreift man also, daß, auch von dieser Seite aufgefaßt, das *Phänomen des Geistes* ein dreifaches sein müsse: *einmal* nämlich wird die Richtung des seelischen Lebens als eine aufnehmende, erkennende und zuhöchst urteilende erscheinen, *ein andermal* wird diese Richtung als eine das Sinnliche bestimmende, auf dasselbe wirkende, d.h. als wollende hervortreten, *drittens* aber wird dieses Seelische in sich selbst, durch jenes erkennende und wollende Verhältnis, eine Umstimmung erfahren und in seiner Tiefe dieselbe empfinden, d.h. fühlen."

Für das Studium der Konstitution ist das Verfahren, das *Carus* anwendet, beispielhaft. Er gliedert die konstitutionellen Merkmale nach Schwerpunkten:

Das Geistige setzt sich durch

„Die durch Vorwalten der höheren (animalen, der seelisch-geistigen, d. V.) Lebensformen gebildeten Konstitutionen."	Geistig-seelische (nach *Carus* cerebrale oder psychische) Konstitutionen	Zarter Körperbau, Freiheit des Geistes, Tiefe des Gemüts
	Psychische oder, nach *Carus,* sensuelle oder sensible Konstitutionen	Hervortreten der Sinnesorgane, die Psyche ist gegen die Außenwelt gerichtet; durch Sinneseindrücke bestimmbar
	Vegetative, nach *Carus,* athletische Konstitution	Willenskräfte überwiegen, starker Knochen- und Muskelbau

Das Vegetative setzt sich durch

„Die durch Vorwalten der bildenden (vegetativen) Lebensformen bestimmten Konstitutionen."	Physisch-vegetative, nach *Carus* boeotische Konstitutionen	Dürftiges Geistesleben, Verdauungsorgane hervortretend, durch Sinneseindrücke zu befriedigen, heiter

Plethorische Konstitution		
	Arterielle Konstitution (Aconit-Bild, d. V.)	Deftiges Gemüt, arterielles System betont, kräftige Körperbildung
	Venöse Konstitution (Pulsatilla-Bild, d. V.)	Gemüt betont, Schwermut, Apathie, weiche, venöse, schwammige Körperform
	Pneumatische Konstitution	Beweglicher Geist nach außen gerichtet, Rede, Gesang, leichter Körperbau
	Cholerische Konstitution	Vorwiegend nach innen brütend, zornmütig, nach außen leicht gereizt, Leber betont, dunkle Haut, schwarzes Haar

Das Physische setzt sich durch

„Die durch Zurückgesetztsein der vegetativen Lebensformen bestimmten Konstitutionen"	Atrophische Konstitution	Seelenleben schwach (oder überschwenglich)
	Chlorotische Konstitution	Traumhaftes Seelenleben, Neigung zum Unbewußten
	Phthisische Konstitution	Geistige Entfaltung wenig bedeutend, es besteht eine gewisse Lebhaftigkeit

Lymphatische Konstitution	Geistige Entfaltung wenig bedeutend, geringere Lebhaftigkeit, Körper schwammig
Laszive Konstitution	Geistig-seelische Mischformen, im ganzen Magerkeit oder Dystrophie, verkümmertes Verdauungs- und Blutleben, Blutarmut, Schmalbrüstigkeit, Längenwachstum Geschlechtsmerkmale zurücktretend
Sterile Konstitution	wie bei „laszive Konstitution" Geschlechtsmerkmale zurücktretend

Diesen von mir vereinfacht wiedergegebenen Konstitutionsmerkmalen stellt *Carus* jeweils differenzierte Abwandlungen gegenüber:

„Die durch Zurücktreten höherer Lebensformen gebildeten Konstitutionen"	
Phlegmatische Konstitution	Geist träge, unbewußtes Seelenleben. Das Lymphatische sowie das Verdauungsleben vorherrschend
Apathische Konstitution	Stumpfheit des Sinnenlebens, geringe Entwicklung der Sinnesorgane
Asthenische Konstitution	Willensschwäche, leichte Bestimmbarkeit der Seele von außen, dürftige Skelett- und Muskelbildung, meist kleiner Körper

Nachstehend wird der Versuch unternommen, die Konstitutionsbilder nach *Carus* unter dem Gesichtspunkt der Wesensglieder und der Vier-Elemente-Lehre zu ordnen:

203

	in geistige Organisation	
Große	in seelische Organisation	Kleine
Polarität	in ätherische Organisation	Polarität
	in physische Organisation	

Sowohl die (nach *Carus*) vorwiegend psychisch geprägten als auch vegetativ geprägten Konstitutionen umfassen den mittleren Bereich der seelischen und ätherischen Organisation.

Wir werden an die vier Temperamente erinnert und ihren Zusammenhang mit den Lebensprozessen bzw. den großen Organen:

Vegetativ-lymphatische (boeotische) Konstitution	Lymphe Ernährungsnaturell	Wasser
Plethorische Konstitution	Blut-Zirkulationsleben Bewegungsnaturell	Feuer
Pneumatische Konstitution	Atmungsleben Atmungsnaturell	Luft
Physische Konstitution	Stoffwechsel Stoffnaturell	Erde

Die Temperamente spielen in der Konstitutionslehre eine wesentliche Rolle. Reine oder betont einseitige Temperamente sind der Pathologie zuzurechnen und nähern sich den oben geschilderten Konstitutions*typen*.

Bei *Carus* fehlt in der obigen Aufstellung das melancholische Temperament. Es greift über die kleine Polarität der mittleren Organisation von Psyche und Vegetativum, oder Atmung und Ernährung hinaus. Im melancholischen Temperament ist die große Polarität: Geistige Organisation — physische Organisation gleichsam kurzgeschlossen. Die Spannung ist im Extremfall unaufhebbar. Es kommt zum pathologischen Bild der Melancholie.

In der Wirklichkeit sind die möglichen Konstitutionen in den Körperbauformen selten ausgeprägt. Die konstitutionellen Merkmale sind vielmehr Nuancen, Tendenzen, die im Gesunden zu verschiedenen Zeiten gleichsam das Kolorit der Lebensäußerungen färben. Wichtig ist jedoch, diese Tendenzen im Krankheitsgeschehen wiederzuerkennen, da sie in die Krankheitsbilder eingehen und im Symptomenbild der

Heilmittelfindung dienen. Nicht die körperlichen Merkmale stehen dabei im Vordergrund, sondern die jeweils hervortretenden, im Funktionellen und Psychischen sich abspielenden Tendenzen. Sie zu erkennen und zu deuten ist wahre ärztliche Kunst.

Nachfolgende Übersicht soll den Zusammenhang der Elementenlehre mit den Temperamenten und den Konstitutions-Prinzipien aufzeigen.

Temperamente	*Konstitution*	*Elemente*
zornmütig	geistig-mental	wärmehaft-gelöst
sanguinisch	psychisch-empfindlich	luftig bewegt
phlegmatisch	ätherisch-beharrend	flüssig-strömend
melancholisch	physisch-produktiv	stofflich-ruhend

Zur Charakteristik der vier Temperamente:

Das zornmütige Temperament: Spontan, entschlußfreudig, tätig

Das sanguinische Temperament: Beweglich, beeindruckbar, anpassungsfähig, Bedürfnis nach Abwechslung

Das phlegmatische Temperament: Zähflüssig, beharrlich, abwartend, ausdauernd

Das melancholische Temperament: Gründlich, vorsichtig, zögernd, zur Resignation neigend

Die Lebensstufen und die Temperamente

Säuglinge und Kleinkinder 1.—2. Lebensjahr	Flache Atmung	Phlegmatisch-flüssig
3. Lebensjahr	Eigenwärme	Cholerisch-wärmehafter Einschlag
Anschoppung 5.—7. Lebensjahr	Übergang	
Spielkind Schulkind	Leichte Atmung	Sanguinisch-luftig

7.—9. (11.) Lebensjahr
Streckung

Anschoppung	Übergang	
11.—14. Lebensjahr		
Reifezeit	Vertiefung der	Melancholisch-
14.—18. Lebensjahr	Atmung	physisch
Streckung		
18.—21. Lebensjahr	Übergang	
Konsolidierung und		
Harmonisierung		
21.—28. Lebensjahr	Ausgleich der	Zornmütig-feurig
	Temperamente	
	Mündigkeit	

Die Diathese

Die konstitutionellen Prinzipien und die Temperamentsanlage sind Fundamente zum Verständnis der Pathologie und der Therapie. In ihrer einseitigen Ausprägung können sie den Boden für bestimmte Krankheitserscheinungen abgeben. Wir sprechen dann von Krankheitsdiathese. Beispiele:

Lymphatische Diathese
Neurasthenische Diathese
Hysterische Diathese
Allergische Diathese

In der ständigen Überwindung einseitiger Diathesen, d. h. in der Krankheitsneigung liegt die Gesundheit.

Wir bezeichnen mit dem Diathese-Begriff bereits eine Krankheitstendenz oder Krankheitsanlage mit einem konstitutionellen oder konditionellen Hintergrund. Die Krankheits-Diathese ist damit eine innere (endogene), anlagebedingte Krankheitsneigung. Das Auffinden des entsprechenden, die Symptomatologie der Krankheitsdiathese erfassenden Heilmittels ist Voraussetzung für eine erfolgreiche Therapie. Die Überwindung einer Asthma-Bronchitis, eines trockenen oder nässenden Ekzems, eines entzündlichen oder degenerativen Prozesses gelingt, wenn das gewählte Heilmittel nicht nur dem Bild der akuten (oder chronischen) Krankheitssymptomatologie entspricht (homöopathisches Arzneimittelbild), sondern zugleich die wesentlichen konstitutionellen Merkmale mit erfaßt. Dazu sollen später einige Beispiele angeführt werden.

Die Disposition

Im Unterschied zur konstitutionell bedingten (anlagemäßigen, inneren) Krankheitsdiathese ist mit der Krankheits-*Disposition* zwar eine ebenfalls individuelle Krankheitsbereitschaft gegeben; sie benötigt jedoch eine von außen kommende, in den Umweltverhältnissen liegende, auslösende Bedingung. Es ist dies das weite Feld der oben gekennzeichneten Korrelations-Pathologie: Wir sprechen vom exogenen Ekzem im Unterschied zum endogenen Ekzem; von der Erkältungs-Disposition des Lymphatikers; von der Disposition zu einer viralen Infektion durch Auskühlung und einseitige Mangelernährung; von der Krankheits-Disposition durch Erschöpfung oder Streß.

Konstitutionelle funktionelle Tendenzen mit ihren entsprechenden polaren Substanzprozessen (Abb. 18):

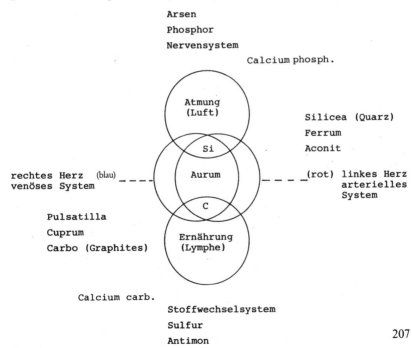

```
                        Arsen
                        Phosphor
                        Nervensystem
                                    Calcium phosph.

                             Atmung
                             (Luft)
                                        Silicea (Quarz)
                                        Ferrum
                                Si      Aconit

rechtes Herz  (blau)         Aurum          (rot) linkes Herz
venöses System                                    arterielles
                                                  System
                                C
   Pulsatilla
   Cuprum                    Ernährung
   Carbo (Graphites)         (Lymphe)


       Calcium carb.
                        Stoffwechselsystem
                        Sulfur                              207
                        Antimon
```

Die zum venösen System gehörenden Substanzprozesse sind links angegeben, die entsprechenden polaren, zum arteriellen System gehörenden Substanzprozesse rechts.

Venöses System:	Arterielles System:
Pulsatilla	Aconit
Cuprum	Ferrum
Carbo (Graphites)	Silicea (Quarz)

Die Polarität

Stoffwechselsystem:	Nervensystem:
Antimon	Arsen
Sulfur	Phosphor

Konstitution und Arzneimittelbilder

Die menschliche Gestalt zeigt in ihrer Vollkommenheit keine *typischen* konstitutionellen Merkmale. Das Seelenwesen ist in der dreigliedrigen Organisation in ausgewogener Weise dem Sinnes-Nervenpol, dem Stoffwechselpol und — Mitte-bildend — dem rhythmischen Blut-Herz-Atemsystem zugeordnet und in jeweils abgewandelter Intensität tätig:

Im Sinnes-Nervensystem bewußtseinsschaffend und wahrnehmend; im Stoffwechselsystem willensbildend; im rhythmischen System Spannungen und Harmonie erlebend.

Um eine konstitutionelle Prägung handelt es sich erst, wenn das Seelenwesen sich einseitig und anlagemäßig (dispositionell) einem dieser Systeme schwerpunktmäßig zuwendet. Dann allerdings kann von einem zerebralen, respiratorischen und digestiven „Typus" gesprochen werden, oder — in einer anderen Ausdrucksweise — vom Bewußtseins-, Atmungs- und Ernährungsnaturell.

Im Sinne Paracelsischer Anschauung lebt die Seele dann einmal mehr bewußtseinsbildend und entvitalisierend im Sal-Bereich der Organisation (Sinnes-Nerven-System), ein anderes Mal substanzbildend und Leben aufbauend im Sulfur-Bereich (Stoffwechselsystem); ein drittes Mal ein- und ausatmend, dabei Energie umwandelnd im Merkur-Bereich (rhythmisches System). Diese dreigliedrige Betrachtung der Seele ist alleine nicht geeignet, die differenzierten konstitutionellen und dispositionellen Möglichkeiten zu erfassen, die als Grundlage für eine entsprechende Therapie gelten können. Die dreigliedrige Ordnung, wie wir sie in aller Kürze angegeben haben, wird der Psyche durch die Ich-Gestalt (Ich-Organisation, *Rudolf Steiner)* aufgeprägt. Daher führt uns dieser Gesichtspunkt letzten Endes auf das Ich-Wesen selbst zurück, auf dem die gesunde Ordnung des Organismus beruht. Das Krankmachende liegt im Seelischen begründet. Zur konstitutionellen Krankheitsdisposition kommt es, wenn sich die Psyche in extrem einseitiger Weise „emotional" der vierfachen elementaren Kräfteorganisation des Lebensleibes (Ätherleib, *Rudolf Steiner)* verbindet und von hier aus die harmonisierende, gegliederte Gesamtordnung belastet wird.

Folgen wir der Konstitutionslehre von *von Grauvogl,* der in seinem Lehrbuch der Homöopathie, Nürnberg 1866 (2 Teile), aus der sorgfälti-

gen Beobachtung, Systematisierung und Typisierung wesentlicher homöopathischer Arzneimittelbilder auf drei konstitutionelle physiologische und pathophysiologische Grundverhaltensweisen stieß, die ihm
die Heilmittelfindung erleichterten. Er sprach von der oxigenoiden, der
hydrogenoiden und der carbo-nitrogenen Verfassung.

Die oxigenoide Verfassung

Den Hintergrund dieser Konstitution bildet die verstärkte Sauerstoffeinatmung, die aus der Natur der O_2-Atmung und deren Physiologie zu einem entsprechenden „psycho-somatischen" Bild führt: Empfindlichkeit der Sinneswahrnehmung, nervöse Reizbarkeit, von der psychischen Stimmungslage unmittelbar abhängige Atem- und arterielle
Blutbewegung mit begleitender arterieller Gefäßlabilität.

Die Niere ist das Organ extrem einseitiger arterieller Blutversorgung
und arterieller Kapillarbildung (Glomerula*). Das abfließende Nierenblut ist noch im Vergleich zum Venenblut der übrigen Organe relativ
O_2-reich, d.h. es besteht eine geringe O_2-Differenz zwischen zufließendem und abfließendem Nierenblut. Der Bedarf der Nieren an Sauerstoff
ist extrem hoch (11 l reiner Sauerstoff pro Tag). Daher nehmen die
Nieren in erster Linie an der verstärkten O_2-Atmung teil, in zweiter Linie das Nervensystem. Die Niere baut organische Substanz ab und
macht sie ausscheidungsreif (Clearance). Sie „verbrennt" biologisch-
physiologisch zu Ende gekommene Substanz zu „Asche" (Sal-Prozeß).
Vor allem wird der lebendige organische Kohlenstoff zu Kohlensäure
„veratmet". Die im Lebenszusammenhang dem Kohlenstoff immanen-
ten ätherischen Lichtqualitäten werden in der Niere — und im Sinnes-
Nervensystem — frei als Grundlage der Wahrnehmungsfähigkeit. Nach
Bau und psycho-somatischer Physiologie ist die Niere ein strahlendes,
zentrifugalen Lichtkräften unterliegendes, extrem strahlig durchgestal-
tetes Organ. Sie bildet daher die organische Grundlage der oxigenoiden
Konstitution. Das seelische Element und die Einatmung dominieren;
verstärkter organischer Abbau ist die Folge. Im Extrem führt dies zur
neurasthenisch-psychasthenischen Verfassung.

Die Arzneimittelbilder, die der vertieften Einatmung und damit der
oxigenoiden Konstitution entsprechen, zeigen einerseits die geschilder-

---

*) Vgl. *H.-H. Vogel:* „Die Niere" und „Akutes und chronisches Nierenversagen".

ten nervös-psychischen Atmungs- und arteriellen Symptome bis hinein in die Nieren-Empfindlichkeit; andererseits weisen sie auf charakteristische chemisch-physikalische Eigenschaften bestimmter Natursubstanzen hin, die durch ihre innere qualitative Verwandtschaft zur Nerven-Nierenkonstitution zum typischen Heilmittel werden: Wir nennen in erster Linie Phosphor und Arsen*) und von den typischen Metallen das Eisen.

Phosphor

Konstitution

Schwächlich, zart, mager, graziler Körperbau, feines, dünnes (blondes) Haar, lange Augenwimpern, zarte, blasse, helle, anämisch wirkende kleinporige Haut, rasches Längenwachstum. Allgemeine Blutungsneigung, Gewebezerstörung, Auflösung der Kapillaren, Zerstörung der roten Blutkörperchen. Fettige Degeneration (Leber) der Muskulatur (pseudo-hypertrophe Muskelatrophie, Gewebenekrosen im Sinne der Strukturauflösung).

Psyche und Nervensystem

Äußerste nervöse Reizbarkeit, nervöse Schwäche, Überempfindlichkeit (vor allem des Geruchs), aber auch gegen Einflüsse aller Art von außen; übersteigertes Vorstellungsleben; ekstatisch, „Zustände von Hellsehen".

Der gesteigerte Abbau lebender Substanz, den wir im Zusammenhang mit der O_2-Wirkung sehen, zeigt sich auch in der Nervendegeneration, bei der diabetischen Neuropathie, der Sehnervenatrophie, Netzhautdegeneration und Thromben der Netzhautgefäße und der Kataraktbildung (vgl. O_2-Überdosierung bei Neugeborenen).

Zu dem Bild gehört weiterhin: Brennen im Rücken zwischen den Schulterblättern (Ich-Punkt — Gegend des 6. Brustwirbels); Wärmegefühl in der Herzgegend. Als Folge gesteigerter Phosphortätigkeit, die wir mit einem pathologischen Freiwerden der Ich-Wärme-Organisation sehen, entwickelt sich das Phosphor-Vergiftungsbild.

---

*) Vgl. *Lore Deggeller:* „Der Phosphor" (Bd. II) und *H.-H. Vogel:* „Arsen".

Verschlimmerung

Alle Beschwerden werden durch Wetterwechsel, feuchtheißes Wetter, Wärme, warme Nahrung und Getränke und geistige Anstrengung verschlimmert.

Besserung

Durch Kühle, im Freien, äußerlich durch kaltes Wasser.

Der O_2-Prozeß ist nicht nur als chemischer Vorgang in der äußeren Natur (Oxydation, Verbrennung), sondern auch im biologischen Zusammenhang ein Verdichter und Gestalter lebender Substanz. Gegenüber dem sulfurischen Substanzaufbau im Stoffwechselbereich, vor allem der Leber und im Bereich der Muskulatur, fördert er mit Höhepunkt seiner Wirksamkeit im Nervensystem das Wieder-Frei-Werden imponderabler Kräfte, die sich im Substanzaufbaustrom (Nachtphase) der organischen Substanz (Glykogen, Eiweiß, Fette) eingeprägt haben. Dabei ist es für den Phosphor-Prozeß charakteristisch, daß seine *Sulfur-Natur* weitgehend bewahrt bleibt, obwohl er durch Abgabe vor allem von Licht, aber auch von substantiierter Wärme, lebende Substanz in den Sal-Zustand im Nerven-Sinnesbereich überführt. Dadurch wird der Phosphor-Prozeß zur Grundlage für das Eingreifen der Ich-Organisation (vgl. Zuckerstoffwechsel, Wärme- und Bewegungsbildung)[*]. Der Zusammenhang des Phosphorprozesses mit der *von Grauvogl*schen oxigenoiden Konstitution ist damit gegeben. Er wirkt von der Peripherie und dem „oberen" Menschen, d.h. vom Sinnes-Nerven-Bereich aus, die sulfurische Phosphorwärme freisetzend nach innen im Sinne der Sal-Wirksamkeit. Er verhält sich damit umgekehrt, d.h. polar, zum Schwefelprozeß, der als reiner Sulfur vom Stoffwechsel aus in Richtung Sinnes-Nerven-System wirksam ist (vgl. auch Phosphor als Herzinfarktmittel).

Arsenicum album (As_2O_3)

Arsen ist die zweite Substanz, die als organischer Prozeß zur oxigenoiden Konstitution gehört. Im Unterschied zum Phosphor hat Arsen den Zusammenhang mit dem sulfurischen Substanzprinzip weitgehend verloren.

---

[*] Vgl. *H.-H. Vogel:* „Die Ich-Organisation, der Wärmeorganismus und das Herz".

Bei Arsenicum album handelt es sich um einen reinen Sal-Prozeß, der die Grundlage des Nervensystems abgibt und beim Zustandekommen der Nervensubstanz, ihrer typischen zellulären Ausformung und Funktion maßgeblich ist. Der Arsen-Prozeß steht dem atmenden Seelenwesen wesentlich näher als der Phosphor-Prozeß; anders ausgedrückt: Arsen-Prozeß, Nervenbildungs-Prozeß, seelische (astrale, *Rudolf Steiner*) Aktivität und O_2-Atmung sind eine Lebenseinheit*). Während der übersteigerte Phosphor-Prozeß in seinem physiologischen Gebiet, dem Nervensystem, zur Atrophie und im übrigen Organismus zu Kapillardurchlässigkeit und Zerstörung, zu Gewebeinfarkt und Blutungen führt, kommt es beim pathologischen Arsen-Prozeß außerhalb des Nervensystems unmittelbar zu Gewebedegeneration, zur lipoiden Entartung, z.B. der Basalmembranen der Nierenglomerula und der *Baumann*schen Kapsel. Im Gefäßbereich führt der Arsen-Prozeß zur Sklerose der Gefäßwände mit nachfolgender Verkalkung. Es tritt eine Art „Vernervung" ein. Feinste Mikrothromben der Gefäßperipherie gehören zum Arsen-Bild. Die peripheren Nerven degenerieren nach einem anfänglichen Stadium der Hyperästhesie. Das Organbindegewebe trocknet aus, Gangrän und Gewebemumifikation der Peripherie sind Bilder des pathologischen Arsenprozesses. Die trockene Gewebezerstörung (Gangrän) kennzeichnet den pathologischen Gewebeprozeß im deutlichen Unterschied zur zerstörenden Gewebeauflösung beim pathologischen Phosphor-Prozeß.

Konstitution

Zierlich, schmächtig, zartgliedrig, blaß, zur Austrocknung neigend, Gesicht erscheint gedunsen. Körper kalt, Kopf warm.

Verschlimmerung

Nachts 24.00 Uhr, durch Kälte, feuchtes Wetter, kalte Nahrung und Getränke.

Überatmung als Austrocknungsprozeß und Überformung der Organe ist das Charakteristikum des Arsen-Prozesses. Man könnte ihn auch als Nervenbildungs-Prozeß bezeichnen, der jenseits des Nervensystems zur

---

*) Vgl. *H. H. Vogel*: „Arsenicum album".

trockenen Entvitalisierung (im pathologischen Endstadium zur Gangrän) führt. Es handelt sich dann gleichsam um einen verschobenen Nervenbildungs-Prozeß.

Ferrum

Der dritte Substanz-Prozeß der oxigenoiden Konstitution ist das Eisen. Über das Eisen greift der O_2-Atmungsprozeß tief in das Blut ein. Es ist das *arterielle Blut,* das unmittelbar die Einatmung übernimmt und mit ihr die seelische Erregbarkeit. Dies spiegelt sich im Ferrum-Arzneimittelbild wider.

Konstitution

Graziler, beweglicher Habitus; eher sanguinisches Temperament. Wechselnde Röte und Blässe des Gesichtes; Neigung zu Blutandrang zum Kopf, *zur Lunge.* Rasch wechselnder Puls, geringer arterieller Gefäßtonus, Pulsationsgefühl im ganzen Körper.

Psyche und Nervensystem

Ruhelosigkeit, rasche geistige Ermüdbarkeit; Reizbarkeit, Verzweiflung, Geräuschempfindlichkeit, Schwindel. Herzklopfen im Liegen, Exophthalmus.

Verschlimmerung

Um 24.00 Uhr, durch kaltes Waschen, durch Hitze, jedoch auch in völliger Ruhe (Schilddrüse!).

Besserung

Beim Aufstehen und langsamen Umhergehen, d. h. bei leichter aktiver Kreislaufbelastung.

Ähnlich wie beim phosphorischen Bild der oxigenoiden Konstitution steht beim Ferrum-Arzneimittelbild die arterielle Lungenkongestion und die Tätigkeit des linken Herzens im Zentrum der Wirksamkeit. Daher ist Eisen das Hauptmittel bei der Pneumonie-Behandlung im Anschoppungsstadium. Die nahe Beziehung zur Übertätigkeit der Schilddrüse und die gesteigerte Verbrennung und Wärmeentwicklung beim Eisen-Arzneimittelbild wie bei der Hyperthyreose weist auf eine übergeordnete Konstitution hin.

Die Niere ist als arterialisiertes Organ wesentlich in den Ferrum-Prozeß einbezogen. Die Atmungs- und Kreislauflabilität, die Hypotonie, die sanguinische Temperamentslage und die psychische Labilität runden das oxigenoide Bild des Ferrum-Prozesses ab*).

Zusammenfassend kann man in der oxigenoiden Konstitution — modifiziert bei den verschiedenen entsprechenden Arzneimittelbildern — die besondere intensive Verbindung des Seelischen mit den Lichtkräften des Organismus (Lichtäther, *Rudolf Steiner)* erkennen.

Die hydrogenoide Konstitution

Der Lebensprozeß spielt sich im Flüssigen ab. Das *arterielle* Blut das bei der oxigenoiden Konstitution im besonderen den Atemmenschen in sich aufnimmt, der sich bei der Arterialisierung des Blutes mit den zentrifugalen Lichtkräften intensiv verbindet, ist das am weitesten in Richtung Individualisierung fortgeschrittene Flüssigkeitssystem. Zugleich kommt es dadurch zur Ausbildung eines autonomen Wärmeorganismus. (Auf das venöse Blutsystem kommen wir im Zusammenhang mit der carbo-nitrogenen Konstitution zu sprechen.)

Entwicklungsgeschichtlich haben wir *vor* der Bildung des warmen Blutes den Flüssigkeitsprozeß der Lymphe. Die Lymphe bildet ein selbständiges System, jedoch nach Ausbildung des Blutes zugleich einen integrierenden und konstituierenden Teil auch des geschlossenen Blutkreislaufs. Der Lymphbildung geht ebenfalls ein entwicklungsgeschichtlich noch ursprünglicherer Flüssigkeitsprozeß voraus: die Gewebeflüssigkeit. Diese ist im Zusammenhang mit dem Primordialkreislauf des noch ganz mesenchymalen Embryos zu sehen. Auch das Urmesenchym und die Gewebeflüssigkeit sind im letzten Stadium der Entwicklung der Flüssigkeitssysteme bis hinauf zum Blutsystem in dieses voll integriert. Die Gewebeflüssigkeit wird jedoch teilweise ins Interstitium der Organe aus den arteriellen Kapillaren abgesondert, um teils direkt ins venöse Kapillargebiet oder über die Organlymphen ins Blut zurückzukehren.

---

*) Vgl. auch *H.-H. Vogel:* „Die Leber", Abschnitt „Das Eisen".

Der Flüssigkeitsorganismus umfaßt das 5- bis 6-fache der im Blutkreislauf zirkulierenden Flüssigkeit. Lymphe und Gewebeflüssigkeit — nicht das Blut — bilden gemeinsam das patho-physiologische Milieu der hydrogenoiden Konstitution.

Die Elemente der Wärme (Ich-Organisation) und des Lichtes (Luftorganisation und Psyche) bleiben im Flüssigkeitssystem der hydrogenoiden Konstitution noch weitgehend im Hintergrund. Bei ihr wirken vor allem substanzaufbauende chemische Kräfte (chemischer Äther, *R. Steiner*). Zentripetale Kräfte überwiegen die zentrifugalen. Wenn wir bei oxigenoider Konstitution vom „Atmungsnaturell" sprechen können, so sprechen wir bei der hydrogenoiden Konstitution vom „Ernährungsnaturell", das jedoch wie jenes für die Therapie der Differenzierung bedarf.

Die „kalte", sauerstoffarme Lymphe, zu der wir jetzt auch die interstitielle Gewebe-„Lymphe" rechnen, prägt in ihrer einseitig betonten physiologischen Tätigkeit die hydrogenoide Konstitution. Sie ist kalt — so wie wir auch vom „Kaltblüter" sprechen*). Es besteht äußerste Empfindlichkeit gegen feuchte Kälte. Die hydrogenoide Konstitution verträgt aber auch keine äußere Wärmeeinwirkung. Die Wärmeregulation ist schwach. Der physiologische Anpassungsspielraum bezüglich der Temperatur ist eng. Das Gewebe, vor allem die Muskulatur, das interstitielle Bindegewebe, vor allem auch der Haut, ist flüssigkeitsreich und wirkt daher schlaff und pastös. Die Haut ist blaß, feucht und neigt zu Großporigkeit; der Substanzaufbau, vor allem der Eiweißaufbau und die Stoffwechseltätigkeit dominieren. Überschießende Flüssigkeit wird ständig über die Haut ausgeschieden.

Der entwicklungsgeschichtlich notwendige Übergang zum Warmblüterorganismus ist verzögert und unvollständig. Auch das zirkulierende Blut selbst enthält einen reichlichen Lymphanteil (Lymphämie).

Hydrogenoide Substanzprozesse

Wir nennen drei der wichtigsten Arzneimittel-Prozesse der hydrogenoiden Konstitution:

Calcium carbonicum — Mercurius
Antimonium crudum und Tartarus stibiatus

---

*) Mollusken haben als reine Lymphtiere anstelle des eigenwarmen Blutes Lymphe als Zirkulationssystem. Anstelle des Bluteisens tritt das Kupfer als Atmungsmetall.

Calcium carbonicum

Konstitution

Pastös-gedunsener Gesamthabitus, eher pyknisch, Haut blaß, gedunsen, feucht; „Ernährungsnaturell"; Durst auf kühles Wasser. Neigung zu verhärteten Lymphknoten.

Disposition

Nasennebenhöhlenentzündungen; Angina tonsillaris, Otitis media; Bronchitis, Asthma; feuchtes Ekzem, Rachitis, Bänder- und Gelenkschwäche.

Verschlimmerung

In feuchter Kälte, durch Milch (Milchschorf); durch geistige und körperliche Anstrengung; Atemnot bei raschem Treppensteigen; Verschlimmerung auch bei Vollmond!

Besserung

In trockener, frischer Luft.

Die Calcium-carbonicum-Konstitution, die feuchte exsudative Diathese ist nicht etwa durch Kalkmangel in der Nahrung zu erklären. Dies gilt vor allem auch für die frühkindliche Rachitis. Vermehrte Kalkzufuhr verschlimmert im Gegenteil das Krankheitsbild. Eine Rachitis wird dadurch nicht gebessert. Der Kalzium-*Prozeß* wirkt vielmehr einseitig im Chemismus und im Aufbau. Es kommt nicht zur Abscheidung und Einlagerung des Kalkes in den Knochen und auch nicht zur genügenden Abatmung der Kohlensäure. Bei der Rachitis bleibt der Organismus in der embryonalen lymphatischen Aufbauphase hängen. Erst die homöopathische Gabe von Calcium carbonicum, z. B. als Muschelkalk in D 30, D 20, regt die Überwindung des übertätigen Kalkprozesses im Eiweißaufbau an. Kalk wird dann ausgeschieden und zum Knochenaufbau freigegeben.

Hinter der lymphatischen Konstitution steht als großes Organ die Leber, der die Regulation des Flüssigkeitsorganismus zugeordnet ist. Der „Wasserreichtum" des Organismus, der gute Appetit, der Durst

weisen auf eine übermäßige Lymphbildung und Lebertätigkeit hin*).
Der ganze Organismus bewahrt den frühkindlichen Habitus.

Mercurius

Das hydrogenoide Arzneimittelbild von Mercurius ist wesentlich tiefergreifend. Der Lymphaufbau kommt nicht zu Ende. Die Eiweißumwandlung, von ihrem Bildungsort in der Leber beginnend, in organtypisches, individualisiertes Eiweiß, bleibt unvollständig. Daher sind die Schleimhautabsonderungen, überhaupt alle Ausscheidungen, auch der Schweiß zersetzend, übelriechend süßlich, toxisch. Die Ausscheidungen wirken keineswegs erleichternd, eher verschlimmernd. Ein typisches Krankheitsbild für Mercurius ist die Colitis ulcerosa. Bei ihrer Therapie steht Mercurius im Mittelpunkt.

In der Reihe der Hauptmetalle steht Mercurius als Chemikator des Stoffwechsels dem Lichtmetall Stannum gegenüber.

Pb
Sn ⎤
Fe │
Au │
Cu │
Hg ⎦
Ag

Stannum und Quecksilber bilden eine echte Polarität.

Noch ausgeprägter als Calcium carbonicum zeigt das Mercurius-Bild Empfindlichkeit gegen Kälte, vor allem kalte Nässe. Krasser als bei Calcium carbonicum ist jedoch gleichzeitig die Empfindlichkeit gegen Wärme, vor allem gegen Hitze von außen, in überheizten Räumen und im Bett. Die Wärmeregulation ist äußerst gering; die Empfindlichkeit ist in gleicher Weise gegenüber Kälte und Wärme vorhanden.
Die Haut ist ständig feucht, von klebrigem Schweiß bedeckt. Dabei besteht Durst auf kalte Getränke. Die Lymphknoten sind hart und ge-

---

*) Vgl. *H.-H. Vogel:* „Die Leber".

schwollen. Es besteht Neigung zur Geschwürsbildung auf den Schleimhäuten (vgl. Colitis ulcerosa, Stomatitis aphthosa). Der Speichelfluß ist vermehrt, das Zahnfleisch schwammig, zurückweichend, die Zähne empfindlich. Abszesse zeigen keine Heilungstendenz. Sie verlaufen fieberlos und reaktionslos.

Konstitution

Körperverfassung eher pastös, Stoffwechsel-Flüssigkeits-betont, Blässe. Dabei besteht eine Tendenz zum Abmagern. Die weibliche Konstitution neigt zur hydrogenoiden Verfassung und zur Ausbildung des Mercurius-Bildes. Mercurius kann deshalb auch bei wässriger Durchtränkung des Beckenbindegewebes in der Schwangerschaft ein wertvolles Hilfsmittel sein.

Eiweißnahrung, Fleisch, Milch, wird typischerweise abgelehnt, jedoch auch Süßigkeiten. Man muß beim Mercurius-Bild stets an die Leber als den Ort der Eiweißbildung und Entgiftung denken. Die Leber ist daher nicht selten geschwollen.

Verschlimmerung

Nachts, in der Wärme, durch nasses, kaltes Wetter, beim Schwitzen. Verschlimmerung des ganzen Bildes nach Unterdrücken eitrig-entzündlicher Absonderungen, z. B. einer Otitis media nach Scharlach.

Beim Mercurius-Bild der hydrogenoiden Konstitution verselbständigt sich das Lymphsystem. Es verliert den Anschluß an den Gesamtorganismus, an den intermediären Stoffwechsel und damit an die Umwandlung vor allem des in der Leber gebildeten Eiweißes. Die Lymphknoten verhärten. Die organismuseigene Wärme greift nicht substanzverwandelnd in den Lymphaufbau ein.

Antimon

Das Arzneimittelbild des Antimon, vor allem des natürlich vorkommenden Antimonium crudum (Grauspießglanz, $Sb_2 S_3$) gehört ebenfalls zur hydrogenoiden Konstitution. Es ist in vieler Hinsicht seinem polaren Gegenspieler, dem Arsenicum album verwandt[*]. So ist z. B. die Va-

---

[*] Antimon gehört in die Stickstoffgruppe, die wir in einem anderen Zusammenhang dem Atemprozeß zugeordnet haben. Vgl. *H.-H.Vogel:* Arsen und Antimon.

gotonie (Nachtphase des Stoffwechsels und des Kreislaufs) sowohl dem Arzneimittelbild Arsen als auch dem Arzneimittelbild Antimon zugeordnet. Der Kreislauf wird hypoton. Hier zeigt sich schon seine hydrogenoide Eigenschaft. Als Tartarus stibiatus (Kaliumantimonyltartrat) ist Antimon *das* Mittel, wenn am 4. bis 5. Tag im Verlaufe einer Pneumonie der Kreislauf kollabiert, der Blutdruck absinkt und ein Lungenödem entsteht. Der Flüssigkeitsprozeß verselbständigt sich unter diesem Bild, gerät aus der steuernden Regie der Ich-Organisation und der Wärme. Leichenblässe und Kälte machen das Bild des Kreislaufversagens bedrohlich.

Konstitution

Pyknisch, wässrig, flüssigkeitsreich, Neigung zu Fettsucht (das Gegenteil wie bei Arsen); Ekzem um den Mund; trotz starker Schleim- und Speichelbildung kein Durst.

Verschlimmerung

Wie zu erwarten, verschlechtert sich das Bild durch kaltes Wasser (Bad), aber auch durch Hitze (vgl. Mercurius). Vor allem wird Sonnenbestrahlung nicht vertragen. Der Zustand verschlechtert sich nachts und durch kalte Nässe.

Antimon verhindert das Eingreifen der Ich-Organisation in den Flüssigkeitsorganismus. Die Blutgerinnung wird im Arzneimittelbild herabgesetzt. In homöopathischer Dosierung kann daher Antimon zur Blutstillung eingesetzt werden. Im Stoffwechsel ist Antimon so etwas wie ein Gegenspieler der Ich-Organisation (*R. Steiner* spricht von Antimon als einem Phantom des Ich). Daher die lebensrettende Wirkung homöopathischer Antimongaben bei bedrohlichem Kreislaufversagen mit extremem Absinken des Blutdrucks und raschem Eintritt von Eiseskälte.

Zusammenfassend ist zu sagen, daß die hydrogenoide Konstitution auf einer einseitigen Hinwendung des Seelischen zum Flüssigkeitssystem beruht, so jedoch, daß die chemischen Stoffwechselprozesse dominieren (vgl. den Kalkprozeß). Die Psyche ertrinkt gleichsam im Flüssigkeitsgeschehen. Die Leber bildet das Zentrum des Flüssigkeitsorganismus; sie ist das Organ, das bei den therapeutischen Überlegungen bei der Behandlung der hydrogenoiden Konstitution stets berücksichtigt werden muß.

Wenn die oxigenoide Konstitution die Substanzströme der Ausformung und Gestaltung zuführt und sie schließlich im Sinnes-Nerven-Bereich unter die Herrschaft des Sal-Prozesses geraten, befinden wir uns mit der hydrogenoiden Konstitution im Merkurbereich. Das merkuriale Geschehen verliert jedoch, wie schon angedeutet wurde, den Anschluß an die polaren Kräfte des Sulfur und Sal. Sowohl der Substanzaufbau als auch -abbau sind dadurch unvollständig.

Die carbo-nitrogene Konstitution

Der carbo-nitrogenen Konstitution kann vordergründig kein bestimmtes Organ zugeordnet werden. Mangelnde Nieren- und Lebertätigkeit stehen hinter den konstitutionellen Merkmalen: zum einen ungenügende Durchatmung der Kohlenhydrate, d. h. mangelnde Kohlenstoffoxydation als Ausdruck ungenügender „Verbrennungsleistung" der Niere; zum anderen ungenügende Harnstoffbildung und Eiweißentgiftung in der Leber und als Folge davon das vermehrte Auftreten von Eiweißauf- und abbaustufen (Amine) im Pfortader-Leberbereich. Die Entgiftungsleistung der Leber ist eingeschränkt. Diese doppelte Schwäche ist zugleich Ausdruck seelischer Lethargie im Pfortader-Venengebiet, ungenügender CO_2-Ausatmung, was zum Symptomenbild der „inneren Erstickung" und Vergiftung in der Aufbauphase des Stoffwechsels führt. Dies spielt sich in erster Linie im Pfortaderbereich, darüber hinaus aber auch im gesamten Venensystem ab. Der aus dem Splanchnikusgebiet von der Pfortader aufgenommene *physische* Substanzstrom wird nicht ausreichend durchlebt (ätherisiert), durchatmet, durchseelt (durchlichtet). Der Chemismus der Leber vermag den physischen Substanzstrom aus der Nahrung nicht so zu verflüssigen und durchzugestalten, daß er zur körpereigenen Substanz (ohne Rest) aufgebaut werden kann.

Wir befinden uns im Sulfur-Bereich des Organismus. Im Pfortader-Leberprozeß muß der Nahrungsstrom bis auf die physisch-mineralische Stufe zurückgebracht und damit seiner ursprünglichen Herkunft und Eigenart aus dem Pflanzen- und Tierreich völlig entfremdet werden. Ehe die Substanz aus der Nahrung zur individuellen Körpersubstanz umgewandelt werden kann, muß sie auf die universelle „saturnische" Urstufe der physischen Wärme zurückgeführt werden. Dies ist eine

Leistung der Milz. Das gesamte abfließende Milzblut (auch das Blut aus der Pankreas) mündet in der Pfortader. Das Pfortadersystem wird damit in die Kräfteorganisation der Milz einbezogen. Wir könnten folglich doch ein bestimmtes Organ, nämlich die Milz, der carbo-nitrogenen Konstitution zugrundelegen*).

Es ist das sulfurische älteste (Saturn-)Organ, die Milz, das den Pfortaderprozeß mit seiner sulfurisch-physischen, die gewordene Struktur auflösende Kräfteorganisation beherrscht. Erst im eigentlichen inneren Leberprozeß greift der aufbauende strukturierende Chemismus (vgl. Funktion des Cholesterins) der Leber in das Substanzgeschehen ein**).

Die carbo-nitrogene Konstitution im allgemeinen

Psyche und körperliche Verfassung: Schwerblütigkeit, Neigung zu melancholischer Verstimmung; skeptisch, willensgelähmt; traurig, weinerlich, träge.

Neigung zur Fettsucht; Venen hervortretend, gestaut; Haut blaß, jedoch im Gesicht, an den Gliedmaßen, an den Lippen bläuliche Verfärbung. Frösteln, jedoch empfindlich gegen Wärme und Nässe.

Der carbo-nitrogenen Konstitution entsprechen eine Reihe von Arzneimittelbildern, die einen besonderen Bezug haben zum venösen System, zur venösen Stauung im Bereich der Lendenwirbelsäule, des Kreuzbeins und Beckens, in der Tendenz zu Krampfadern und Hämorrhoiden. Hierher gehören Pflanzenheilmittel wie Äsculus, Hamamelis, Borago; vor allem die „Konstitutionsmittel" Pulsatilla, Sepia, Lachesis, Kreosot.

Wir führen wiederum vier tiefergreifende Konstitutionsmittel an:

Ammonium carbonicum
Carbo vegetabilis (animalis)
Graphites
Cuprum metallicum

---

*) Vgl.: Das Pfortadersystem, in: „Die Leber" von *H.-H. Vogel.*
**) Vgl. *H.-H. Vogel* „Die Leber".

Ammonium carbonicum (Hirschhornsalz, $NH_4 HCO_3$)

Konstitution und Psyche

Bevorzugt beleibte, zur Fettsucht neigende, behäbig träge Frauen mit sitzender Lebensweise und langsamer Reaktionsweise. Neigung zu Erkältungen; matter Kreislauf, empfindlich gegen kalte Luft; Abneigung gegen Wasser.

Haut

Jucken und Brennen, Erysipel, Ausschläge, z. B. bei Scharlach zu gering, daher Malignität.
Hände kalt, blau, schwellen leicht an beim Herunterhängen. Ekzeme der Gelenkbeugen.
Milzschwellung, eventuell auch Leberschwellung, Hämorrhoiden, Schweregefühl im Leib.

Verschlimmerung

Durch körperliche Anstrengung, beim Betreten warmer Räume; abends und gegen 3.00 Uhr morgens; durch Nässe.

Carbo vegetabilis (Carbo animalis)

Konstitution und Psyche

Es besteht Neigung zum Dickwerden, zur Fettsucht; es gibt jedoch auch den schlanken, aufgeschossenen Carbo-Typus mit Bindegewebsschwäche, brennenden Hämorrhoiden, Krampfadern, Hypotonie und Kollapsneigung. Es besteht Singultus, Luftaufstoßen beim Essen, gastrokardialer Symptomenkomplex, Gärungsdyspepsie.
Die Haut ist blaß, im Gesicht gedunsen, livid-zyanotisch, im Extremfall Facies hippocratica und Eiseskälte.
Einschlafen der Glieder, Schweregefühl, Steifigkeit, Kälte. Stagnation der Zirkulation in der Peripherie, im peripheren Kapillargebiet. Dadurch sind Infekte begünstigt mit schlechter Heilungstendenz, Altersbrand, feuchte Gangrän, variköse Ulcera.
Bei körperlicher Anstrengung besteht leicht Atemnot, Bedürfnis nach Sauerstoff.

223

Abends, nach dem Essen, in der Kälte, nachts; aber auch bei feuchtem warmem Wetter; es besteht Bedürfnis nach frischer Luft, Sauerstoffhunger.

Das Carbo-Bild entwickelt sich auf dem Hintergrund ungenügender Oxydation, vor allem im Nierenbereich; dadurch ist das venöse Kapillargebiet adynamisch, der Blutstrom träge, stagnierend. Es kommt zu einer peripheren Asphyxie, zum Tonusverlust. Die oben geschilderten Kreislaufsymptome sind die Folge. Die innere „Erstickung" beherrscht das Krankheitsbild. CO_2-Abatmung ist reduziert; daher kann Carbo vegetabilis in Potenzen von D 20, D 30 einen schweren Kreislaufkollaps beheben, aber auch bei einer Hypotonie mit Absinken des Blutdrucks bei Belastung das entscheidende Mittel sein (vgl. ähnliche Wirkung von Veratrum album, Nicotiana tabacum, Tartarus stibiatus). Carbo vegetabilis ist somit ein „Nierenmittel" mit Anregung des Atem-Sauerstoff-Lichtprozesses der Niere. Zugleich ist es jedoch auch ein wesentliches Venenmittel. Der pharmazeutische Prozeß bei der Zubereitung von Carbo vegetabilis ahmt gleichsam den patho-physiologischen Vorgang der inneren Erstickung nach: Die Holzkohle wird erstickt, verschwelt, nicht verbrannt. Sie enthält neben der Kohle noch alle Mineralsalze, vor allem Pottasche.

Graphites

Graphit, eine metallisch anmutende Modifikation des Kohlenstoffes, steht seinen physikalischen Eigenschaften nach zwischen Carbo und dem reinen Kohlenstoff, dem Diamanten. Er ist ebenfalls eine hochsulfurische Substanz und verstärkt wie Carbo und Sulfur im Arzneimittelbild die sulfurischen Prozesse des Stoffwechsels. Daneben hat er jedoch auch „merkuriale" Eigenschaften; Graphit kann wie eine ölige Flüssigkeit technisch als Gleit- und Schmiermittel dienen.

Der Ort seiner Wirksamkeit ist nicht — wie bei Carbo — das venöse System, sondern der Übergang und Stoff*wechsel* zwischen dem interstitiellen Bindegewebe und dem venösen Blut; auch darin kommt die merkuriale Qualität des Graphit-Prozesses zum Ausdruck.

Das Arzneimittelbild von Graphites zeigt daher auch nicht die venösen Merkmale wie Carbo. Wie bei Carbo besteht zwar ebenfalls Neigung zu Fettleibigkeit; die Konstitution ähnelt eher dem lymphatischen Typus, wobei jedoch Muskulatur und Bindegewebe fester und straffer sind. Die Haut ist sowohl im Unterschied zum exsudativen Lymphatiker als auch zum Carbo-Bild trocken, hart, ebenfalls blaß, dabei jedoch unrein, zu Keloiden und Fissuren neigend (hinter den Ohren, im Gehörgang, am Mund, an den Brustwarzen, am Anus, zwischen den Zehen). Die besondere Beziehung zum Bindegewebe zeigt sich — neben der Keloid- und Fibrombildung — an der Fähigkeit, Narbengewebe aufzulösen. Die Nägel verlieren an Festigkeit und Glanz, sie verdicken, werden brüchig. Das Nagelbett neigt zu Entzündungen. Deformitäten des Bindegewebes, auch Lipome, gehören zum Bild.

Zum Graphites-Bild gehört charakteristischerweise Widerwille gegen tierisches Eiweiß, aber auch gegen Zucker. Es besteht vorwiegend Obstipation bei hartem, gespanntem Leib.

Psychisch ist der Graphit-Typus furchtsam, unentschlossen, träge, niedergeschlagen. Bezeichnend ist das Verhältnis der carbo-nitrogenen Konstitution zur Wärme. So finden wir auch bei Graphites Frösteln, jedoch *Verschlimmerung* in der Wärme und nachts.

In bezug auf das Verhältnis zum Bindegewebe zeigt Graphites große Ähnlichkeiten mit Silicea (Quarz): Keloid-, Narbenbildung, Fissuren; Trockenheit der Haut, Unreinheit. Als stoffwechselbetonter sulfurischer Substanzprozeß steht jedoch Graphites Silicea polar gegenüber. Silicea untersteht dem Sal-Prozeß.

Cuprum metallicum (Cuprum aceticum und Cuprum arsenicosum)

In der Reihe der Metalle steht Kupfer dem Atmungsmetall Eisen gegenüber (Gold nimmt zwischen Kupfer und Eisen eine Mittelstellung ein). *Von Grauvogl* hatte in seiner Konstitutionslehre bereits das Eisen der oxigenoiden Konstitution, das Kupfer der carbo-nitrogenen Konstitution zugeordnet. Dies stimmt mit allem, was wir über die Physiologie beider Substanzprozesse im Organismus, über ihre polaren Qualitäten im Lebensprozeß und über ihre Metallnatur wissen, überein*). Das Eisen beherrscht den arteriellen Blutprozeß, das Kupfer den venösen. Es ist der substantielle Atmer im kohlensäurereichen venösen Blut und begleitet den in der Kohlensäureatmosphäre sich abspielenden Aufbaustrom des Stoffwechsels. Die vegetative Aufbau- und Nachtphase des Stoffwechsels steht unter der Wirksamkeit des Kupferprozesses (siehe auch erhöhter Cu-Blutspiegel des Embryos und der Mutter während der Schwangerschaft).

Die Gefahr der „Erstickung" in der eigenen Kohlensäure beim Status asthmaticus ist eines der lebensbedrohlichen Krankheitsereignisse, die mit dem extremen Bild der Blausucht zum Kupfer-Arzneimittelbild gehören (Cuprum metallicum D 8, D 10, D 12).

Das *Kupfer-Arzneimittelbild* ist gekennzeichnet durch allgemeine Krampfbereitschaft; von Konvulsionen und epileptischen Anfällen bis zu Muskelkrämpfen, vor allem Wadenkrämpfen, Gliederzuckungen im Schlaf und beim Einschlafen, Bronchialspasmen (Bronchialasthma, Keuchhusten mit Erbrechen). Muskelzuckungen im urämischen Stadium des chronischen Nierenversagens und das Nierenversagen selbst sind Grenzzustände des Arzneimittelbildes von Cuprum metallicum. Die Krampfbereitschaft weist auf den psychischen Organismus (Astralleib, *Rudolf Steiner)* hin, der im Stoffwechsel-Gliedmaßen-System nicht völlig eingegliedert ist, der aber auch in die Nieren-Organisation nicht genügend eingreift. Mit der Einatmung gliedert sich die Psyche in den Nierenorganismus ein, um über das venöse System sich wieder zu lösen. Dieser Ein- und Ausatmungsprozeß ist beim Kupfer-Arzneimittelbild dahingehend gestört, daß sowohl auf der einen Seite die Einatmung als auch die Ausatmung unvollständig sind. Dies ist der Hintergrund der Krampfbereitschaft. Der Astralleib ist relativ frei. Die Krämpfe können, wenn sie besonders heftig auftreten, in Bewußtlosigkeit übergehen (Epilepsie, Keuchhusten).

Konstitution

Das Cuprum-Arzneimittelbild entspricht der carbo-nitrogenen Konstitution. Die Haut ist blaß, livide, zyanotisch, marmoriert, im Anfall

---

*) Vgl. *H.-H.Vogel* „Kupfer und Eisen"; in: „Die Leber".

vor allem im Gesicht blau-rot. Es besteht Frösteln, dabei Bedürfnis nach frischer Luft, nach Sauerstoff (vgl. Asthma*).

Psyche

Neigung zu fixen Ideen, mürrische Verstimmung, ängstlich, boshaft.

Zusammenfassung der besonderen Merkmale der carbo-nitrogenen Konstitution

Die atmende Psyche versinkt im Stoffwechselbereich, vor allem im Bereich des Pfortader- und Venensystems. Die Ausatmung ist ungenügend. Dadurch kommt es zur inneren Asphyxie, zu Atemnot und zu ungenügender Entgiftung. Das Pfortadersystem und auch das Venensystem sind überladen mit unvollständigen Auf- und Abbaustufen der Ernährung und des Stoffwechsels. Die carbo-nitrogene Konstitution unterliegt dem Sulfur-Prozeß. Die Wärme wird nicht genügend freigegeben, daher Frösteln, jedoch auch im allgemeinen Empfindlichkeit gegen äußere Wärme. Bedürfnis nach Sauerstoff, nach frischer Luft. Hinter der carbo-nitrogenen Konstitution steht die Kräfteorganisation der Milz, deren Funktion es ist, lebende Substanz, sei es eigene oder aus dem Nahrungsstrom, völlig abzubauen und auf die Stufe der physischen Wärme zu überführen. Ist dieser Prozeß zu schwach, dann kommt es zu toxischen Zuständen, zu Allergien. Das Krankheitsbild der carbo-nitrogenen Konstitution tritt auf. Die melancholische Verstimmung, Ängstlichkeit, Unentschlossenheit, Trägheit sind die charakteristischen seelischen Begleiterscheinungen.

Die plethorische Konstitution

Es handelt sich bei der Plethora um eine vierte Konstitution, die sich bei *von Grauvogl* nicht findet, die jedoch bei folgerichtiger Berücksichtigung immer wiederkehrender typischer konstitutioneller Merkmale die Konstitutionslehre von *von Grauvogl* vervollständigt. Die plethorische Konstitution nimmt gegenüber den drei anderen Konstitutionen eine Sonderstellung ein. Die oxigenoide, hydrogenoide und carbo-ni-

---

*) Vgl. Arzneimittelbilder: Camphora, Veratrum album, Carbo vegetabilis, Nicotiana tabacum. Unter diesen Mitteln steht bei Cuprum metallicum die Krampfbereitschaft im Vordergrund.

trogene Konstitution ist Ausdruck eines einseitigen, speziellen Verhältnisses der Psyche zu einem bestimmten Element der Bildekräfte-Orga-
nisation: des Licht-Luft-Elementes (oxigenoide Konstitution), des che-
misch-flüssigen Elementes (hydrogenoide Konstitution), des stofflich-
physischen Elementes (carbo-nitrogene Konstitution).

Die plethorische Konstitution umfaßt dagegen die Summe der Elemente des ganzen Flüssigkeitsorganismus: mesenchymale Gewebeflüssigkeit, Lymphe, venöses und arterielles Blut. Die außerhalb des Blutkreislaufs getrennt bestehenden Flüssigkeitssysteme sind physiologisch
im Blutsystem vereinigt, bilden jedoch in ihrer Gesamtheit die plethorische Konstitution dadurch, daß sie relativ isoliert im geschlossenen
Blutkreislauf wirksam werden. Sie bilden gleichsam ein individualisiertes und isoliertes Flüssigkeitsorgan innerhalb des differenzierten Ge-
samtflüssigkeitsorganismus; denn der pathologische plethorische Blutkreislauf produziert alle Erscheinungen, die zu den besonderen physiologischen Eigenschaften der getrennt wirksamen Flüssigkeitssysteme
gehören: der mesenchymalen Grundsubstanz, der Lymphe, der Gewebeflüssigkeit, des Chylus und des Sinnesliquors (Abb. 19):

Sinnes-Liquor

    Gewebeflüssigkeit

    arterielles Blut

       mesenchymale Grundsubstanz   Plethora

    venöses Blut

    Organlymphe

Chylus

Wir haben dadurch bei der Plethora die Hypervolämie, daß interstitielle
Gewebeflüssigkeit und Lymphe im Übermaß im Blutkreislauf gehalten
werden. Man kann deshalb auch von einer Lymphämie sprechen. Darüber hinaus ist die mesenchymale Grundsubstanz im Blut vermehrt tätig.

Hypervolämische Konstitution

Aus dem Zusammenwirken ergibt sich die Hypervolämie und der
hypervolämische Hochdruck; aber auch die erhöhte Gefäßspannung,

228

die zur Gefäßsklerose führt, weist auf eine Bindegewebsaktivität im Sinne vermehrter Collagen- und Fibrinbildung hin (Tendenz zur Koronarsklerose, Aortensklerose).

Schließlich ist die Polyglobulie Ausdruck ungenügender Milztätigkeit im Blut, d.h. das Blut hat sich auch von der Milzfunktion bis zu einem gewissen Grade emanzipiert. Die Entvitalisierung des Blutes ist gegenüber der Vitalisierung zu schwach.

Wir nennen wieder drei Substanzen, deren Arzneimittelbilder wesentliche Symptome der plethorischen Konstitution hervorrufen und die in hohen homöopathischen Potenzen für die Therapie in Frage kommen.

Aurum metallicum
Arnica montana
Apis mellifica

Allen drei Arzneimittelbildern entspricht eine meist kräftige sthenische Körperverfassung und eine Sympathikotonie. Die Temperamentslage ist im allgemeinen cholerisch-depressiv, gutmütig.

Aurum metallicum

Konstitution und Psyche

Warmblütig, kräftiger sthenischer Körperbau, gerötetes Gesicht, voll- und schwerblütig mit hohem Blutdruck. Ärgerlich, reizbar, eigensinnig, duldet keinen Widerspruch und wartet keine Antwort ab, ungeduldig*). Bei Rückschlägen kommt es zu Selbstvorwürfen, zu Schwermut und Selbstmordgedanken.

Das Gesicht ist gedunsen, rot, kongestiv (dann stechende, brennende Kopfschmerzen, Klopfen); Lichtempfindlichkeit, Geruchsempfindlichkeit. Exophthalmus, Struma, Vergrößerung und Flüssigkeitsanschoppung im Herzen, aber auch in anderen Organen, vor allem der Leber. Vergrößerung und Verhärtung des Uterus.

Gefühl, als ob das Herz einige Sekunden stillstünde, danach wieder heftiges Einsetzen des Herzschlages; Herz hängt schwer wie ein Stein

---

*) Siehe *Martin Stübler:* Das Gold; Bd. II (Arbeitsunterlagen des Bad Boller Medizinischen Seminars) und *H.-H. Vogel:* Arzneimittelbilder von Gold, Antimon, Arnica, Apis.

nach unten. Der Puls ist schwach, rasch, unregelmäßig. Es besteht Atemnot, vor allem nachts; Bedürfnis, tief durchzuatmen.

Verschlimmerung

In der Wärme, aber auch bei kaltem Wetter, in der Nacht; Verlangen nach frischer Luft, örtliche kalte Wasseranwendungen bessern; leidet unter „Wallungen". Im Aurum-Bild sind Psyche und körperliche Symptome der sogenannten obersonnigen Planetenmetalle vereit: das dem Saturn zugeordnete Plumbum (Verhältnis zur Wärme und Kälte, zur Gefäßsklerose), das Jupiter-Metall Stannum (Beziehung zum Bindegewebe, zur Bindegewebsflüssigkeit, zu Gelenken und Knochenbildung), das Mars-Metall Ferrum (Beziehung zum Atmungs- und Blutsystem). Im Aurum-Arzneimittelbild spielen sich diese Substanzprozesse auf der physisch-mineralischen Ebene des Organismus ab. Darüber hinaus besteht auch eine deutliche Verwandtschaft zum Mercurius-Arzneimittelbild (syphilitische Gewebezerstörung, Knochendestruktion, vor allem der Gesichtsknochen). Ovarialzysten, Myome und Kondylome erweitern das Aurum-Bild durch die Substanzverbindungen wie: Aurum arsenicosum, Aurum jodatum, Aurum muriaticum (Natriumchloraurat).

Im Aurum-Bild offenbart sich die Persönlichkeitskraft in ihren Extremen: Überbetonen des Selbstes (Egoismus, kann nicht auf andere hören) bis zur Ellbogen-Gewaltnatur sich steigernd; dann — bei Rückschlägen — psychischer Zusammenbruch mit Kleinmut, Selbstvorwürfen und Suizidgedanken. Übermut und Schwermut sind in einem Bild vereinigt. Hinter diesem Bild äußerster psychischer Spannungen verbirgt sich eine liebenswerte, weiche, vielfach hilflose Gemütslage.

Arnica montana

Die plethorische Konstitution entspricht weitgehend auch dem Arnica-Arzneimittelbild. Es ähnelt dem Aurum-Bild in vieler Hinsicht; man könnte die Arnica geradezu als das pflanzliche Aurum bezeichnen.

Wir finden die Vollblütigkeit, die Hypervolämie, Polyglobuli, Hypertonie. Das Gesicht ist eher blau-rot und venös gestaut — im Unterschied zu der Röte des Aurum-Bildes, dem eine arterielle Anschoppung zugrundeliegt. Auch ist das übrige venöse Gebiet beim Arnica-Arzneimittelbild gestaut, die Venen erschlaffen mit der Neigung zu Stasen und sichtbaren Varizen. Die Extremitäten und der Körper sind kühl, der Kopf heiß. Die Haut zeigt vor allem an den unteren Extremitäten, aber auch sonst, blaue und schwarze Flecken. Es kommt auf Druck und Stoß leicht zu Blutungen aus den venösen Kapillaren ins Gewebe. Hämatome, Zustand wie nach Prellungen und Schlag mit den entsprechenden Beschwerden (Zerschlagenheit). Arnica ist deshalb auch das Mittel bei Verletzungen, nach Operationen, nach Gelenkverstauchungen mit Hämatomen.

Herz und Kreislauf zeigen ähnliche Erscheinungen wie das Aurum-Bild: Angina-pectoris-Beschwerden bei schwachem unregelmäßigem Puls; Herzbeklemmung und Atemnot. Neigung zu Ödemen der unteren Extremitäten; Herzvergrößerung, Fettherz (vgl. Aurum).

Die zerebrale Kongestion mit Neigung zu Apoplexie ist ein wesentliches Symptom des Arnica-Arzneimittelbildes.

Psyche

Vor Erkrankungen im Prodromalstadium Gefühl wie zerschlagen, seelische Niedergeschlagenheit, ängstlich, stumpf, hypochondrisch. Angst und Hoffnungslosigkeit treten vor allem nachts auf. Tagsüber Stumpfheit, Gleichgültigkeit. „Furcht vor plötzlichem Tod mit nächtlichen Herzbeschwerden" *(Kent);* Todesfurcht, Erschrecken nachts (Herz!).

Verschlimmerung

Im Erkrankungsfalle durch Fleischnahrung, die abgelehnt wird, ebenso wird Milch dann abgelehnt. Es besteht Durst; Berührung verstärkt die Symptome, feuchte Kälte ebenfalls; Bewegung, aber auch Ruhe; deshalb ruhelos, vor allem nachts.

Wie beim Aurum-Bild ist beim Arnica-Arzneimittelbild Herz und Kreislauf wie verselbständigt und vom übrigen Organismus gleichsam abgetrennt. Im Blutkreislauf und im Herzen konzentrieren sich dabei Lebensprozesse und Energien des Wärmeorganismus, des Licht-Luft-Organismus und der Flüssigkeitssysteme.

231

Apis mellifica

Bienengift ist in erster Linie ein Kapillargift und zwar vor allem der
venösen Kapillaren. Es greift in entwicklungsgeschichtlich erste Bildungsstufen der Blutinselbildung und Gefäßbildung. Es ist eine hochsulfurische Substanz und steigert die sulfurischen Prozesse vor allem im
Bereich des Mesenchyms, der mesenchymalen Grundsubstanz und —
wie gesagt — der Kapillarbildung. Diese werden durchlässig; die Trennung von zirkulierendem Blut und interstitieller Gewebeflüssigkeit
wird weitgehend aufgehoben (Lösung der Struktur). Die Bindegewebsgrundsubstanz quillt. Es kommt zu Ödemen (Quincke-Ödem, Hirn-
Ödem, Eklampsie). Alle Erscheinungen spielen sich an Oberflächen ab:
an der Haut, den Pleuren, dem Peritoneum, den Organüberzügen, den
Meningen, am submukösen Bindegewebe und den Basalmembranen
der parenchymatösen Organe und der Kapillaren. Diese Tatsache weist
vor allem auf die Wirksamkeit von Apis in der Wärmeperipherie und
deren Organe hin. Apis ist ein Wärmegift. Der Wärmeprozeß verselbständigt sich. Seine Wirksamkeit in der mesenchymalen Grundsubstanz, auch des Blutes, ist die Ursache für die gleichzeitige Anschoppung von Flüssigkeit und den Wärmestau im Blut selbst. Bei der Glomerulonephritis entwickelt sich ein ausgesprochenes Apis-Bild: es
kommt zur Kapillaritis der Glomerula, zur Quellung und Durchlässig-
keit der Basalmembranen, zur Flüssigkeitsanschoppung im Kreislauf
(Hypervolämie) und zur Hypertonie (bei Oligurie oder Anurie).

Konstitution

Dem Arzneimittelbild von Apis entspricht ein pastöser, blasser Habitus. Die Haut weist einen erhöhten Flüssigkeitsturgor auf, sie ist klein-
porig, hochgradig berührungsempfindlich mit der Neigung zu Urticaria
mit blaß-lividen, umschriebenen, bis zu handflächengroßen ödematösen
Hautschwellungen, die brennen. Der Kreislauf ist sympathikoton. Die
Wärmestauung bei *Durstlosigkeit* und das innere Hitzegefühl sind Zeichen dafür, daß nicht nur die Wärme nicht umgewandelt und abgegeben wird, sondern daß auch die Flüssigkeit im Blut und im Bindegewebe zurückgehalten wird. Daher geringe Urinausscheidung. Es
kommt nicht zum Schweißausbruch. Die Haut ist trocken. Bei geringer
körperlicher Belastung Atemnot.

Verschlimmerung

Durch äußere Wärme, durch Sonnenhitze, Zimmerwärme, offenes Feuer, Bettwärme, durch Berühren. Es besteht ein starkes Bedürfnis nach Kühle, nach kalten äußeren Anwendungen, nach frischer Luft. Zum Apis-Bild gehört eine allgemeine allergische Diathese, Eiweiß-überempfindlichkeit, aber auch gegenüber Zucker. Eine besondere Beziehung besteht zu den Meningen (Meningitis, Sonnenstich), zu den Ovarien, vor allem rechts, und zwar sowohl zur Entzündung als auch zu Ovarialzysten, vor allem aber zum Herzen, zum Nieren-Blasen-System. Die Wärme- und Flüssigkeitsanschoppung und Stauung bilden in jedem Falle den Hintergrund für die Apis-Konstitution und ihre Erkrankungsmöglichkeiten. Daß auch die Apis-Konstitution, ähnlich wie die Aurum-Konstitution, zu seelischen Einseitigkeiten neigt, wie plötzliche nächtliche Schreie (aus dem Schlaf), Furcht und Eifersucht, Wut und Sorge, zeigt, daß auch hier die Persönlichkeitskräfte in einseitiger Weise auf das eigene Selbst gerichtet sind und die Fähigkeit zur Kommunikation vielfach fehlt.

Die plethorische Konstitution — Zusammenfassung

Die plethorische Konstitution faßt die gesamte Kräfteorganisation (Lebens- oder Ätherleib, *R. Steiner*) im Blutkreislauf noch einmal zusammen. Die Spannung reicht von der Wärmeorganisation, über den Licht-Luft-Organismus, den chemischen und Flüssigkeits-Organismus bis zur physisch-mineralischen Substanz-Bildung. Die seelische Spannung ist entsprechend groß; der Ausgleich und die Entlastung einseitiger Tendenzen sowohl physiologisch als auch psychisch durch die Kommunikation mit den um das Zentrum Herz gruppierten Organsystemen ist unzureichend. Herz und Kreislauf betonen ihre Autonomie. Dies führt auf der einen Seite zu einer Überlastung des Blutsystems, zum anderen zu den psychischen Pendelausschlägen von Tätigkeitsdrang zu Passivität, von Hochstimmung zur Depression, von eigensinniger Selbstbehauptung zur Selbstzerstörung.

Aurum, Arnica und Apis wiederholen auf der mineralischen, der pflanzlichen und tierischen Stufe in Abwandlung dasselbe Prinzip: die Wärme. Sie bildet den gemeinsamen Hintergrund dieser drei Substanzprozesse.

Die Konstitutionslehre Grauvogls

Warum haben wir uns mit den drei Konstitutionen von *von Grau-vogl*, ergänzt durch die plethorische Konstitution, beschäftigt?

Von Grauvogl lehrt uns:

die verwirrende Vielfalt der homöopathischen Arzneimittelbilder, deren Symptome und Modalitäten auf ihre gemeinsamen Grundtypen zurückzuführen, die stets Varianten weniger urphänomenaler Bilde- oder Kräfteprinzipien sind, denen einerseits die äußeren chemisch-physikalischen Eigenschaften der Stoffe, andererseits die inneren patho-physiologischen Prozesse folgen. Diese Übereinstimmung als Grundlage des Simile-Prinzips hat *von Grauvogl* aufgesucht. Dabei wird deutlich, daß die Vielfalt der Eigenschaften der Naturstoffe und der Symptomatologie der Krankheitserscheinungen im Grunde nicht so groß ist, wie es zunächst bei bloßer Registrierung der Symptome zu sein scheint.

Alle chemisch-physikalischen Eigenschaften der Natursubstanzen und aller Krankheitssymptome lassen sich — nach *von Grauvogl* — stets auf wenige bestimmte gemeinsame Kräfte oder Energieprinzipien zurückführen, die er in den drei konstitutionellen Urtypen gefunden hat. Wir erkennen in diesen einseitigen Konstitutionstypen die konstituierenden Kräfteorganisationen wieder, die auf die Vier-Elemente- und Vier-Säfte-Lehre der hippokratischen und paracelsischen Medizin zurückgeführt werden können:

Feuer (Wärme)	plethorische Konstitution
Luft (Licht)	oxigenoide Konstitution
Wasser (Chemismus)	hydrogenoide Konstitution
Erde (Schwere)	carbo-nitrogene Konstitution

Die *von Grauvogl*sche Anschauung von den Konstitutionen lehrt uns ein zweites:

Die Zuordnung der Symptome eines Arzneimittelbildes zu einem besonderen ursprünglichen konstitutiven Kräftesystem*) macht es möglich, nicht nur die pathologischen, körperlichen Erscheinungen, son-

---

*) Unter ursprünglichem konstitutivem Kräftesystem werden hier die voneinander funktionell zu unterscheidenden physiologischen und biologischen Systeme verstanden, deren harmonisches Zusammenwirken den Gesamtorganismus bildet.

dern vor allem auch die psychischen Symptome und Abnormitäten auf ein bestimmtes, in die Disharmonie geratenes physiologisches System zu beziehen. So geht aus der oxigenoiden Konstitution unmittelbar das sanguinische Temperament, aus der hydrogenoiden Konstitution das phlegmatische Temperament, aus der carbo-nitrogenen Konstitution das melancholische Temperament und aus der plethorischen Konstitution das cholerische Temperament hervor.

Die extremen (pathologischen) Grenzzustände der Temperamente bilden ihrerseits die Verständnisbrücke zwischen den somatischen und psychischen Krankheitserscheinungen. Sie lehren uns, daß die ganze Symptomatologie der Krankheits- und Arzneimittelbilder Ausdruck einseitiger seelischer Wirksamkeit sind, die im Zusammenhang mit bestimmten, voneinander unterscheidbaren Lebensprozessen stehen*).

Es kommt bei der Arzneimittelfindung darauf an, zu erkennen, welcher konstitutionelle Grund- oder Urtypus hinter einem Krankheitsbild steht, der sich dann individualisiert und differenziert zu einem für den Kranken individuellen und speziellen Arzneimittelbild. Wie man sagen kann, daß sehr viele Liliacaeen in ihrem Arzneimittelbild eine urphänomenale Beziehung zum Nierensystem haben, jedoch in jedem einzelnen Falle aus der großen Pflanzenfamilie der Liliengewächse die zum individuellen Nierenbild passende Lilienart gefunden werden muß (z. B. Veratrum album, Colchicum autumnale, Convallaria majalis, Scilla maritima usw.), so wandelt sich das Urbild der konstitutionellen Krankheitsdisposition ab in die für jeden Kranken individuellen und speziellen Arzneimittelbilder dieses Typus.

---

*) Den Doppelbegriff „Psycho-Somatik" suchen wir zu vermeiden, da er den Dualismus von Leib und Seele aufrechterhält.

Evolution und Involution

Das menschliche Leben ist in seinem ganzen Verlauf — von der Geburt bis zum Tod — eingeordnet in die polaren Kräfte: kosmische Umkreiskräfte (pränatal) — tellurische Zentralkräfte (postnatal).

Unter Lebensprozeß verstehen wir die organische Entwicklung, Evolution, d.h. die Entfaltung, das Wachstum, Regeneration und Bildung der topographisch abgrenzbaren Organe und organisierter Systeme (Organe wie Leber, Niere, Herz usw., Systeme wie Muskulatur, Knochensystem, Lymphsystem, Blutkreislauf, Nervensystem) und die Proportionalität der einzelnen Organe und Systeme zueinander und zum Ganzen.

Der so als organische Evolution gekennzeichnete Bildeprozeß beginnt mit der Befruchtung. Von Anfang an wirken periphere Bildeimpulse formgebend und als Wachstumsreize von außen auf die zelluläre substantielle Matrix und das Zellinnere im keimenden Leben (vgl. *Blechschmidt:* „Vom Ei zum Embryo"). Schon das Ei ist von einer perizellulären Zone, der Zona pellucida, umgeben, die sich in den zwischen- und perizellulären „Stoffwechselfeldern" *(Blechschmidt)* fortsetzt. „Form" und „Stoff" sind die Kräftepole der Entwicklung. Man könnte auch sagen: Umkreiskräfte (Universalkräfte) wirken aus der pränatalen Zeit in das Leben hinein, tellurische Zentralkräfte wirken gleichsam aus der Zukunft ebenfalls auf das sich entfaltende organische Leben (siehe Abb. 20).

Das polare Bildungsprinzip „Form — Substanz" zeigt sich bereits im Eifollikel und findet seine Entsprechung in den plazentaren Hüllenorganen, dem Trophoblasten, dem Amnion und Dottersack. Aus der Peripherie strömt das Mesenchym (das „Dazwischen Gegossene") nach dem Zentrum (siehe Abb. 21).

Die Formkräfte, die aus der Peripherie mit dem Mesenchym auf den Keim zu nach innen strömen, sind von kosmisch-universeller Art; die substantiell-zelluläre Matrix — der Erbstrom — bildet die tellurisch-differenzierte Wirklichkeit. Die Formkräfte begleiten das Wesen (die Entelechie) in seiner embryonalen, vorgeburtlichen und nachgeburtli-

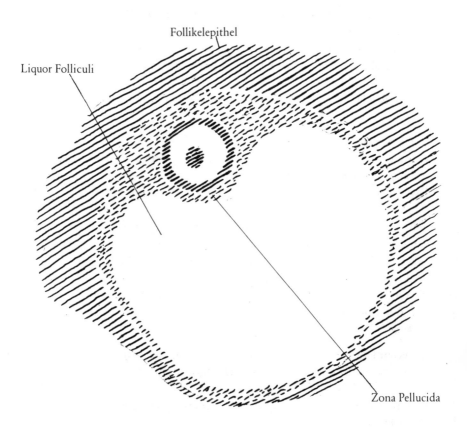

Follikelepithel

Liquor Folliculi

Zona Pellucida

Abb. 20

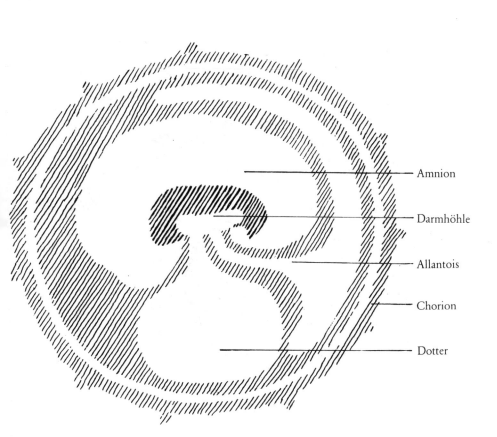

— Amnion

— Darmhöhle

— Allantois

— Chorion

— Dotter

Abb. 21

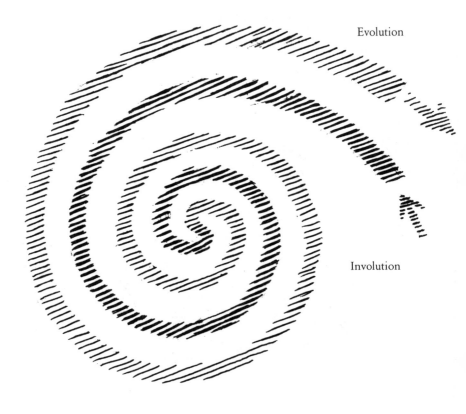

Evolution

Involution

Abb. 22

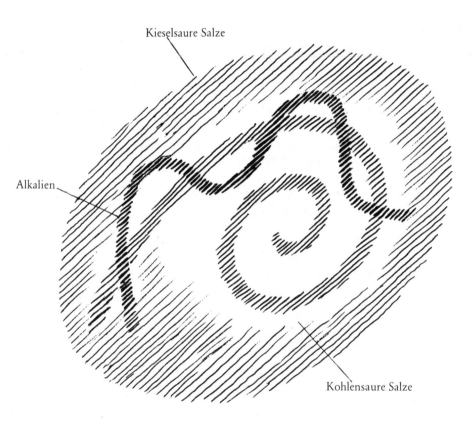

Kieselsaure Salze

Alkalien

Kohlensaure Salze

Abb. 23

241

chen, körperlich-organischen Wachstumsphase (Evolution). Siehe Abb. 22: Auswickelnde Spirale (*Ent*wicklung). Das geistig-seelische Wesen inkarniert sich. Wir können von geistig-seelischer Involution sprechen (siehe Abb. 23).

Kindheit		Alter
Ernährung (Sulfur)	Lebensmitte	(Sal) Atmung

Metamorphose der Lebenskräfte

Die Form- und Wesenskräfte ergreifen in der pränatalen-natalen Evolutionsphase den Flüssigkeitskeim. In dieser Zeit ist die Atmung flach. Der ganze Keim „atmet" wie Ebbe und Flut zusammen mit der Lymphe von der Pheripherie nach dem Zentrum und der Gewebeflüssigkeit vom Zentrum zur Peripherie. Die Flüssigkeitsoberfläche wird von der Atmung kaum erreicht. Das Seelische ist ganz im Flüssigen untergetaucht.

Im Bereich des Gesichts-Schädels, am Kopfpol wird die Atmung als erstes freier. Die Pneumatisation der Nasennebenhöhlen setzt ein:

am Ende des 1. Jahres Durchluftung der Kieferhöhlen
am Ende des 4. Jahres Durchluftung der Keilbeinhöhlen
am Ende des 12. bis 14. Jahres Durchluftung der Stirnhöhlen

Gleichzeitig schreitet die Umwandlung der in der frühen Kindheit dominierenden mesenchymalen Schleimsubstanz, Lymphe und Bindegewebsflüssigkeit, in das venöse und zunehmend in das arterialisierte Blut weiter. Die Nierenorganisation wird nunmehr mit Beginn der Pubertät im Anschluß an die embryonale, bisher den Aufbau bestimmende Lebertätigkeit stärker ergriffen. Die hydrogenoide *(von Grauvogl)*, lymphatisch-ernährende Phase des kleinen Kindes wird abgelöst durch ein Hervortreten der „oxygenoiden" *(von Grauvogl)* atmendengestaltenden Phase, die von der Pubertät bis ins Erwachsenenalter (21.–28. Lebensjahr) reicht.

Am Atempol des Lebens verstärkt sich das Prinzip der Pneumatisation des Schädels. Diese Phase umfaßt das 36. bis 42. Lebensjahr. Die Durchluftung des Organismus schreitet von oben nach unten fort. Das wäßrig-lymphatische, evolutionäre Wachstum wird spürbar und sichtbar stufenweise vom 48. Lebensjahr an umgepolt zur organischen Involution. Die im Flüssigen aufbauenden Kindheitskräfte werden Schritt für Schritt freigesetzt. Während in der frühkindlichen Entwicklung in der Rachitis das Skelett zu weich bleibt, kann man im Alter gleichsam von einer Altersrachitis (Osteoporose) sprechen. Das organische Phlegma des Säuglings- und Kleinkindesalters wandelt sich um in die Gelassenheit der Altersweisheit. Der ganze physische Leib steht unter dem Zeichen der „Involution"; die Bildekräfte, die geistigen Formkräfte und seelischen Gestaltungskräfte unter dem Zeichen der „Evolution".

Pathologie der Organ-Evolution

Eine Störung in der frühkindlichen organischen Wachstumsperiode im Sinne nicht vollzogener bzw. unvollständiger Bilde-Metamorphose liegt vor, wenn die lymphatische, „hydrogenoide" frühkindliche Konstitution über die Pubertät hinaus fortbesteht. Es kommt dann zu der charakteristischen Krankheitsdisposition der exsudativ-lymphatischen Diathese (Calcium carbonicum-Arzneimittelbild) mit der Disposition zu chronisch rezidivierenden Nasennebenhöhlenentzündungen, Tonsilliti-den, Otitis media. Organische Grundlage der Sinusitiden bildet die dysplastisch-hyperplastische Schleimhaut, vorwiegend der Kiefernhöhlen und der Nasenschleimhaut.

Eine entgegengesetzte Umwandlungsstörung der hydrogenoiden Kindheitskonstitution liegt vor, wenn das Atmungsgeschehen zu früh von den Kopfkräften (Nervenprozeß, Sal-Prozeß) ergriffen wird. Dieser vorzeitige „Alterungsprozeß" fällt meist in die organische Evolutionsphase des 1. bis 2. Jahrsiebts. Es bildet sich der trockene, erethisch-aufgeschossene Lymphatiker heraus mit verhärteten Lymphknoten, hypertroph-dysplastischen Tonsillen, dysplastisch-atrophischen Nasen- und Nasennebenhöhlen-Schleimhäuten mit und ohne Polypenbildung (Calcium phosphoricum-Arzneimittelbild).

Die Bedeutung des Wärme-Organismus

Das Verhalten des Wärme-Organismus bietet die Kriterien zum Verständnis beider Entwicklungsstörungen. Die Bildung substantieller Wärme (darüber hinaus auch die Entfaltung innerer Licht- und Gestaltungsenergie bei der Organwachstumsphase), die gesunde Eiweiß- und Glykogenbildung sind eine Leistung der Leber. Dies ist ein, im Paracelsischen Sinne gesprochen, Sulfur-Prozeß. In der Lymphe vollzieht sich die entwicklungsgeschichtlich früheste Eiweißbildung. Der Eiweißaufbau, vor allem die Bildung der Muskulatur, ist im Zusammenhang mit dem Kalzium-Prozeß zu sehen. Die im Lymphgefäßsystem sich relativ verselbständigende Lymphe und die Lymphknoten stehen unter dem Zeichen des Quecksilber-*Prozesses*. Die Bildung des Venenblutes ist das Ergebnis einer ersten Wärmemetamorphose. Die Eigenwärme kann sich auf der venösen Stufe des Blutes jedoch noch nicht voll entfalten. Das Kind ist in der Periode des 1. Lebensjahres noch auf die Regulierung der Körperwärme von außen angewiesen. Erst die Ausbildung des arteriellen Blutsystems im Zusammenhang mit der Betonung und Vertiefung der Lungen-Sauerstoff-Einatmung führt zur Eigenwärme und zum Gleichgewicht zwischen substantieller Wärmebildung (Leber im Zusammenhang mit dem Kupfer-Prozeß) und deren Umwandlung in Wärmestrahlung und zur freien Wärme als geistig-seelische, initiative Wärme, als übergeordnete Steuerung eines gesamten, einheitlichen Wärmeorganismus (Eisen-Prozeß).

Organhypoplasie

Die physische Bildung eines Organs, das selbst nach vollständigem Abschluß starken Wachstums-Schwankungen unterliegt, wie der Uterus, entspricht einem eigentümlichen und besonderen Lebensprozeß. Vom Gesichtspunkt einer Substanzwirksamkeit hängt dies mit dem Silber-Prozeß zusammen. Die Eigenformkräfte des Uterus-Organs sind locker mit dem physischen Organ verbunden. Dies kommt im Pathologischen im Organgefühl der Organausdehnung oder des Organvergrößerungsgefühls zum Ausdruck. Der physiologische Wechsel von Flüssigkeitsanschoppung, Verstärkung der Venosität und der Lymphversorgung — etwa während des Menstruationszyklus —, evolutionäres Wachstum in der Gravidität, Involution in der Laktationsperiode hängen eng mit einem intensiveren Eintauchen des Seelischen in diesem Organgebiet und einem Wiederauftauchen aus diesem Organgebiet zusammen.

Die Hypoplasie des Uterus ist die Folge eines vorzeitig zum Abschluß kommenden Organwachstums. Die besonderen Bildekräfte, die in diesem Organ Atmung, Flüssigkeitsprozesse, Zirkulation beherrschen und das damit im Zusammenhang stehende Empfindungsleben (Psyche) werden relativ frei, etwa so, wie dies im Gesunden nur im oberen Sinnesnervenbereich der Fall ist. Wir haben die organische Grundlage der Hysterie vor uns mit den typischen, verselbständigten, vagabundierenden Lebenskräften, deren sich die Psyche in wuchernden Phantasien, dem Traumleben ähnlich, bedient.

Die Agenesien, Aplasien, Dysplasien, Atresien und die bei regelrechter Organentwicklung rechtzeitig eintretenden Obliterationen (Beispiele: Arteria hyaloidea des Glaskörpers, Ductus Botalli usw.) liegen außerhalb unseres Themas.

Vorzeitige, d. h. vor Abschluß des organismus- und organtypischen Wachstums bereits einsetzende „Evolution" der Bildekräfte bzw. die unvollständige Involution der Form- und Gestaltungsprinzipien ist als Störung der Organmetamorphose und der die Organbildung bewirkenden Bildekräfte anzusehen. Es sind Vorwegnahmen der nach der Lebensmitte (42. bis 48. Lebensjahr) einsetzenden biologisch-zeitgerechten Involutions-Atrophie (z. B. des Gehirns). Die um das 28. Lebensjahr bereits einsetzende organische Involution des Gehirns mit — wenn auch sehr allmählicher — Abnahme des Gehirnvolumens ist die Begleiterscheinung der von uns geschilderten geistig-bewußtseinsmäßigen Evolution.

(Die senile Atrophie des Großhirns mit seniler Demenz bei Ausweitung der Liquorräume ist dagegen ein gehirnorganischer, pathologisch-anatomischer Krankheitsprozeß mit Versagen der Hirnfunktion — vgl. auch *Alzheimer*sche Krankheit als seltener degenerativer Prozeß der Großhirnrinde.)

Greifen wir auf die eingangs skizzierte einwickelnde und auswickelnde Spirale zurück. Sie kann ein Bild sein für eine im Organisch-Funktionellen, zunächst noch nicht im Morphologischen, sich ausprägende Kräfteumwandlung. Bleiben wir bei unserer Betrachtung des Atem-Stoffwechselgeschehens. Mit der Einatmung greift der Luft-(Sauerstoff-/Stickstoff-)Prozeß in das ernährende, völlig im Flüssigen sich abspielende Lymph-Blutgeschehen ein. Begleiten wir die Sauerstoffeinatmung auf dem Wege der Kohlenstoffverbrennung im Zusammenhang mit der Nierentätigkeit. Die Inkarnation (Involution) der Entelechie, des seelisch-geistigen Wesens in die körper- und individuumeigene Substanz erfolgt im Nachtaufbauprozeß der Leber. Hier erhält das Glykogen und auch das Eiweiß die individuum-spezifische Prägung. Die Aufgabe der Niere besteht darin, die Befreiung der Inkarnations- oder Involutionskräfte aus der Bindung an die Dichte des Stofflichen

(Kohlenstoff) durch oxydative Verbrennung einzuleiten. Ungenügende Verbrennung führt zu einer Art „Erstickung" der Atmung im venösen Blutbereich. Es kommt zu dem konstitutionell-funktionellen Bild der carbo-nitrogenen Diathese *(von Grauvogl)*. Was bedeutet die nicht genügende Umwandlung der Substanz im Einatmungs-/Ausatmungs-Prozeß? Was bedeutet die „Erstickung" im Stoffpol des venös-lymphatischen Organismus?

Die geistigen Wesensglieder des Menschen, das sich involvierende Menschenwesen selbst, gerät in die stoffliche Dichte, in die „Dunkelheit" der Substanzbildung, auf die sich der Organismus morphologisch stützt. Aber nicht nur das geistig-seelische Wesen des Menschen selbst kann in die Verdunkelung geraten. Auch die Bildekräfte unseres leiblichen Organaufbaus können unverwandelt im Substanzaufbaustrom gleichsam steckenbleiben. Denn auch die Kräfteorganisation wird im Atmungs-Verbrennungs-Prozeß, der in der Niere seinen Anfang nimmt, frei, um die Grundlage des Empfindungswillens und Bewußtseinslebens abzugeben.

Wie äußert sich die unvollständige Überwindung etwa des Kohlenstoffes bei der carbo-nitrogenen Diathese?

Betrachten wir einige charakteristische Substanzen, deren Wirksamkeit im lymphatisch-venösen Bereiche liegt, in ihren psychischen Symptomen:

Ammonium-Carbonat (Hirschhornsalz)

Gemütssymptome

Traurig, weinerlich, vergeßlich, übellaunig, unvernünftig. Gefühl der Schwere in allen Organen.

Carbo vegetabilis

Gemütssymptome

Passiv, untätig, Ohnmachtsneigung, furchtsam, Gedächtnisverlust.

Es sind dies die psychischen Symptome der ins Krankhafte gesteigerten carbo-nitrogenen Konstitution. Der Carbo-Prozeß, ein sulfurischer Substanzprozeß, wirkt sich im venösen Gebiet im Pfortaderbereich, aber auch im Lymphsystem beschwerend, verdunkelnd, erstikkend auf die atmende Psyche aus.

Ein anderer Substanzprozeß zeigt ähnliche Symptome, da es sich ebenfalls um eine hochsulfurische Substanz — wenn auch aus der Metallreihe — handelt: Das Antimon verstärkt in seiner Schwefelverbindung als *Antimon crudum oder Grauspießglanz* den sulfurischen Substanzaufbau.

Gemütssymptome

Extreme Reizbarkeit, ständige Neigung zum Ärger, ablehnend gegenüber Personen, will nicht angesprochen werden, widerspruchsvoll, mürrisch, nur mit sich selbst beschäftigt, Selbstmordneigung. (Vgl. *H.-H. Vogel* „Die Polarität Kiesel — Kohlenstoff und Antimon — Aurum".)

Wir kommen damit zu der in unserer Zeit sich ständig unter den Menschen ausbreitenden depressiven Verstimmung. Welches ist die geistig-seelische Situation?

Ein- und Ausatmung ist ein zugleich geistig-seelischer wie kräftemäßig leiblicher Prozeß, an dessen „tiefstem" Punkt die vollständige Umwandlung (Metamorphose) des geistigen Form- und Gestaltprinzips ins Leiblich-Substantielle und der eigengeprägten lebenden Substanz ins Geistige sich vollzieht. Dabei soll unter „tief" die Vereinigung, die Identität von geistigem Kräftegeschehen mit dem leiblich-substantiellen Geschehen verstanden werden. Bei der Verwandlung von Geistigem in Substantielles sprechen wir im Sinne der Paracelsischen Medizin vom Sulfur-Prinzip; bei der Verwandlung von Substanz in geistige Energie vom Sal-Prinzip. Die lebendig-tätige Wandlung, das Verwandelnde des einen Prinzips in das andere wurde Merkur genannt. Die Verwandlung, das ist das merkurielle Prinzip selbst, ist physisch-geistig in einem und spielt sich im Zustand der Wärme im Wärmeorganismus oder — nach *Rudolf Steiner* — in der Ich-Organisation ab. (Vgl. *H.-H. Vogel* „Die Ich-Organisation, die Wärme und das Herz".)

Die ständige Überwindung und Ausatmung des aus dem Lebensprozeß herausfallenden Stoffes sollte am Beispiel der Kohlenstoffatmung aufgezeigt werden. Dieser Überwindung des Substantiellen geht eine Vereinigung des seelisch-geistigen Wesens des Menschen mit der physischen Qualität der Stoffesnatur im Wärmegeschehen des Organismus voraus. In der neuerlichen Abtötung, Verdichtung — man könnte auch sagen Veraschung — der Substanz — in unserem Falle des Kohlenstoffes über die Kohlensäure — im Zusammenhang mit der Ausatmung befreit sich das inkarnierte Wärmewesen Mensch, das Seelische und die mit der Substanz verbundenen Bildekräfte (Wärme, Licht gestaltende Ernergie). Die frei gewordenen Kräfte geben die Basis ab für das Eingreifen des Ich in den Lebensprozeß sowohl nach innen wie nach außen.

Daß die Schwermut heute eine Krankheitserscheinung des Menschen der Zivilisation geworden ist, weist uns auf die mangelnden Umwandlungskräfte hin, die sich vor allem in der Herzregion, an den organisch-psychischen Herzstörungen und am Herzorgan selbst äußern. Das Herz ist das Organ der Substanzumwandlung im Zusammenhang mit der intensivsten Atmung des flüssigen und Wärme-Geschehens in der organischen Herztätigkeit. Das übergeordnete Prinzip, die Wärme, kommt am Herzen wie in keinem anderen Organ zur Wirksamkeit. Das Herz bildet von allen Organen die größte (auch meßbare) Wärmeenergie. Wie in keinem anderen Organ, ist physische Substanz, Flüssigkeitsprozeß, Luftatmung und Wärme-Geschehen in einem Prozeß vereinigt. Das Herz folgt in der Diastole dem Wärmeprozeß; es dehnt sich aus. In der Systole setzt es Wärme frei und wird physisch. Umkreiskräfte und Zentralkräfte wechseln in rhythmischer Folge. Es wundert uns daher nicht, daß das Herz versagt, wenn der Mensch den Substanzwandel im Lebensrhythmus nicht mehr meistert. Das Herz ist das sichtbare Organ des Ineinanderwirkens evolutionärer und involutionärer Kräfte.

Die Haut als Ganzheitsorgan
— Der periphere Flüssigkeitsmensch —

Die Haut ist als peripheres Oberflächenorgan in besonderer Weise dem Flüssigkeitsorganismus zugeordnet. Gleichzeitig ist sie — neben dem Blutkreislauf — das Organ des Wärmemenschen. Bedeutsam für die Ganzheitsbetrachtung der Haut ist es, daß sowohl der *Flüssigkeitsorganismus* als auch der *Wärmeorganismus* von der äußeren und inneren Peripherie als ein Continuum sämtliche Organe durchzieht. Zur Regulation und Erhaltung des körpereigenen Wärmeorganismus bedient sich die Haut des Hautflüssigkeitssystems. Zugleich hängt die „Erhaltung" des Flüssigkeitsorganismus im ganzen mit der Wärmeaktivität und Regulation in der Haut aufs unmittelbarste zusammen. Wir sprechen folglich von einem einheitlichen Flüssigkeitsmantel und einem einheitlichen Wärmemantel der Haut.

Die Eigendynamik des Wassers

Das Wasser hat in sich die Tendenz, wenn es sich selbst überlassen bleibt, ausgedehnte Oberflächen zu bilden (Abb. 24):

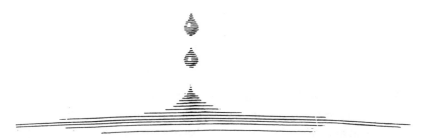

Wasser - Tendenz zur Oberflächenbildung

Abb. 25

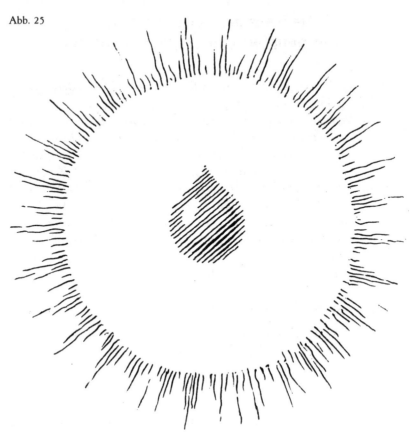

Oberflächenbildung	Beziehung zu den Körper- und Organoberflächen, zu den Grenzmembranen und zum Lebensprozeß	Tropfenbildung
		Beziehung zur physischen Organisation und zur Schwere

Der menschliche Organismus wird aus dem Flüssigen heraus gestaltet. Der Embryo besteht im zweiten Monat aus 97% „Wasser", im neunten Monat aus 74%, ein Neugeborenes aus 66—68% und ein Erwachsener aus 58—65% „Wasser".

Die Haut enthält 72—74% „Wasser", das sind 6—11% des Körperwassers. 70—75% der durchströmenden Blutflüssigkeit „verdunstet" als arterielles Kapillartranssudat ins Interstitium der Organe und der Haut.

Die Quellungsfähigkeit der Gewebe ist beim Kleinkind größer als beim Erwachsenen, ohne Ödeme zu bilden. Daraus geht die Organisationskraft des Bindegewebes gegenüber der Flüssigkeit hervor. Beim Trinken gehen nach vier Stunden ca. 18% der aufgenommenen Flüssigkeit in die Haut (auf dem Umweg über das Blut und die Leber).

Daraus geht hervor, daß das Milieu der „freien" organisch-lebendigen Flüssigkeit das lockere Bindegewebe ist und hier wiederum die flüssigschleimig, zwischen Sol und Gel pendelnde Bindegewebsgrundsubstanz.

Wenn wir von nicht-kanalisierter, den Gesamtorganismus von der Peripherie her kontinuierlich durchziehender Flüssigkeit sprechen, so handelt es sich um drei deutlich voneinander zu unterscheidende Systeme:

Sinnesliquor

          mesenchymale Grundsubstanz

                    Gewebeflüssigkeit

Es sind dies die Flüssigkeiten des einheitlichen Bindegewebskörpers. *Letterer:* Allgemeine Pathologie: „Phylogenetisch entspricht das Schleimgewebe der niederen dem der höheren Tiere. Ontogenetisch ist das Schleimgewebe das erste und älteste Gewebe des metazoischen Organismus" [1].

Obwohl wir die Haut im ganzen und die Epidermis im besonderen als ein Sinnesorgan zu betrachten haben, ist die besondere Beziehung der Haut zum Flüssigkeitssystem, als „Flüssigkeitsmantel" nicht zu übersehen. Der Flüssigkeitsaustausch, die Lymphbildung und Lymphströmung aus der Peripherie nach innen spielen eine besondere Rolle.

Ein Blick in die Embryologie

Bildung, Gestaltung und Ernährung des Eies im Ovarium gehen von der Peripherie aus. Wir haben den Kern im Zentrum, umgeben vom Dotter und in der Umgebung des Eies die Zona pellucida, substantiell bestehend aus Mucopolysacchariden.

Bereits im Ovar liegt der Oozyt, umgeben von der Zona pellucida und dem Follikelepithel (Cumulus oophorus), eine Art „Placenta" im Liquor des Cavum folliculi, vergleichbar den Verhältnissen des Embryos im Uterus.

Der „Trophoblast" des Oozyten ist die Zona pellucida und der Cumulus oophorus. Ernährung, Gestaltung, Flüssigkeitsaustausch erfolgt über den Liquor folliculi. Eine Basalmembran umgibt das Follikelepithel des Oozyten und grenzt ihn gegenüber dem Bindegewebsstroma des Ovars ab. Das Follikelepithel selbst ist frei von Gefäßen. Ähnlich wie am Auge die Hornhaut, die Linse, der Glaskörper, verläuft der Stoffwechsel ausschließlich auf dem Wege über die Gewebeflüssigkeit.

Dieses Gestalt- und Ernährungsprinzip aus der Peripherie setzt sich nach der Befruchtung und Nidation des Eies in der Gebärmutter fort.

„Bereits die ersten Blastomeren stehen nachweislich durch eine geringe Menge Zwischenzellsubstanz miteinander in Zusammenhang. Sie scheinen zwar mikroskopisch durch die Zwischenzellsubstanz voneinander getrennt, sind aber submikroskopisch durch sie miteinander verbunden. Die Zwischenzellsubstanz stellt zwischen den einander benachbarten Zellgruppen ein interzelluläres, morphologisch genauer bestimmbares Stoffwechselfeld dar, das sich deutlich von den nachfolgend entstehenden Stoffwechselfeldern unterscheidet" [2].

Im blastomeren Stadium beginnt gestalthaft der neue Organismus, bestehend aus Zellen und Interzellularsubstanz. Dieses gewährleistet die Urgestalt des neuen Individuums.

„Bei der Trennung des blastomeren Verbandes geht das ursprüngliche Individuum zugrunde, jedoch überleben seine „Organe", die Blastomeren."

„Er" (der Keim) ist bestrebt, seine ursprüngliche Eigenart — wir sagen sich selbst — zu erhalten. Deshalb vermeidet der Organismus im Verlauf seiner Entwicklung plötzliche Änderungen."

„Je verschiedener die Organe im Verlaufe der Differenzierung im Verhältnis zueinander werden, desto mehr engt sich die weitere Entwicklungsmöglichkeit ein, desto mehr altert allmählich schon der Keim" [2].

An dieser Stelle fügen wir eine uns wichtig erscheinende Bemerkung *Letterers* über das Bindegewebe ein:

„Der vorwiegend statisch-mechanischen Funktion des geformten Bindegewebes steht die *dynamische* des lockeren, *ungeformten* gegenüber. Dynamisch deshalb, weil ihm die Potenz des mesenchymalen Blastems „alles zu werden", wozu das Mesenchym überhaupt fähig ist, in fast vollem Ausmaß noch zur Verfügung steht" [1].

252

Im folgenden führen wir die entscheidenden Ausführungen *Blechschmidts*[2] über die Gestaltungspotenz der Organe aus der Peripherie an:

„Die Gene besitzen in ihrem Inneren keinen vorgezeichneten Bauplan oder Funktionsplan im Sinne einer Präformation als einer nachweisbaren Vorherbildung. Sie sind nicht etwa der fertige Organismus im Kleinen. Entgegen früherer, erst unsicher tastenden Meinungen besteht zwischen Genen und den späteren Organmerkmalen kein nachweisbarer direkter Zusammenhang. Deshalb können bei genetisch verschiedenen Arten — wie z. B. bei zahlreichen nicht hominiden Vertebraten — sehr ähnliche Organbildungen trotz der genetischen Verschiedenheit entstehen."

„Die Frage ist vielmehr: Auf welche Weise entstehen, trotz der Passivität der Gene, tatsächlich gesetzmäßig die verschiedenen Organe? Aus der Humanembryologie wissen wir heute, daß Wachstum ein von außen angeregter (exogener) Vorgang ist."

„Bereits die ersten Vorgänge der Keimdifferenzierung sind eine Antwort auf Reize, die nachweisbar von außen kommen. Deshalb spielen sich die Entwicklung genannten Zellreaktionen zunächst außen an der Zellmembran und erst anschließend innen im Zellplasma ab. Das Genom (die Summe der Gene in einer Zelle) wird immer erst indirekt betroffen."

„Die Gene sind für alle Entwicklungsreize lediglich das materielle, besonders stabile Substrat, der Nullpunkt im Koordinatenkreuz, in dem sich Entwicklungsbewegungen vollziehen. Es ist deshalb einzusehen, daß die Kernsäuren, die das zentrale genetische Material ausmachen, tatsächlich Druckstöcke sind, an denen das Zellplasma zur Herstellung von Reproduktionen angreift."

„Das heißt, die Gene vermögen nur im Inneren von *Stoffwechselfeldern* zu wirken. Wirkungen, mit denen die Gene allein oder gar aus eigener Kraft die Differenzierung bewirken könnten, gibt es nach dieser Feststellung nicht" [2].

Bestätigt werden diese Feststellungen durch die Bildung der Extremitäten aus den Blastemen der Hautareale in der Peripherie.

„Weil diese Schicht (das Grenzgewebe der Epidermis, d. V.) des Embryos früher nur als Schutzeinrichtung gedeutet wurde, blieb bisher unbemerkt, daß der ganze embryonale Bewegungsapparat in Wirklichkeit ein „bewegter Apparat" ist, nämlich ein Körperteil, dessen Leistungen von der Oberhaut gleichsam programmiert werden."

„Durch künstliche Steuerung des Flächenwachstums der embryonalen Haut (am Hühnerembryo) ließen sich verschiedene Varianten von Extremitäten erzeugen, deren Wachstumsrichtung und Differenzierung willkürlich veränderlich waren" [2].

An dieser Stelle ist an die Dysmelien durch Contergan und an die Embryopathien durch Rubeolen-Infektion der Mutter in der frühen Schwangerschaft zu erinnern. Wir sehen daraus, daß die Haut, zunächst einmal in der Embryonalzeit, an der wesentlichen Gestaltung der Organe teilhat (später als ständige Funktion).

Der Trophoblast ist damit das Urbild der gestaltenden Peripherie des Embryos, das Amnion gleichsam die noch ganz allgemeine, universelle und ursprüngliche „Urhaut".

Die gestaltende Potenz des embryonalen Mesenchyms

„Eigentlich hat schon *Champy* (1914) darauf hingewiesen, daß die Organisation der Gewebe zum Teil auf einer Wechselwirkung zwischen Epithel und Bindegewebe beruht, und dabei besonders betont, daß die Entdifferenzierung des Epithels in Gegenwart von Bindegewebe nicht eintritt" [3].

Dazu schreibt *A. Fromme:* „Bei Amphibienkeimen früher Entwicklungsstufen wurden zunächst reine ektodermale Zellen gezüchtet. Es entstand ein unregelmäßiger Komplex atypischer Epidermiszellen. Wenn aber gleichzeitig Mesenchymzellen gezüchtet wurden, so entstand eine Hautblase, deren Oberfläche von epithelartig angeordneten Epidermiszellen gebildet wird, während das Bindegewebe als lockeres Netzwerk das Innere ausfüllt" [4].

Weshalb führen wir die embryologischen Phänomene und die Untersuchungen von *Ilse Fischer* an? Weil wir darin die Bedeutung des Mesenchyms, vor allem des Mesenchyms in der Peripherie der Organe, wozu wir auch das innere Milieu *(Pischinger)* zu zählen haben, für die Ausdifferenzierung des parenchymatösen Gewebes und damit die Organgestalt erkennen.

Der differenzierte Flüssigkeitsorganismus des Menschen

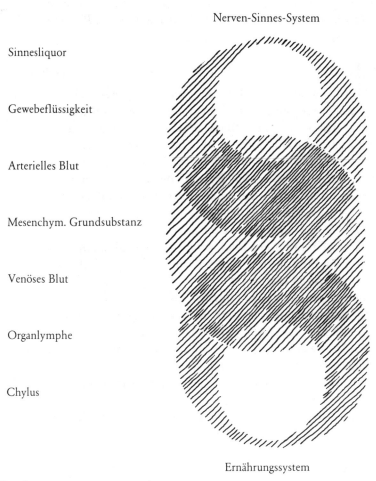

Nerven-Sinnes-System

Sinnesliquor

Gewebeflüssigkeit

Arterielles Blut

Mesenchym. Grundsubstanz

Venöses Blut

Organlymphe

Chylus

Ernährungssystem

Abb. 26

Wir verzichten, im einzelnen auf die verschiedenen Flüssigkeitssysteme näher einzugehen. Wir bemerken lediglich, daß die mesenchymale Grundsubstanz und die Gewebeflüssigkeit praktisch im Organismus eine universelle Einheit bilden, wobei die Gewebeflüssigkeit nicht tropfbar mit dem gesamten Bindegewebskörper verbunden ist und eine Einheit bildet. Der gesamte Flüssigkeitsorganismus ist in sich polar gegliedert im „unteren Menschen", Ernährungs- und Substanzaufbau im

„oberen Menschen", Zurücktreten des Substantiellen und Freiwerden von Energie bis hin zum Sinnes-Nerven-System, in bezug auf die Wärmeverhältnisse im „unteren Menschen" endotherme Prozesse, im „oberen Menschen" exotherme Prozesse.

Die Flüssigkeitssysteme der Haut und der Kiesel-Organismus

Wir wissen heute, daß der Kiesel im Organismus nicht nur ein sogenanntes Spurenelement ist, über dessen Bedeutung man nichts weiß, sondern daß der Kiesel im Bindegewebe eine entscheidende organisch-physiologische Rolle spielt im Hinblick auf den Flüssigkeitsturgor und die Stoffwechselvorgänge im lockeren Bindegewebe. Es ist daher kein Zufall, daß die Placenta ein kieselreiches Organ ist und vor allem das Amnion mit Abstand den größten Kieselreichtum in der Asche aufweist (22 %). Kieselgehalt der Placenta am Ende der Gravidität in der Asche 7 %, Blut 2,26 %, Haut 0,16—0,18 %.

Für die Funktion des Bindegewebes, seine Elastizität und nicht zuletzt für die Stoffwechsel- und Immunvorgänge im Bindegewebe bildet der Kieselprozeß eine wesentliche Grundlage. Allerdings muß der Kiesel als Stoff ständig ausgeschieden werden. *Rudolf Steiner* spricht von einem den ganzen Organismus durchziehenden Kieselorganismus, der die Grundlage bildet der „Ich-Organisation" des Menschen im Physischen. Die Wärmeverhältnisse sind dabei physischer Ausdruck eines gesunden Eingreifens der „Ich-Organisation". Eine Ablagerung von Kiesel im Gewebe und eine ungenügende Ausscheidung ist ein Ausdruck für ein Versagen der Wärme- und Ich-Organisation. So soll die Ausscheidung von Silicium mit dem Harn bei Krebskranken zwischen 2 und 17 % geringer sein als beim gesunden Menschen. Im Inneren von bösartigen Geschwulsten[5] kann der Kieselgehalt um das zwei- bis sechsfache ansteigen. Dabei soll der Siliciumgehalt im Kern der Geschwulst wesentlich höher sein als in der Peripherie. Auch soll das Blut von Krebskranken höhere Silicium-Werte haben als das Blut von Gesunden. Man kann daraus den Schluß ziehen, daß der Kiesel nicht mehr überwunden wird, die Ich-Organisation des Menschen und damit der Wärmeorganismus zu schwach sind. Ein letzter Hinweis aus „Silicium und Leben": Es wird berichtet, daß „die Zahl der aus dem Laich ausschlüpfenden Forellen um so größer ist, je höher der Silicium-Gehalt des Wassers ist, in dem sie leben. Bei einem hohen Siliciumgehalt entwickeln sich 90 % aller Rogen-Körner zu Jungfischen"[5].

Zusammenfassendes Bild über die Flüssigkeits- und Gestaltungs-Prozesse in der Haut

Der Mensch
Inkarnat
Wärme-Organismus
Kiesel-Organismus

Mesenchymale Grundsubstanz

Hautlymphe	Hautgewebeflüssigkeit
Venöses Blut	Arterielles Blut
Leber-Organisation	Nieren-Organisation
Hauttalgdrüsentätigkeit	Schweißdrüsen- und Duftdrüsentätigkeit

Auf die Einzelheiten der Hautfunktionen und der Differenzierung der Haut, Epidermis, Corium und Subcutis und die polaren Beziehungen, vor allem von Epidermis, Corium und die Erkrankungsmöglichkeiten der drei Hautbereiche kann nicht näher eingegangen werden. Es wird auf die Schrift „Die Haut" von *H.-H. Vogel* hingewiesen.

Zusammenfassung

Es wurde versucht, die Haut als ein ursprünglich-universelles Organ zu schildern, das seinen „embryonalen" Status zeitlebens bewahrt. Aufgrund dieser anatomisch-physiologischen und entwicklungsgeschichtlichen Verhältnisse ist die Haut Träger primärer omnipotenter Lebensfunktionen. Die Wirkungen, die von der Haut auf die inneren Organe ausgehen, werden z. B. in der Lehre von den Meridianen in der chinesischen Medizin realisiert. Auch die Arbeiten *Pischingers* über die ursprüngliche und primäre Steuerungsfunktion des mesenchymalen Bindegewebes und der **inneren** und **äußeren** Peripherie weisen in diese Richtung. Von der Hautperipherie des Organismus gehen danach Gestaltungs-, Steuerungs- und Bildungs-Impulse aus, die sowohl für den Gesamtorganismus als auch für die einzelnen Organe lebenstragend sind. Die Haut ist damit Funktionsträger, Gestalter und zugleich physiognomischer Ausdruck der Wesensnatur des Menschen. Hier läßt sich die Gesamtverfassung, die Krankheitsdisposition, die Gesundungsprognose ablesen.

Epidermis
Strat. corneum
Strat. lucidum
Strat. germin.
Basalmembran
Corium

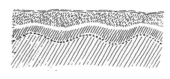

Abb. 27

Literatur

[1] *Letterer, E.:* Allgemeine Pathologie.
[2] *Blechschmidt, E.:* Vom Ei zum Embryo.
[3] *Fromme, A.:* Das Mesenchym und die Mesenchymtheorie des Karzinoms (Beiträge zur Krebsforschung, Band 1).
[4] *Fischer, I.:* Grundriß der Gewebezüchtung.
[5] *Voronkov, N. G.:* Silicium und Leben.

Hauterkrankungen

Die Erkrankungsmöglichkeiten der Epidermis

Die Erkrankungsmöglichkeiten der Oberhaut sind durch ihre Dreigliedrigkeit vorgegeben:

Keimschicht (Stratum germinativum)
Barriereschicht (Stratum lucidum)
Hornschicht (Stratum corneum)

Der mittleren Barriereschicht (Stratum lucidum) kommt eine merkuriale, harmonisierende Funktion zwischen lebendiger Keimschicht und toter Hornschicht zu. Von ihrer zwischen Aufbau und Abbau vermittelnden Tätigkeit hängt letzten Endes das gesunde Gleichgewicht der in ständigem raschem Funktions- und Gestaltwandel befindlichen Epidermis ab. Wir sprachen schon vom Stratum lucidum und seinem gegenüber dem pH-Wert der Hautoberfläche (pH 5,8 bis 6,4) relativ hohen Säurewert (pH 4,3 bis 4,6). Die „ölig"-homogene Substanz des Stratum lucidum könnte man auf eine Bildungsstufe mit der Cornea des Auges stellen als einer lichtdurchlässigen, aber auch licht-sensiblen Sinnesorganschicht. Ihr Flüssigkeitsaufnahmevermögen weist auf den Kieselprozeß der Epidermis hin. Flüssigkeitsverlust des Stratum lucidum hängt mit einem Rückgang wasserlöslicher Substanzen zusammen. Das Wasserbindungsvermögen kann so stark reduziert sein, daß es zur Austrocknung kommt. Das Stratum lucidum bildet nicht nur anatomisch die „Barriere" zwischen der lebenden Keimschicht und der toten Hornschicht der Epidermis, sondern seine Sinnesfunktion vermittelt zwischen „innerem Licht" und äußerem Licht, seine biologische Funktion zwischen Degeneration und Regeneration der Epidermis. Die Erneuerungzeit der Epidermis unterliegt, wie wir schon sagten, dem gleichen Rhythmus wie die Regeneration des Endometriums. (28-Tage-Rhythmus, Mondphasen-Rhythmus.)

Im besonderen ist es jedoch die Keimschicht, von der das reproduktive Leben der Epidermis ausgeht und deren Erneuerungsfähigkeit die physiologischen Grenzen überschreiten kann. Es tritt dann das Bild der Keratose und Hyperkeratose, der Verrucosis, der Kondylom- und Kankroid-Bildung (Spinaliom) auf. Das Basaliom geht ebenfalls von der Basalschicht bzw. vom Bereich des Follikel-Systems der Epidermis aus. Es ist eine häufige Entartung der Altershaut von halb bösartigem Charakter. Basaliome bevorzugen Hautpartien, die dem Licht ausgesetzt sind. Sie metastasieren nicht, können aber die unmittelbare Umgebung durch infiltratives Wachstum zerstören und im Zentrum ulzerieren. Sie bedürfen deshalb sorgfältiger Beobachtung und eventueller operativer Entfernung. Basaliome besitzen ein eigenes Bindegewebsstroma und verhalten sich damit wie selbständige Organellen. Dies zeigt auch ihr dreidimensionales Wachstum. Sie zeigen Verwandtschaft zur Bildung der Haarfollikel, die — epidermal induziert — eine mesenchymal-bindegewebige Wurzelscheide bilden.

Ebenfalls epidermaler Natur sind die im Alter vermehrt auftretenden Pigmentzellnaevi (Muttermale). Sie wachsen über der Basallamina auf dem Grund der Epidermis und können in das Corium vordringen. Es gibt jedoch auch den dermalen Naevus, der in der Nachbarschaft der Haarfollikel in das Corium absinkt oder mit epidermalen Naevi kombiniert auftritt. Diese gelten als gutartig. Trotzdem ist von einer Entfernung aus nur ästhetischen Gründen abzuraten, da kombinierte Naevi maligne entarten können.

Maligne Pigmentnaevi (Lentigines malignae) breiten sich in 50—70% der Fälle im Alter intraepidermal aus. Sie fallen durch ihre unterschiedlich intensive scheckige Färbung auf und brechen ins Bindegewebe des Coriums ein. Sie gehören zu den bösartigsten Tumoren.

Pigmentzellen (Melanozyten) entstammen entwicklungsgeschichtlich der Neuralleiste („Mesektoderm", nach *Stark*) und wandern in die Basalschichten der Epidermis ein. Sie haben von ihrem Ursprung her sowohl mesodermal-polyvalente Potenzen als auch ektodermale Sinnespotenzen. Die Melanophoren (Chromatophoren, Bindegewebszellen in der Cutis) sind Farbträger, die nerval-hormonal vom physiologisch-psychischen Zustand abhängen, z. B. beim Farbwechsel im Tierreich. Vermehrtes Auftreten von Pigmentflecken in der Schwangerschaft (Chloasma uterinum), im Klimakterium sind seelisch-hormonell bedingte Vorgänge. Eine vielfach beobachtete Erhöhung des Serum-Kupferspiegels und ein erhöhter Kupfergehalt des melanotischen Gewebes ist ein wichtiger Hinweis für den Zusammenhang von Substanzgeschehen (Atmung, Lichtstoffwechsel, Nebennierenfunktion) und Psyche. Das homöopatische *Sepia-Arzneimittelbild* mit vermehrter Pigmentation und den psychischen Symptomen der Reizbarkeit, empfindlicher, ängstlicher, depressiver Verstimmung ist charakteristisch für die psycho-somatische Einheit der Hautpigmentbildung. Das Krankheitsbild des Pigmentschwundes — Vitiligo, Leucopathia — kann zwar anlagemäßig bedingt sein, muß jedoch in demselben Zusammenhang gesehen werden.

Die genannten Wucherungen im Bereich der Epidermis sind charakteristisch für die Doppelfunktion der Oberhaut als Sinnesorgan: Lebhafte Erneuerung von der Keimschicht aus, Absterben der Hornschicht jenseits des Stratum lucidum. Das Stratum lucidum bildet die ordnende Mitte. Aus der Polarität „Reproduktionsleben" und „Ersterbendes Leben" (R. Steiner) hebt sich gewissermaßen in der Mitte, im Stratum lucidum, als eine Steigerung der Sinnesprozeß hervor. Überspringt die Reproduktionskraft der Keimschicht diese Mitte und bricht in die Hornschicht vor, so haben wir es mit den oben geschilderten epithelialen Wucherungen zu tun: Es entwickelt sich ganz allgemein gesprochen das homöopathische *Thuja-Arzneimittelbild*. Im Lebensbaum (Thuja occidentalis) sind die extremen Formkräfte der Nadelbildung der Koniferen aufgelöst durch einen gesteigerten Lebensprozeß. Die Peripheriekräfte der Nadelhölzer, die in der reichlichen Bildung ätherischer Öle und Harze zum Ausdruck kommen, durchbrechen im Thuja-Arzneimittelbild aufgrund ihrer überschießenden Vitalität die periphere Abgrenzung der Haut und der Schleimhäute.

Wenn man in der sich im 28-Tage-Rhythmus erneuernden Keimschicht einen Mondzyklus-Prozeß sehen kann, so unterliegt die Verhornung einem Blei-Saturn-Prozeß. *Das Arzneimittelbild des Bleis (Plumbum)* offenbart vor allem den Vitalitätsverlust in der Haut. Die Sensibilität der Peripherie wird zunächst gesteigert, um schließlich zu erlöschen. Die Haut wird trocken, welk, schmutzig-grau. Die Haare fallen aus.

Es wurde bereits darauf hingewiesen, daß die interzelluläre Flüssigkeit der Epidermis und insbesondere das Stratum lucidum mit dem Kiesel-(Silicea-)Prozeß zu tun haben. Die Gestaltungsprozesse sind in erster Linie ein Kieselproblem. Therapeutisch kommt daher Kiesel (Quarz, Silicea) in homöopathischer Form (mittlere bis hohe Potenzen) infrage, wenn die Epidermis ihren Flüssigkeitsturgor verliert, wenn sie unelastisch, pergamentartig entartet und zu Unreinheiten und sekundären Infektionen neigt. (Vgl. Silicea-Arzneimittelbild der Homöopathie.)

Nicht zum Kiesel-Bild gehört die Atrophie (oder auch die Wucherung) der Keimschicht der Epidermis. Dies gehört vielmehr zum homöopathischen *Arzneimittelbild des Argentum*. Die Haut ist dann hart, bräunlich verfärbt, geschrumpft, ausgetrocknet. Die Atrophie der Epidermis (das Arzneimittelbild des Silbers) steht dem Blei-Bild der Haut gegenüber. Das Argentum-Arzneimittelbild ist ein Problem der Keimschicht der Epidermis, das Plumbum-Arzneimittelbild ein solches der Hornschicht. Die Hypertrophie der Keimschicht ist, wie bereits erwähnt, ein Bild wie wir es von Thuja kennen. Austrocknung der Hornschicht und Schuppenbildung — im extremen Fall die Ichthyosis (Fischschuppenkrankheit) — kann Ausdruck einer „Vernervung" der Haut sein. Unter Umständen ist dies auch ein *Arsen-Bild,* das einhergeht mit einem beschleunigten Abbau der Keimschicht, wie wir es bei der Psoriasis kennen. Treten Schwellung der Haut, Brennen und Jucken, Überempfindlichkeit, Kältegefühl auf, dann weisen diese Symptome auf das Arsen-Arzneimittelbild hin. Es ist zu unterscheiden vom Argentum-Bild, dem es in vieler Hinsicht ähnlich ist.

Dem Arsen-Arzneimittelbild entgegengesetzt ist das *Sulfur-Bild* der Haut. Der Schwefel hat mit dem Eiweiß primär zu tun und mit der Umwandlung des Eiweißprozesses in die Hautanhangsgebilde Hornschicht, Haare und Nägel. Ein gesteigerter Sulfur-Prozeß in der Haut heißt, der Austrocknungs- und Verfestigungs-Vorgang des Eiweißes setzt vorzeitig ein, es kommt zur Austrocknung der Epidermis, zu Unreinheit und schlechter Heilungstendenz, zu Brüchigwerden und Austrocknung der Haut und der Nägel, zu Rötung und vor allem Brennen an den Körperöffnungsstellen. Die Verschlimmerung in der Wärme ist typisch.

Aus der Gegenüberstellung der Hautbilder von *Arsen* und *Sulfur* ergibt sich folgende Polarität: Der Arsen-Prozeß wirkt gleichsam von außen nach innen (der Nerven-Sinnes-Prozeß ist betont); der Sulfur-Prozeß wirkt von innen nach außen. Der Eiweiß-Stoffwechselprozeß wird vorzeitig zu Ende geführt; es kommt zu einer Eiweiß-Austrocknung. — Darüber hinaus finden wir in der Epidermis eine zweite Polarität, die ebenfalls mit dem Doppelprozeß der Haut — Abbau und Aufbau — zu tun hat: *den Kiesel-* und den *Graphit-Prozeß.* Beide haben mit dem Wärme- und Lichtstoffwechsel zu tun. Der Graphit-Prozeß begleitet den Aufbau des Bindegewebes und den Eiweißprozeß auf der Stufe des Primitivgewebes bis zur Ausbildung elastischen Gewebes. Der *Kiesel-*

(Silicea-)Prozeß dagegen nimmt an der Gestaltung, Festigung und Quellfähigkeit des Bindegewebes teil. Im Zusammenspiel der beiden Prozesse wird zugleich Wärmebildung und Wärmeabgabe im Gleichgewicht gehalten. In der Epidermis spielt sich dieser Prozeß im Interzellularbereich, in der Interzellularsubstanz und im Stratum lucidum ab. Charakteristisch für einen übersteigerten *Graphit-Prozeß* sind folgende Erscheinungen: Verhärtung der Haut, Rauheit, Trockenheit, Neigung zu keloiden Narbenwucherungen und Fibromen. Darüber hinaus kann es zu Absonderung einer zähen Flüssigkeit bei Ausschlägen kommen. Typisch ist die Betroffenheit der Gliederbeugen, der Lenden und der Gegend hinter den Ohren. Es kommt zu Einrissen in der Epidermis, besonders in der Gegend der Brustwarzen, aber auch an Körperöffnungen, wie am Mund. Sehr charakteristisch ist ferner die Verschlechterung durch Wärme, z. B. in der Nacht. Im ganzen besteht Erkältungsneigung, Neigung zum Frieren bei gleichzeitiger Empfindlichkeit gegen Wärme. Ein Bild, wie wir es bei der lymphatischen und venösen Konstitution finden. *Beim Kiesel-Arzneimittelbild steht der Austrocknungsprozeß im Vordergrund.* Das Bindegewebe bzw. die Bindegewebsgrundsubstanz und in der Epidermis das Stratum lucidum trocknen aus. Es kommt ebenfalls zu Einrissen, zu Rhagadenbildung, die bis in das Corium reichen können. Die Haut ist unrein, ledern, unelastisch. Wie beim Graphit-Bild kommt es zu Narbenverhärtungen, Narbensklerosen, zu Ganglienbildung, Fistelbildung. Der Wärmeverlust steht im Vordergrund. Die Patienten haben ein Kältegefühl aus dem Inneren heraus (vgl. Arsen-Bild). Vom Stoffwechselgeschehen her gesehen, unterliegt das Graphit-Bild einer übersteigerten Assimilation, das Silicea-Bild einer übersteigerten Dissimilation.

Dem *Graphit-Arzneimittelbild* ist in mancher Hinsicht das Arzneimittelbild des *Antimonium crudum* (Grauspießglanz, Antimonit, Schwefelantimon) ähnlich. Der Antimon-Prozeß hat im besonderen mit dem Eiweißaufbau zu tun. Er ist vor allem auch, verstärkt durch die Schwefel-Komponente, in der Aufbauphase der Keimschicht der Epidermis wirksam. Die konstitutionellen Merkmale des *Antimonium crudum* sind der *hydro-genoiden Konstitution* verwandt: Stoffwechselbetonter Habitus, Fettleibigkeit, Obstipation, Empfindlichkeit — wie bei Graphit — gegen Wärme (vgl. Sulfur). Die trockene Haut neigt zu Schrunden, zu Warzen- und Schwielenbildung (vgl. Thuja-Bild) und weiter zu impetiginösen Pusteln um Mund und Kinn; zu Akne und

Blepharitis. Die Aufbauzone der Keimschicht ist übertätig, zugleich sind jedoch auch die Formkräfte der Epidermis durch den Antimon-Prozeß verstärkt. Der sulfurische Charakter des Antimonium crudum bedingt die Wärmeempfindlichkeit und Wärme-Verschlimmerung. Man wird folglich bei der Beurteilung und der Heilmittelwahl bei Krankheitsprozessen, die sich vorwiegend in der Epidermis abspielen, sorgfältig zwischen Hypertrophie und Atrophie der Keimschicht einerseits, Austrocknung und Aufweichung der Hornschicht andererseits und schließlich dem wesentlichen polaren Geschehen Graphit/Silicea-Prozeß im Übergang von der Keimschicht zur Hornschicht im Bereich des Stratum lucidum zu unterscheiden haben. (Auf die exsudative Konstitution, die hinsichtlich der Haut ihren Ausdruck im lymphatischen Bereich des Coriums findet, kommen wir noch zu sprechen.

Die *Psoriasis* (Schuppenflechte) ist das typische Krankheitsbild der Epidermis. Es findet eine relative Verselbständigung der Keimschicht einerseits und der Hornschicht andererseits statt. Die vermittelnde und ausgleichende Funktion des Stratum lucidum und des Interzellular-Geschehens in der Epidermis fallen aus. Die Häufigkeit der Mitosen des Stratum germinativum erhöht sich etwa auf das 7fache gegenüber der Norm (vgl. Erneuerung der Epidermis in ca. 28 Tagen). Das heißt, die Erneuerung der Keimschicht und Abblätterung der Hornschicht erfolgen statt in 28 Tagen bereits in 4 Tagen. Die Zellen der Keimschicht verlieren ihren Kern vielfach nicht; sie bleiben zu jugendlich. Diese Überaktivität wird nicht gezügelt. — Bei diesem Geschehen ist die Brücke zu schlagen von der Haut-Physiologie zu den Bildeprozessen der sog. Drüsen mit innerer Sekretion. Auf die Sinnesfunktion der Epidermis bezogen, sind es die „oberen" Drüsen Epiphysis, Hypophysis und Thyreoidea, deren formative Steuerung im Stoffwechselbereich der Epidermis fehlt. Neben den klassischen Heilmitteln: Arsen, Stibium arsenicosum, Arsenicum jodatum, Kalium arsenicosum und Sulfur ist deshalb vor allem auch an ein Präparat wie Glandula thyreoidea in tieferen Potenzen (D 3, D 4) zu denken, aber auch an die Metall-Kombinationen Epiphysis/Plumbum*) und Hypophysis/Stannum*).

---

*) WALA-Heilmittel.

Folgende Therapie hat sich bei der Psoriasis bewährt:
1. Viscum Mali (oder Pini) e pl.tota D 30
2. Cutis Feti D 6 (oder Amnion D 6); 1 x wöchentlich eine subkutane Injektion
3. Arsenicum album D 30; 1 x wöchentlich eine Injektion
4. Chichorium D 4/Pancreas D 6 cps (mit Stibium D 6); täglich 1 x 5 Globuli

Schließlich haben wir noch als schwere Krankheitsereignisse der Epidermis den Pemphigus und die Epidermolyse anzusehen. Diese rezidivierenden, ernsten, mit Blasenbildung einhergehenden Erkrankungen der Epidermis sind unseres Erachtens ein Problem der Grenzschichten — sowohl innerhalb der Epidermis selbst (und zwar im Bereich des Stratum lucidum, d. h. zwischen der Keimzone und der Absterbezone der Oberhaut), als auch ein Problem der Basalmembran der Papillarzone, der Grenzzone zwischen Epidermis und Corium. Die Auflösung dieser Grenzmembranen ist ein allergisch-hyperergisches Phänomen. Zur Behandlung kommen in Frage: Als tierische Heilmittel in erster Linie Bufo rana, in zweiter Linie Apis; als mineralisches Heilmittel: Glimmer aus schiefrigem Gestein (Gneis); als pflanzliches Heilmittel Ranunculus sceleratus (Gifthahnenfuß) oder Caltha palustris (Dotterblume) und, nicht zu übersehen, auch Thuja. Die Auswahl ist je nach dem Arzneimittelbild zu treffen.

Die Erkrankungsmöglichkeiten des Coriums

Allergien der Hautgefäße

Zu unterscheiden sind die überwiegend arteriellen Vasculitiden mit Neigung zu Knötchenbildung und perivasculärem Ödem von der Gefäßnekrose und der Purpura, die auf die Haut beschränkt sein kann oder als Symptom einer generalisierten Erkrankung auftritt.

Dieses an den arteriellen Kapillaren und Präkapillaren sich abspielende, entzündlich-hyperergische Geschehen muß stets unter dem Aspekt des Nierenprozesses, der hyperergischen Reaktionslage, und auch hier wiederum vor dem Hintergrund einer allgemeinen Eiweißüberempfindlichkeit gesehen und behandelt werden. Die Hautbilder reichen von der Urticaria über die Akne necroticans, das Erythema nodosum und Erythema multiforme bis zur Purpura (Schoenlein-Henoch), zur Panarteriitis nodosa und zum Lupus erythematodes. — Im arteriellen Gefäßbereich spielt sich das Erythem ab. Der Vollständigkeit halber sei noch als Ausdruck einer schweren Allgemeinerkrankung mit Beteiligung der Epidermis die Erythrodermie genannt (Dermatitis exfoliativa, Fieber, Lymphknotenschwellung, Haarausfall, schwere Nagelveränderungen).

Die venösen Kapillaren dagegen neigen zur Erweiterung der ohnehin physiologischen Riesenkapillaren und der oberflächlichen Kapillargeflechte. Charakteristisch hierfür ist das Bild der Akne rosazea (Kupferfinne). Sie tritt stets im Gesicht auf, und zwar meistens erst nach dem 30. Lebensjahr. Befallen sind Nase, Stirnmitte, Jochbögen, Kinn, und schließlich das ganze Gesicht. Die Knötchen stehen in Zusammenhang mit den Follikeln. Die Follikelmündung kann entzündlich-eitrig verändert sein. Nach Abklingen der Eiterung flacht das Knötchen ab. Es bleibt eine Rötung mit glatter Oberfläche. Die roten Flecken können konfluieren, so daß schließlich das ganze Gesicht blaurot verfärbt erscheint. Die Rötung kann abblassen. Danach bleiben geschädigte, blaugefärbte venöse Teleangiektasien zurück. Alle Stadien können nebeneinander bestehen. Schließlich kann sich die Haut durch Bindegewebswucherungen verdicken, wie beim Zustandsbild des Rhinophym (Pfundnase). Dieses letzte Bild wird im allgemeinen nur bei Männern beobachtet.

Für die Grundbehandlung allergischer Hauterkrankungen — einschließlich der Urticaria — kommen generell in Frage: Apis D 30, D 20; Equisetum D 15; Renes D 4—D 6; außerdem Cutis (feti) D 30, D 15; Amnion D 30, D 15, D 10; Placenta D 30, D 15; Lien D 4—D 6; Thymus (glandula) D 4—D 6, Carbo betulae D 20 und Abrotanum D 20 (Akne rosazea), Quarz D 20 (Rhinophym) und Lachesis D 30.

Urticaria

Die Urticaria leitet bereits von der allergischen Capillaritis über zu den durch äußere Noxen bedingten lokalisierten Reaktionen des Coriums in Form ödematöser Quaddeln. Diese können knötchenförmig auftreten und sich bis zu ödematösen, flächenhaften, leicht erhabenen Infiltraten ausbreiten (vgl. Apis-Arzneimittelbild) — mit Brennen, Jukken und Wärmeüberempfindlichkeit. Erweiterte Hautgefäße mit umgebender interstieller Flüssigkeit bei erhöhter Gefäßdurchlässigkeit können schließlich sogar zu Hämorrhagien und zu blutigen Nekrosen der sich abhebenden Epidermis führen (Apis).

Angiome

Zu den Angiomen (Gefäßnaevis) ist der Naevus araneus (spinnen- oder sternförmiger Naevus) zu rechnen, der von einem senkrecht ver- laufenden arteriellen Gefäß aus sich — wie der Name sagt — stern- oder spinnenförmig im oberflächlichen Teil des Coriums netzartig ver- breitet. Diese arteriellen Gefäßnaevi leiten von hyperergisch-arteriellen und hypoergisch-venösen Hautgefäßveränderungen zu den Hämangio- men über. Je nachdem, ob es sich um ein venöses oder arterielles Hä- mangiom handelt, ist die Haut blau-rot (venös) oder hellrot (arteriell) verfärbt, wie beim Hämangioma simplex (andere Bezeichnung: Naevus flammeus oder Naevus vinosus). Die Haut ist nicht erhaben. Dagegen ist der Blutschwamm (Angioma cavernosum) tumorös-erhaben, hellrot und deutlich von der Umgebung abgegrenzt. Es handelt sich um blut- gefüllte Kavernen. Der Blutschwamm kann — wenn er nicht im Klein- kindesalter entfernt wird — wie ein bösartiger Tumor in die Umgebung hineinwachsen.

Lymph-Angiome sind umschriebene gutartige Lymphgefäß-Tumo- ren des Coriums; sie sind von subkutanen, gutartigen Fettgewebstumo- ren (Lipome) durch ihre Weichheit und Ausdrückbarkeit zu unterschei- den.

Atherome (Haarbalg-Follikel-Geschwulste) sind ebenfalls zu den gut- artigen Tumoren des Coriums zu rechnen, die bis ins Unterhautgewebe vordringen können. Es handelt sich um echte tumoröse Wucherungen. Deshalb muß die ganze Bindegewebskapsel entfernt werden, wenn ein Nachwachsen vermieden werden soll. Atherome gehören pathologisch- anatomisch in die Gruppe der Dermoide. Im Bereich der Kopfschwarte können sie außerordentlich lästig sein.

Ekzeme

Ekzeme sind die am häufigsten auftretenden und in Erscheinungs- bild und Verlauf mannigfaltigsten Erkrankungen der Haut. Man kann sie — entsprechend der Physiologie und Anatomie des Coriums — in zwei wesentliche Grundformen einteilen: In eine lymphatische, primär exsudative und sekundär schuppige Form und in eine primär atrophisch-degenerative, sekundär nässende, trockene lymphatische Form. Beiden Ekzemformen liegt eine allergische Dispositon zugrunde. Die Unterscheidung ist für das therapeutische Vorgehen wichtig.

Das primär entzündlich-exsudative Ekzem, das sekundär lichenifiziert, gehört zu den sogenannten endogenen Ekzemen, d.h. es liegt der Ekzembereitschaft eine konstitutionelle, oft erbliche Disposition zugrunde —: die lymphatisch-exsudative Konstitution. Sie ist charakterisiert durch pyknisch-athletischen Körperbau, großen Kopf, blaß-pastöse feuchte Haut mit Neigung zum kalten Schwitzen, Kälte- und zugleich auch Wärmeempfindlichkeit, schlaffes Bindegewebe. Lymphknotenschwellung, verspätete Pneumatisation der Nasennebenhöhlen, Hypertrophie der Schleimhäute und Mundatmung; Milchschorf beim Säugling (am behaarten Kopf, später an den Wangen), — durch Milch- und Eiweiß-Unverträglichkeit —. Wir haben das Konstitutions- und Hautbild des homöopathischen *Calcium-carbonicum-Typus.*Therapeutisch wählt man hohe Potenzen (D 30, D 20, D 10) von Austernschalen-Kalk (Conchae) oder Calcium carbonicum/Cortex Quercus D 12 (D 5).*)

Im Gegensatz zum nässenden Ekzem des exsudativen Lymphatikers entwickelt sich beim *„trockenen" Lymphatiker* ein trocken-rissiges, schuppendes, sekundär ebenfalls nässendes Ekzem: Die Unterhaut neigt zum Verdicken und zur Verhärtung, der Verlauf ist chronisch; es besteht unangenehmer Achsel- und Fußschweiß. Weitere Symptome sind: Schwielen auf den Sohlen, trockene, brüchige Nägel und Haare, Alopecia areata; Ekzem hinter den Ohren (zu unterscheiden vom Graphit-Ekzem). Das Gesicht ist grau, faltig, die Haut trocken, flechtenartig schuppend; Juckreiz tritt vor allem in der Wärme auf. Als Heilmittel kommen in Betracht: *Lycopodium* (Bärlapp), *Alumina* oder *Alumen* in hohen Potenzen.

1. Häufig findet man auch das phosphorische (tuberculinische) Konstitutionsbild. Dann kommt Phosphor D 30 (D 15), Calcium phosphoricum D 30 und BCG D 30 (1 x wöchentlich) in Frage.
2. Das „erdige" des Alumina-Bildes ist vom „lichthaften" des Phosphorbildes sorgfältig zu unterscheiden.

---

*) WALA.

Für die ebenfalls trockene, lichtlose, großporige Haut mit Neigung zum primär lichenifizierenden seborrhoischen Ekzem, das sekundär näßt, ist die stoffwechselübertonte, pastöse Konstitution des homöopathischen Graphit-Typs disponiert. Auf das Graphit-Bild der Epidermis wurde im vorangegangenen Abschnitt hingewiesen. Wir finden es ebenfalls wieder im Corium der Haut: Es kommt zu Rissen und Schuppenbildung an den Mundwinkeln, an der Nasenöffnung und, wie schon angegeben, zu trockenem, nässendem Ekzem hinter den Ohren, zu lichenartiger Veränderung in den Armbeugen und Kniegelenksbeugen, an den Brustwarzen, am Anus, sowie zu Keloidbildung.

Bei der Behandlung der Erkrankungsmöglichkeiten der Epidermis stellten wir das Graphit-Bild dem Silicea-Bild gegenüber. Diese Polarität gilt auch für die krankhaften Veränderungen des Coriums. Wir erinnern daran, daß wir es bei der Silicea-Konstitution und dem Silicea-Arzneimittelbild im Unterschied zum Graphit-Bild mit einer mangelernährten, vitalschwachen Konstitution zu tun haben. Die Haut des „Silicea-Kranken" ist ohne Turgor, faltig, papieren, pergamentartig, unrein, zu Nagelbetteiterungen, Fistelbildung und Fissuren neigend; Fingerspitzen und Fingerkuppen sind trocken; rissig. Es kommt zu Narbenkeloiden und zur Sklerodermie. — Sowohl das Graphit-Arzneimittelbild als auch das Silicea-Bild haben ihr Wirkungsfeld im lockeren Bindegewebe des Coriums: Graphit im Aufbau, Silicea im Abbau. Therapeutisch kommt hier für den Silicea-Typ in Frage: Neben dem mineralischen Silicea (Quarz) D 12, D 15, D 30 als Organpräparat Amnion D 4—D 6 oder Placenta (hominis) D 4—D 6.

Auf zwei konstitutionell bedingte endogene Ekzembilder sei noch eingegangen, die sich wie die oben angeführten im Corium der Haut, und hier besonders im Hauteiweiß-Prozeß (Lymphe) und im Hautflüssigkeitsstoffwechsel entwickeln: Auf das Hautbild des Antimonium crudum (Antimonit, Schwefelantimon) und das des Schwefels (Sulfur) selbst. Beide Prozesse haben wir bereits bei den Krankheitsbildern der Epidermis besprochen. Sie wiederholen sich in abgewandelter Form bei der Erkrankung des mittleren Hautabschnitts, des Coriums. Bei beiden Bildern liegt eine trockene Haut vor, die primär zu schuppenden Ekzemen neigt.

Das Arzneimittelbild des *Antimonit* (Antimonium crudum): Auf der Grundlage primär trockener Haut kommt es zu sekundärer Absonderung und vielfach zu Borkenbildung (Impetigo). Die Lidränder sind chronisch entzündet (Blepharitis) mit feinen Einrissen, mit zunächst trockenem, später nässendem Ekzem um das Ohr, um die Nasenflügel, an den Wangen und am Kinn. Es besteht nächtliches Brennen und Jucken mit Verschlimmerung in der Wärme. Konstitutionell wurde bereits auf die Neigung zu Fettsucht aufmerksam gemacht.

Das Schwefelantimon-Bild leitet über zum *Schwefel-Hautbild* selbst. Die Sulfur-Konstitution neigt sehr häufig zum trockenen, schuppenden Ekzem, das sekundär oder auch von Anfang an mit eitrigen Pusteln einhergeht. (Sulfur ist im Eiweiß die aktivste, hochsulfurische (entzündungsfördernde) Substanz). Die Stoffwechselwärme ist gesteigert bis hinaus in die Peripherie der Haut. Die trockene Haut wird heiß und brennend empfunden — vor allem nachts in der Wärme, jahreszeitliche Verschlimmerung im Frühling. Die Körperöffnungen sind gerötet: Lippen, Nasenöffnungen, Anus. Es bilden sich dort Rhagaden und eitrige Pusteln. Das Brennen, vor allem nachts in der Wärme, ist unerträglich, ebenso Brennen an den Fußsohlen. Es besteht unangenehmer Achselschweiß. Haare fallen aus, sind struppig, die Nägel brüchig. Hierher gehört ebenfalls das seborrhoische Ekzem (siehe auch unter Graphit).

Die konstitutionell-endogenen Ekzemformen sind zugleich diejenigen, die in die große Gruppe der allergischen Erkrankungen gehören. Daher besteht häufig der Wechsel zwischen „Hautausschlägen" und Asthma, Gastritis, Enteritis, Colitis. Dabei ist zu bedenken, daß es sich nicht nur um entzündlich-hyperergische Vorgänge handelt, sondern — wie wir gesehen haben — auch um hypoergisch-degenerative Prozesse. Die Sklerodermie, bei der das Corium-Bindegewebe sekundär verkalken kann, gehört hierher.

In die hypoergischen Gewebsprozesse ist auch das Myxödem einzuordnen. Die Bindegewebsfaserstruktur löst sich auf. Die Grundsubstanz nimmt schleimig-gallertigen Charakter an. Schleim-„Gewebe" ist eine früh-embryonale, ursprüngliche Substanzform, die im Laufe der Entwicklung auf die gallertigen Organe wie Nucleus pulposus, Corpus vitreum, Bindegewebs-Grundsubstanz reduziert ist. Die Schleimsubstanz der Synovia gehört hierher. Teigig-ödematöse Entartung des Corium-Bindegewebes ist daher eine Art Rückfall in entwicklungsgeschichtlich frühe Gewebezustände. Daß das Myxödem mit einer Unterfunktion innersekretorischer Drüsen (Hypothyreose) zusammenhängt, bestätigt den primär vegetativen Zustand der embryonalen Entwicklungsphase.

270

— Therapeutisch kommen die potenzierten Organpräparate Glandula thyreoidea D 3—D 6 und Cutis (feti) D 4 in Frage.

Es kommt uns darauf an, zu zeigen, daß das Corium selbst und die hier sich abspielenden Stoffwechselprozesse im Lymphgeschehen einerseits und in der Bindegewebsgrundsubstanz andererseits zu typischen Erkrankungen der Haut Anlaß geben können.

Eczema vulgare

Zwischen den endogen-konstitutionell mitbedingten Ekzemformen und den auf äußere Reize reagierenden Dermatitiden — die allerdings zu einer Dauersensibilisierung der Haut führen können — steht das dyshydrotische Ekzem. Es ist charakterisiert durch stark juckende, zunächst über die Hautoberfläche erhabene, bläschenartige Effloreszenzen zwischen den Fingern, aus denen sich — oft nach heftigem Jucken und Kratzen — eine seröse Flüssigkeit entleert. Eine Ausbreitung, meist auf den Handrücken, und Ablösung der oberflächlichen Epidermisschichten ist nicht selten. Hier ist an eine Mykose zu denken, vor allem, wenn sich das Ekzem zwischen den Fußzehen abspielt und zur Erweichung der Oberhaut („weiße Haut") führt. Eine antimykotische Therapie ist dann erforderlich. Sie kann wesentlich unterstützt werden durch eine Leberbehandlung, vor allem mit Bittermitteln (Taraxacum, Gentiana, Enzian-Magentonikum). *Das bläschenbildende dyshydrotische Ekzem* (ohne sekundäre Mykose) ist im Zusammenhang mit einer *Nierenkonstitution* zu sehen und zu behandeln: Equisetum in mittelhohen Potenzen, zusammen mit Argentum nitricum und/oder dem Organpräparat Renes — ebenfalls in mittelhohen Potenzen*). Äußerlich kommen in Frage: Säure-Bäder oder Bäder mit Quercus-Essenz**), Prunus-Essenz und Salvia-Essenz.

Diät: Vegetarische Frischkost-Ernährung, nierenwirksame Kräutertees, strenges Weglassen von Industriezucker und tierischem Eiweiß.

Bei allen exogenen, d. h. von außen provozierten Ekzemen, die sich meist an den Händen abspielen, sind die Noxen zu beseitigen. Ergänzend zur physikalisch-diätetischen Behandlung kann eine konstitutionelle und desensibilisierende Therapie notwendig sein.

---

*) Rhus toxicodendron D 30 1 x wöchentlich.
**) WALA.

Akne

Unter der gewöhnlichen Akne (Acne vulgaris) versteht man eine Entzündung der Haarbalgdrüsen (Haarfollikel). Der Entzündung geht so gut wie immer eine vermehrte Talgabsonderung voraus. Die Ausführungsgänge der Talgdrüsen verstopfen, die Haut wird fettig, es kommt zur Bildung von Komedonen („Mitesser"); die Haarbalgdrüsen entzünden sich, die entzündeten Follikel werden zu eitrigen Pusteln.

Die gewöhnliche Akne ist Ausdruck einer charakteristischen Stoffwechselstörung der Haut (Talgdrüsenüberfunktion) auf der Grundlage tiefgreifender körperlicher und seelischer Umstellungsvorgänge in den Pubertätsjahren. Im allgemeinen verschwindet die Akne spätestens bis zum 25. Lebensjahr. Die Akne der Jugendlichen ist so häufig, daß man sie als „normale" Begleiterscheinung der Entwicklungsjahre bezeichnen kann. Trotzdem leiden viele Jugendliche seelisch erheblich unter der als ungesund empfundenen Entstellung der Haut. Beide Geschlechter sind gleicherweise betroffen. Gehen die eitrigen Pusteln nicht von selbst nach außen auf, dann besteht die Gefahr, daß das Gewebe der Haut in der Umgebung der entzündeten Follikel einschmilzt. Es entsteht ein kleiner Abszeß, der sich nicht selten abkapselt und unter Umständen geöffnet werden muß. Nach Abheilung bleibt stets eine Narbe zurück, die manchmal zu einem pockennarbigen Aussehen führt.

Außer der Acne vulgaris gibt es spezielle Akne-Formen, die zwar eine andere Ätiologie und Prognose haben, deren Therapie sich jedoch nicht wesentlich von der der Acne vulgaris unterscheidet. Sie seien deshalb im folgenden aufgeführt:

Acne conglobata

Es kommt zu oft ausgedehnter Abszeßbildung infolge zusammenfließender Follikulitiden. Die Lokalisation ist vorwiegend am Rücken, aber auch an den Extremitäten. Die Acne conglobata tritt im mittleren Lebensalter auf und verläuft chronisch.

Akne-Keloid

Es handelt sich dabei um kleine bis mittlere follikuläre Nackenabszesse noch im Haarbereich. Bevorzugt sind Männer im mittleren Alter. Die Abheilung erfolgt meist in Form bindegewebiger Wucherungen nach Art der Keloidbildung. Dazwischen treten vielfach neue Abszesse auf.

Die *Therapie* der Akne hat die weiter oben angegebenen Grundbilder der Haut zu berücksichtigen. Der intermediäre Stoffwechsel ist immer gestört. An erster Stelle steht der Eiweiß-Stoffwechsel, — daher ist eine eiweißarme, vor allem streng vegetarische Diät wichtig. Aber auch der Fettstoffwechsel wird nicht bewältigt. Tierische Fette sind unbedingt zu vermeiden, stattdessen sind bei der Ernährung kaltgeschlagene Pflanzenöle zu verwenden. Auch diese sollen nicht erhitzt, sondern erst unmittelbar vor der Mahlzeit an die Speisen gegeben werden.

Schließlich ist auch mit einer Kohlehydrat-Stoffwechselschwäche zu rechnen. Zucker wirkt entzündungssteigernd. Industriezucker ist absolut zu vermeiden. Das Süßigkeitsbedürfnis darf nur mit Früchten, evtl. auch Trockenfrüchten, befriedigt werden. Medikamentös steht Sulfur an erster Stelle (siehe Arzneimittelbild des Schwefels). An zweiter Stelle steht die Schwefel-Antimon-Verbindung Antimonium crudum bzw. Antimonit. An dritter Stelle ist Graphit zu nennen und schließlich — als am therapeutischen Gegenpol zum Schwefel angreifend —: Silicea (Quarz).—Eine Kombination wirksamer pflanzlicher und mineralischer potenzierter Heilmittel ist in den Akne-Kapseln (WALA) enthalten.

Auf eine weitere Differenzierung der medikamentösen Therapie muß in diesem Zusammenhang verzichtet werden. Nur summarisch sei auf die unterstützende Wirkung potenzierter Organpräparate hingewiesen: Renes in tiefer Potenz (D 3—D 6), Glandulae suprarenales D 4—D 6, Fel D 4—D 8. Im übrigen sind die entsprechenden Homöopathischen Arzneimittelbilder zu beachten.

Allgemeine Behandlungsgrundsätze: Auf die Notwendigkeit einer vegetarischen, zucker- und eiweißarmen Diät wurde bereits hingewiesen. Ausreichende tägliche Bewegung, vor allem bei sitzender Lebensweise, ist wesentlich. Milde Sonneneinwirkung auf die befallenen Körperpartien ist angezeigt, jedoch nicht länger als eine halbe Stunde unter Abdeckung der Augen, der Schädelpartie und der Beine.

Acne necroticans

Wir führen diese Erkrankung hier unter dem Oberbegriff „Akne" auf, obwohl es sich nicht so sehr um eine „typische" Akne, als vielmehr — wie wir bereits dargestellt haben — um eine allergisch-hyperergische Erkrankung der Kapillaren in der Umgebung der Haarfollikel handelt. — Es kommt zu schubweise auftretenden Pusteln an der Haargrenze, vor allem im Bereich der Stirn, der Schläfen und des Nackens,

— manchmal ausgedehnt über den ganzen Haarboden, seltener am übrigen Körper. Eine bevorzugte Lokalisation ist ferner über dem Brustbein und zwischen den Schulterblättern. Beginn mit kleinen, blassen juckenden Knötchen; es folgt Krustenbildung und schließlich Abheilung mit eingezogener Narbe. Pathologisch-anatomisch handelt es sich um Nekrosen des follikulären und perifollikulären Gewebes. — Am häufigsten betroffen ist das mittlere und fortgeschrittene Alter.

Die Therapie der Acne necroticans zielt auf eine Desensibilisierung hin. Die Grundbehandlung muß die Nierendisposition und Eiweiß-Empfindlichkeit berücksichtigen. Daher ist eine strenge vegetarische Diät angezeigt. Als Heilmittel kommen in Betracht: Apis (hohe Potenzen), Belladonna und Equisetum (mittlere Potenzen) sowie Renes (tiefe Potenzen). — Die Acne necroticans darf unter keinen Umständen mit Sonne oder ultraviolettem Licht behandelt werden.

Kinderkrankheiten als Inkarnationsprobleme

Einführung — Grundsätzliche Vorbemerkungen

Die Bildung und Gestaltung des menschlichen Organismus in der Embryonalzeit und postnatal in der Kindheitsphase unterliegt — wenn die Entwicklung im menschlichen Sinne gesund verlaufen soll — einem entwicklungsdynamischen Retardierungsprinzip.

Die Verleiblichung des Menschen während der Embryonalzeit erscheint zwar als ein rasch fortschreitender organischer Wachstumsprozeß bezüglich der Größen- und Gewichtszunahme. Die Ausgestaltung und Ausreifung der einzelnen Organe und des Gesamtorganismus ist jedoch beim Menschen — im Unterschied zu den höheren Tieren — deutlich verzögert (vgl. *Friedrich A. Kipp*: Die Evolution des Menschen im Hinblick auf seine lange Jugendzeit. Verlag Freies Geistesleben, Stuttgart 1980).

Die Organe — auch die gegenüber den höheren Tieren relativ groß angelegten Gehirnbläschen und die darauf folgende zelluläre Ausdifferenzierung der Hirnanlage — bleiben in ihrer Ausgestaltung auf einer „embryonalen" Frühstufe stehen. Das Großhirn ist zwar quantitativ zellulär mit der Geburt fertig angelegt; die Ausformung jedoch, z.B. der Gehirnwindungen, die Funktionalisierung des *Broca*'schen Sprachzentrums durch das nachahmende Sprechen ist das Ergebnis und nicht die Ursache der geistig-organischen Tätigkeiten: der Gliedmaßen*bewegungen*, der Aufrichte*bewegung*, des Sprechens und des Denkens.

Die Embryonalentwicklung und die Entwicklung des Kindes nach der Geburt sind folglich eingeordnet in ein polares (gegenläufiges) Bildegeschehen der fortschreitenden substantiellen Wachstumsbewegungen einerseits und einer verzögernden, die Urform der Organe bewahrenden, das Gestaltprinzip betonenden Organ*reifung*.

Die beschleunigte körperliche Organbildung geht einher mit einer Organ-„Unreife". Unreife bedeutet jedoch beim Menschen — im Unterschied zum Tier — Verzicht auf endgültige Organdetermination sowohl morphologisch als auch physiologisch. Beschleunigte Organspezialisierung und endgültige Determinierung bewirken vom Standpunkt der menschlichen Organisation Organabhängigkeit und Einengung der Lebensäußerungen*).

Der Mensch erschöpft seine besonderen Anlagen nicht in der unwiderruflich festgelegten typenhaften Ausdifferenzierung seiner Organe wie das Tier, sondern er hält seine Organe und somit auch den Gesamtorganismus auf einer noch allgemeinen Frühform der Embryonalzeit zurück (vgl. *Friedrich A. Kipp:* Höherentwicklung und Menschwerdung. Hippokrates-Verlag sowie *Hermann Poppelbaum:* Mensch und Tier. Fünf Einblicke in ihren Wesensunterschied, Rudolf Geering Verlag, Basel 1930).

Man kann daher sagen: Die embryonale und kindliche Entwicklung zum Menschen steht unter dem Gesetz der Retardation, die Entwicklung zum tierischen Organismus unter dem Gesetz der Akzeleration. Beschleunigte Organ*reife* beim Tier ist gleichbedeutend mit organischer Differenzierung, Spezialisierung und Typisierung (Beispiel: Spezialisierung und Typisierung der fünffingrigen Hand zum Huf, Flügel, Flosse usw.). Organ*reife* beim Menschen bedeutet dagegen Zurückhaltung der Differenzierung zugunsten einer urphänomenalen (*Goethe*) keimhaften Urform, d. h. einer dem frühembryonalen Leben noch näherstehenden Organform und Organtätigkeit. Damit bleibt die Organtätigkeit auch nach Beendigung der Embryonalzeit und während der beim Menschen verlängerten Kindheitsphase noch bildsam und formbar und die organisch-leibliche und seelisch-geistige Entwicklung weiterhin offen.

Wir können vorläufig zusammenfassen:

Es wirken in der embryonalen und kindlichen Entwicklung bei der Bildung und Formung der Organe ineinander:

1. zeitlich: Zurückhaltung *und* Beschleunigung
2. morphologisch: Ungeformtheit *und* Determination
3. geistig: Universalisierung *und* Individuation

Verständlich wird die menschliche Entwicklungslehre bezüglich der Frage nach Gesundheit und Krankheit allerdings nur, wenn wir im inkarnierten Menschen selbst die geistige Doppelnatur erkennen können, die im individuellen Selbstsein zugleich das universelle Weltsein

---

*) Anmerkung: *Goethe:* „Die Tiere werden durch ihre Organe belehrt; der Mensch ebenfalls, jedoch mit dem Unterschied, daß er seine Organe wiederbelehrt" (aus einem Brief an *Wilhelm von Humboldt* 1832).

realisiert; wenn wir sowohl im Geistig-Seelischen als auch im Organisch-Leiblichen die Doppelexistenz des Menschen aufzufinden in der Lage sind: Die Wesenseinheit von Universalisation und Individuation.

Zur Pathologie von Retardation und Akzeleration

Die beiden organischen Bilde- und Gestalt-Prinzipien: Retardation = Universalisation und Akzeleration = Individuation — worin wir zugleich die Jugend- und Altersdisposition der menschlichen Entwicklung erkennen können — sind Leitlinien für das Verständnis des gesunden und pathologischen Inkarnationsgeschehens der Menschwerdung.

Störungen während der embryonalen und kindlichen Inkarnationsphase im Sinne von Retardation und Beschleunigung sind die Krankheitsdispositionen des Erwachsenenlebens. Denn die Vollinkarnation des Menschen im späteren Leben hat zur Voraussetzung eine organische Entwicklung, die wir den embryonalen Reifezustand des menschlichen Organismus nannten.

Es ist bedeutsam, daß bereits der sich in die mütterliche Schleimhaut einnistende embryonale Keim im Stadium des Choriontrophoblasten (7. bis 10. Tag) morphologisch und physiologisch die beiden Bildungsprinzipien erkennen läßt.

Vgl. *Dietrich Starck:* Embryologie. Georg Thieme Verlag, Stuttgart 1965: Seite 219 (Skizzen) und Seite 266 (Erste Differenzierung des Trophoblasten beim Menschen, siehe Abb. 28 und 29):

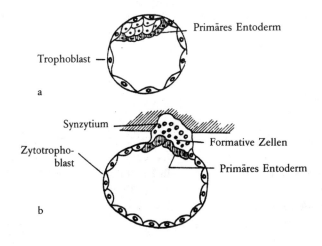

Abb. 28

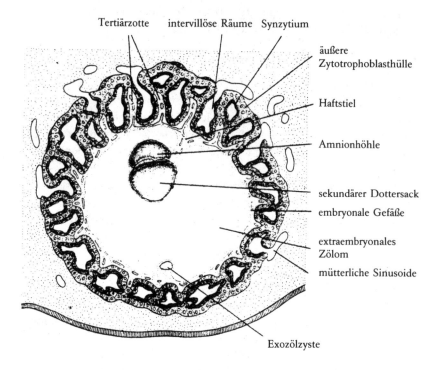

Tertiärzotte · intervillöse Räume · Synzytium

äußere Zytotrophoblasthülle

Haftstiel

Amnionhöhle

sekundärer Dottersack

embryonale Gefäße

extraembryonales Zölom

mütterliche Sinusoide

Exozölzyste

Abb. 29: Embryo kurz vor der Somitenbildung mit Trophoblast am Ende der dritten Woche. Die Stammzotten geben dem Trophoblast eine charakteristische Radspeicherstruktur. Überall im Trophoblast sind intervillöse Räume vorhanden, die von Synzytium ausgekleidet sind. Die Zytotrophoblastzellen umgeben den Trophoblast vollständig und stehen mit dem Endometrium direkt in Verbindung. Der Embryo ist an seinem Haftstiel im extraembryonalen Zölom aufgehängt.

Wir finden in diesem ersten noch „kosmischen", d.h. peripheren universellen Bildungsstadium die Bewahrung (Retardation) der Formpotenzen im ungeformten plasmatischen, noch ganz allgemeinen *Synzytio*-Trophoblasten und im zellulär differenzierenden *Zyto*-Trophoblasten das individualisierende Prinzip. Beide bilden in diesem Stadium eine fließend mesenchymale Einheit. Wir befinden uns am 7. bis 9. Tag der Gravidität und der Nidation. Der Zytotrophoblast dringt unter starker Zellteilung und Vermehrung durch proteolytische Phagozytose in das mütterliche Gewebe hämochorial ein (wir haben die Verwandtschaft zum malignen zellulär-infiltrativen Tumorwachstum).

Der Synzytio-Trophoblast bleibt in dieser Zeit als undifferenziertes einheitliches synplasmatisches Hüllenorgan erhalten; jedoch mit amöboider Beweglichkeit. Er nimmt nicht an den Mitosen und dem Wachstum des Zyto-Trophoblast teil.

Während durch Colchicin (in vitro) die Mitosen des Zyto-Trophoblasten beschleunigt werden, kommt es beim Synzytio-Trophoblasten zu keinen Mitosen, auch zu keiner amitotischen Massenvermehrung.

Der Synzytio-Trophoblast liegt der Uterusschleimhaut an und bildet die äußerste Embryonalhülle. Auch er hat phagozytäre Fähigkeit. Der Zyto-Trophoblast ist zur Keimblase hin orientiert und kann sich in synzytiales „Gewebe" umwandeln (Remesenchymalisierung). Der gemischt gewebliche Choriontrophoblast ist mesenchymal-synplasmatischer Natur und fließt amöboid beweglich von der Peripherie (extraembryonales Mesenchym) über den Haftstiel nach Ausbildung des Embryonalknotens, zur Keimscheibe zwischen Amnion- und Dotterbläschen.

Der Zyto-Trophoblast bildet im Inneren der primären Keimblase das Entoderm und das Dotterbläschen aus. Das differenzierende Prinzip führt über den Dottersack, das Entoderm einerseits zur Leberanlage, andererseits zur Darm- und Lungenanlage, über den Kopf- und Kiemendarm.

Das Amnion ist synzytial-mesenchymalen Ursprungs. Es setzt den Synzytio-Trophoblasten im Inneren des Keimes fort und ist Träger der embryonalen Gestaltbildung, indem das extraembryonale Mesenchym zwischen Amnion und Dotterbläschen den zunächst rein mesenchymalen Keim anlegt. Das Mesenchym hat, wie oben angegeben, die Fähigkeit, zellulär aufgebautes Keimblattgewebe wieder aufzulösen, um es erneut der organischen Gestaltbildung zu unterwerfen.

Zur Pathologie der Retardation

In dem oben geschilderten ersten mesenchymal-formativen Inkarnationsvorgang kann eine tiefgreifende Inkarnationsstörung auftreten: Der Zyto-Trophoblast, aus dem das Chorionepithel hervorgeht, kann autonom weiterwuchern. Es kommt nicht zur Keimanlage unter Führung des extraembryonalen synzytialen Mesenchyms als dem Organisator der Keimanlage innerhalb des Embryonalknotens, oder der schon angelegte Keim obliteriert. Wir haben das pathologische Bild der *Blasenmole* oder des Chorionepithelioms. Der Formimpuls des zur ersten flüssig-morphologischen Inkarnationsstufe schreitenden Menschenkeims versagt; und zwar versagt die formative Organisation des ersten Hüllenorgans, das selbst in der Gestaltlosigkeit verharrt. Es kommt nicht zur Ausbildung des zweiten Hüllenorgans, zur Amnionbildung, das die weitere organisatorische Funktion übernehmen sollte. *(Spemann* spricht von dem Organisator des Gesamtorganismus, den er topographisch der präsumptiven, rein mesenchymalen Chordaanlage [beim Amphibienkeim] zuordnet.)

Wir führen die Hemmung der frühembryonalen Formbildung an als exemplarische und extreme Verharrung des Inkarnationsvorganges bereits auf der ersten extra-embryonalen physisch-morphologischen Bildungsstufe (Blasenmole).

Die *Embryopathien* sind solche Formations- und Organisationshemmungen, die auch noch im späteren Verlauf der Embryonalzeit innerhalb der ersten drei Monate zu unvollständiger Organreife führen. Wir werden dies bei der Übertragung der Röteln von der Mutter auf den Embryo auszuführen haben.

An dieser Stelle soll festgehalten werden, daß es die embryonalen Hüllen und in ihrer Fortsetzung die mesenchymalen Blasteme sind, von denen die Impulse für die Organbildung und Organreife ausgehen. Die mesenchymalen Blasteme sind die Vermittler der Organgestalt, deren Matrix vom individualisierenden, differenzierenden Zellprinzip gebildet wird. Stets ist es dieses Doppelprinzip, von dem wir einführend gesprochen haben, das bei der Organbildung zusammenwirkt: Das Formprinzip mesenchymal-universal und das individualisierende zelluläre Prinzip. Das omnipotent universelle Mesenchym unterliegt der Retardation, das differenzierende zelluläre Prinzip der Akzeleration.

Die Kinderkrankheiten als Inkarnationsschritte

Inkarnationshemmung

Ehe wir auf die Kinderkrankheiten im eigentlichen Sinne zu sprechen kommen: Röteln, Windpocken, Masern, Scharlach, soll ein Blick auf die frühkindliche Rachitis geworfen werden als Typus einer postnatalen Inkarnations-Retardation. Die Rachitis stellt gleichsam eine Fortsetzung der geschilderten embryonalen Gestalthemmung aus der Peripherie des Organismus dar. Gleichzeitig kommen wir beim Versuch, das Wesen der Rachitis zu verstehen, auf die Frage zu sprechen, welcher Substanzprozeß dem Krankheitstypus der embryonalen und der frühkindlichen Inkarnationshemmung entspricht.

Die Gestaltbildung des Organismus und der Organe wurde als ein Phänomen des peripheren Mesenchyms geschildert. Das frühembryonale Mesenchym ist als primäres peripheres extra-embryonales Hüllenorgan angelegt. Beim Aufbau der Organe im Inneren der mesenchymalen Keimanlage (Keimscheiben-Stadium) bildet sich als drittes Bildungsstadium (2. Stadium war die Ausbildung des Amnions und des Dotterbläschens), gegliedert der Mesoblast (Chorda-Anlage) und die Somiten, der Ekto- und Entoblast. Diese Urblasteme sind das „innere Milieu" *(Pischinger)* oder die inner-embryonale „Peripherie" für die Ausgestaltung der einzelnen Organe und Organsysteme. (Beispiele: Pericard, Pleura, Perionaeum, Pia- und Duramater usw.). Die ausgereiften Organe und Organsysteme und der Gesamtorganismus sind später begrenzt von ursprünglich mesenchymalen Bindegewebshüllen, die nach dem Inneren der Organe als lockeres interstitielles synplasmatisches Bindegewebe an der Erhaltung der Organgestalt und der ständigen Erneuerung des organspezifischen Parenchyms des zellulären Aufbaus der Epithelien und der Bluterneuerung aus dem Knochenmark tätig sind. (Beispiele: Erneuerung des Leberparenchyms, der Schleimhaut-Epithelien, der Keimschicht der Epidermis.)

Die mesenchymalen Organhüllen bilden schließlich im Organinterstitium die abgrenzenden Basalmembranen aus Bindegewebsgrundsubstanz. (Basalmembran der Blut- und Lymphgefäße, der Nervenscheiden, der Epithelien, z. B. der *Baumann*schen Kapseln und Tubuli der Nieren.)

Organdegeneration, Hyper- und Hypoplasien des Organparenchyms beruhen auf einer Gestaltungsschwäche des mesenchymalen peripheren interstitiellen Organbindegewebes bis hinein in die morphologisch-physiologische Vermittlungsfunktion der Basalmembranen.

Auf der Suche nach dem entsprechenden Substanzprozeß stoßen wir auf den Kiesel, der in den embryonalen Hüllen, dem Trophoblasten, dem Amnion und in sämtlichen bindegewebigen Folgeorganen des mesenchymalen Grundgewebes als „Spurenelement" eine wesentliche

Rolle bei der Kolloid-Bildung, Quellung und Entquellung der Bindegewebsgrundsubstanz, spielt. Man könnte sagen: Quellung und Entquellung der Bindegewebsgrundsubstanz ist ein organischer Kieselprozeß (vgl. *Voronkow, Zelchan* und *Lukewitz:* Silizium und Leben. Akademie-Verlag, Berlin 1975).

Die *Rachitis* (griech. Rachis: Wirbelsäule), die anatomisch bald nach der Geburt und klinisch nach dem 2. Monat feststellbar ist, (die Entwicklungsstörung tritt im 1. und 2. Lebensjahr auf) ist eine Erkrankung des gesamten Bindegewebes, das bei der Skelettbildung auf der Knorpelstufe (Wirbelsäule und Extremitäten-Knochen), bzw. der Bindegewebsstufe (Schädel-Kalotten) stehenbleibt. Die allgemeine Bindegewebsschwäche erstreckt sich vor allem auf Bänder, Sehnen, Gelenkumgebungen, Gelenkkapseln usw.

Es ist nun interessant, daß Kalkmangel bei der Ernährung keine Rachitis auslöst. Es kommt dann „nur" gegebenenfalls im Extremfall zur Entkalkung des Knochens. Rachitis kann deshalb nicht einfach eine Stoffwechselernährungsstörung sein.

Der Zusammenhang mit der äußeren Haut und dem in der Haut über die Lichteinwirkung (UV-Licht) aktivierten Ergosterin lenkt den Blick auf den bestehenden Antagonismus zwischen peripherem Haut-Kieselprozeß einerseits und dem zentripetal wirkenden chemisch gestaltenden Skelett-Kalkprozeß im Inneren. Die Sterine und die Steroide begleiten den Lichtstoffwechsel und den Chemismus im Organismus, die die Gestaltbildung der Organe und das schrittweise Eingreifen des Seelischen vermitteln.

Die Disposition — auch hereditär — spielt eine erhebliche Rolle. Brustkinder erkranken wesentlich seltener als künstlich ernährte Kinder. Für die Ätiologie hat das soziale Milieu — selbstverständlich auch Sonnenlicht, Luft- und Wärmeeinwirkung aus der Umgebung — neben der „erblichen" Anlage eine entscheidende Bedeutung. Man kann die Rachitis deshalb auch als „Pflege- oder Domestikationsschaden" bezeichnen. Wenn *Adolf Portmann* vom „sozialen Uterus" spricht, der organbildend die embryonalen Hüllen ablöst, trifft er den Kern des Rachitisproblems auch für deren Ätiologie als einer Inkarnationshemmung, d.h. als ein Problem mangelnder seelisch-geistiger und physischer Wärme-Lichthülle. (Der Kontakt mit der Mutter beim Stillen spielt deshalb eine größere Rolle als die mit der Muttermilch vermittelten fettlöslichen Vitamine A und D 3.)

Was wir vom Kieselprozeß und der Bindegewebsgrundsubstanz ausführten, wird zum ätiologischen Faktor, wenn das lebendige Sol-Gel-Geschehen im Sinne des Silicea-Arzneimittelbildes in eine funktionelle Starre übergeht. Das Quellungsvermögen des Hautbindegewebes und der nachlassende Hauturgor sind charakteristische Symptome. Dieser Vorgang ist mit einem Wärmeverlust und mit Wärmestarre in der Peripherie verbunden. Auf dem Gegenpol, der Skelettbildung im Inneren verharrt dann das osteoide Bindegewebe bei der enchondralen Verknöcherung auf der Stufe der Remesenchymalisierung der Knorpelzellen (primordiale Markräume). Die periostale Kalkeinlagerung ins Bindegewebe ist ebenfalls verzögert. Auch im Knochenbindegewebe persistiert die ungeformte osteoide Grundsubstanz auf der „embryonalen" Bildungsstufe. Dies entspricht dem Silicea-Arzneimittelbild: Große innere Kälte, extremes Wärmebedürfnis, turgorlose, faltige Haut, große Lebensschwäche, Dystrophie. Großer Kopf, unangenehmer Kopf- und Fußschweiß bei kalten Füßen. Der Kopf neigt zu Hydrocephalus. Die Schädelnähte treten auseinander, bleiben offen (der normale Schluß der Schädelnähte erfolgt im 12. bis 14. Monat, bei der Rachitis vielfach erst im 2. und 3. Lebensjahr). Ein weiteres wichtiges gemeinsames Symptom der Rachitis und des Silicea-Arzneimittelbildes ist der aufgetriebene Leib. Die Spätrachitis im Schulalter wird häufig nicht diagnostiziert, befallen sind meist schlecht ernährte, auch sozial geschädigte Kinder. Die Wirbelsäulenskoliose der Schulkinder ist wahrscheinlich ein Symptom einer nichterkannten Rachitis. Das Silicea-Arzneimittelbild entspricht unserer Auffassung nach weitgehend den typischen Rachitis-Symptomen; es entspricht vor allem dem von uns als 2. Evolutionsschritt der Embryonalzeit geschilderten Organbildungsimpuls der vom Amnion und den mesenchymalen Organblastemen ausgeht.

Bei der Erforschung der Ätiologie der Rachitis wurde selbstverständlich auch an Funktionsstörungen der Drüsen mit innerer Sekretion gedacht. Da es sich im besonderen um eine Licht-Phosphor-Stoffwechselstörung handelt — es besteht kein Kalkmangel im Blut, sondern eine Hypophosphatämie von unter 5 mg% — ist an die Hypophyse und ihre das gesamte übrige Drüsensystem impulsierende Funktion zu denken. Hypophysenunterfunktion führt zu einem Nachlassen aller Lebenstätigkeiten. Es entsteht durchaus ein Bild der Lebensschwäche wie es bei der Rachitis und dem Silicea-Arzneimittelbild zu finden ist. Vor allem kommt es zu einer Mangelentwicklung und Mangelernährung aller Organe. Wir erinnern in diesem Zusammenhang an die primäre und übergeordnete formativ induktive Funktion der primären embryonalen Chordaanlage.

Die frühembryonale Chorda dorsalis nimmt topographisch ihren Ausgang von der Gegend her späteren Sella turcica und der Hypophysenanlage. Wir vertreten die Auffassung, daß die Hypophyse die organinduzierende Potenz der Chorda fortsetzt[*]). Die organbildenden, organplastizierenden Vorgänge im und aus dem mesenchymalen lockeren Bindegewebe und der Bindegewebsflüssigkeit sind ein hypophysärer Prozeß. Die Reifung und Ausformung der Organe aus dem flüssigen Zustand heraus entspricht substantiell dem Stannum-Prozeß (Sn). Die Beziehung zum ungeformten Bindegewebe stimmt mit dem Silicea-Bild weitgehend überein. Wir haben es bei dem Metall Stannum und dem Mineral (Nichtmetall) Quarz (Silicea) mit wesentlichen (urbildhaften) Verwandtschaften zu tun: Auch das Stannum-Arzneimittelbild zeigt die Lebensschwäche, die Dysplasie, Austrocknung und Erschlaffung der Bindegewebsorgane wie Knorpel, Sehnen, Bänder, Zwischenwirbelscheibe, Nucleus pulposus, d. h. eine allgemeine Dystrophie und Neigung zur Fibrose und zur Bindegewebsdegeneration.

Man könnte daher die Hypophysentätigkeit einen physiologischen Stannum-Prozeß nennen. Hypophyse und Stannum können zur Therapie der Bindegewebs- und Formschwäche bei der Rachitis eine entscheidende Rolle spielen. Dies gilt vor allem für den verspäteten Fontanellenschluß und die Tendenz zum Hydrocephalus; aber auch für die Therapie des dysplastischen Knorpels.

Die Rachitis kann jedoch symptomatischer Ausdruck für das Verharren auf einer noch früheren Entwicklungsstufe sein. Der 2. Bildungsstufe, die wir dem Amnion, der primären Chordaanlage und der Hypophysis zugeordnet haben, geht als 1. Bildungsstufe die Anlage des physischen Leibes voraus. In der Embryonalzeit ist dies das Stadium des Choriotrophoblasten und des einströmenden extraembryonalen Mesenchyms in die Keimanlage zwischen Amnion und Dotterbläschen (vergleiche weiter oben). So wie wir die 2. Bildungsstufe mit der Hypophyse in Zusammenhang gebracht haben, hat unseres Erachtens die physische Leibesanlage mit der späteren Epiphysentätigkeit zu tun. Die

---

[*]) Anmerkung: Vergleiche *G. I. Töndury:* Entwicklungsgeschichte und Fehlbildungen der Wirbelsäule. Hippokrates-Verlag, Stuttgart 1958.

Epiphyse bewahrt in der Embryonalentwicklung und in der Kindheitsphase bis zum Ende der Pubertät die Proportionen der Leibesgestalt als
Ganzheit. Sie verhindert, daß es zu einem vorzeitigen Abschluß der Organreife kommt. Beschleunigung der Entwicklung tritt ein, wenn die
Epiphysenwirkung versagt (Pubertas präcox bei Epiphysenzerstörung,
z. B. durch Tumor). Die physische Schwäche der Organe, die mangelnde Wärmebildung und Durchwärmung ist ein Epiphysenproblem.
Der Bildeprozeß der Epiphyse entspricht nach dieser Auffassung dem
Bleiprozeß (Blei in hoher Potenz, Pb D30).*)

Bei der schweren rachitischen Entwicklungshemmung, bei der Hem-
mung des Diaphysenwachstums der Extremitäten und der Gefahr des
Zwergwuchses sollte unbedingt neben Quarz, Stannum und Hypophy-
sis an Epiphysis und Plumbum gedacht werden, z. B. als Epiphysis D6,
Plumbum D30 (WALA) und Bleisalbe (Plumbum metallicum 0,1% —
Weleda). Man reibt davon 2—3mal wöchentlich ein erbsengroßes Stück
Bleisalbe in die Hinterhauptschuppe.

Eine spätere, dritte Entwicklungsstufe wird erreicht über den Lymph-
prozeß und das lymphatische System und die Eiweißbildung. Es
kommt jetzt bei gesunder Entwicklung zur verstärkten Kalkeinlagerung in das mesenchymale osteoide Matrixgewebe des Knochens. Dieser physiologische frühkindliche, lymphatische Prozeß zieht sich bis
hin zum 3. Lebensjahr und sollte etwa bis zum Zahnwechsel überwunden sein**).

Er entspricht dem Calcium carbonium-Bild bei dicken, pastösen
großköpfigen, schwitzenden Kindern — oder dem Calcium phosphoricum-Bild bei grazilen, erethischen, rasch in die Länge wachsenden eher
kleinköpfigen Kindern. Die Lymphknoten sind hier wie dort im Halsbereich häufig verdickt und verhärtet. Calcium carbonicum, als Conchae (Austernschalenkalk D 30) bzw. Calcium phosphoricum D 30 sind
dann erst therapeutisch sinnvoll, wenn sich die entsprechenden Konstitutionsbilder ausgeprägt entwickelt haben. Sie lösen dann die oben be-
schriebene und begründete Silicea bzw. Plumbum-Therapie ab. Stoffliche (nicht potenzierte) Kalkgaben sind dann kontraindiziert. Sie würden das Calcium carbonicum-Bild, d. h. den Lymphatismus verstärken.

---

*) Vergleiche: *H.-H. Vogel:* Das Problem der Immunologie und die Erhaltung der Gestalt
— Ein Beitrag zur Frage der Chronizität.

**) Vergleiche: *H.-H. Vogel:* Evolution und Involution. Die zeitgemäße Pneumatisation
der Nasennebenhöhlen.

Bei der Therapie und Prophylaxe der Rachitis, d.h. bei der Inkarnationsschwäche infolge mangelhafter Eingliederung der „Ich-Organisation" *(Rudolf Steiner)* im physischen Organismus — ein Vorgang, den wir im Zusammenhang mit dem „Kieselorganismus" und der physischen Wärmebildung geschildert haben — ist schließlich dem „Lichtträger" Phosphor bei der Rachitisbehandlung große Bedeutung beizumessen. Über den Licht- und Wärmeprozeß wird der physische Leib vom Ich-Wesen des sich verleiblichenden Menschen über die Peripherie des Organismus ergriffen. Bei der Rachitis verharrt mit der Wärme auch der Lichtprozeß in der Peripherie. Der Hautwärme- und Lichtprozeß wird als Inkarnationsvermittler nicht ergriffen. Wir haben es mit einer Wärme- und Lichtstarre zu tun. Hohe Potenzen von Phosphor (D 30) 1—2mal wöchentlich innerlich gegeben, bringen zusammen mit der Quarz-Wirkung (ebenfalls in D 30) den Wärme- und Lichtstoffwechsel wieder in Bewegung. Diese Substanzen gehören deshalb zum Fundament der Rachitistherapie und Prophylaxe; dies insbesondere bei erethischer, zur leptosomen Konstitution neigender Veranlagung.

Röteln (Rubeola) und Windpocken (Varicellen)
Erkrankungen der Physis

Bei den Kinderkrankheiten: Röteln, Windpocken, Masern und Scharlach ist das Exanthem typisch. Die Haut als universelles Organ, das alle Lebensprozesse in allgemeiner und ursprünglicher Art repräsentiert, ist der Ort der Krankheitsauseinandersetzung. Insbesondere ist sie der Repräsentant des physischen Leibes und des Sinnessystems. Als Träger der gestaltenden Potenz, vor allem in der frühen Embryonalzeit ist die Haut, wie oben ausgeführt wurde, vor allem Träger und Vermittler der „Ich-Organisation", d.h. des Kieselprozesses. Dies gilt vor allem für die Epidermis mit ihrer besonderen Gliederung: Keimschicht (Stratum germinativum), Barierreschicht (Stratum lucidum) und Hornschicht (Stratum corneum). Hauterneuerung (Stratum germinativum) und Absterbeprozeß der Haut (Stratum corneum) begegnen sich in der eigentlichen Sinnes- und Lichtschicht (Stratum lucidum). Die oben genannten Kinderkrankheiten mit der charakteristischen Ausbildung eines für jede Kinderkrankheit typischen Exanthems zeigen damit, daß der Krankheitsprozeß eine prinzipielle und radikale Auseinandersetzung der Ich-Organisation mit den Lebensprozessen darstellt. Sie zeigen damit zugleich, daß die Haut als Träger und Ort der Auseinandersetzung die Ganzheit des Organismus darstellt.

Bei den Embryopathien durch Röteln- und Windpockeninfektion in der frühen Schwangerschaft wird der Zusammenhang der Haut mit der Ausgestaltung und Ausreifung der Organe offenkundig. Nach der Geburt setzt die Haut die mesenchymalen Hüllen der frühen Embryonalzeit fort. Röteln und Windpocken sind so gesehen ein Problem des individuellen Verhältnisses des sich inkarnierenden Wesens (Ich-Organisation) und der aus dem Erbstrom übernommenen physischen Leibesanlage. Sowohl bei den Röteln als auch bei den Windpocken greift der Inkarnationsprozeß bis auf die physische Stufe durch. Sowohl bei Röteln als auch bei Windpocken tragen Ich-Organisation und Kieselorganismus die Organform nicht bis zur endgültigen Organreife aus. Es kommt teilweise zu einem vorzeitigen Abschluß der Organbildung und dann zur Organunreife. Betroffen sind typischerweise die peripheren ektodermalen Sinnesorgananlagen wie Auge (Linse), Innenohr und im Zentrum des Organismus das „Sinnesorgan" Herz, und zwar bis zur 4. Schwangerschaftswoche (60—70 % Mißbildungen).

Röteln

Linsentrübung, Pseudoretinitis pigmentosa (6. Woche), Taubheit (9. Woche), Herzfehler (offener Ductus botalli), Vorhof- und Kammerseptumdefekt (5.—10. Woche).

Wie tief die Bildungsstörung reicht, ergibt sich aus den Zahnmißbildungen (6.—9. Woche) und Störungen der Verkalkung der Extremitäten, vor allem der unteren Extremitäten-Diaphysen. Die Unreife des Auges im ganzen (Mikrophthalmie), in seltenen Fällen Mikroencephalie sind Zeichen der tiefen Reifestörung der Sinnesorgananlagen.

Die organbildende Potenz der Haut setzt sich in der Embryonalzeit fort bis es zur Ausbildung der Hornschicht kommt. Wenn dieser Sklerosierungsprozeß vorzeitig einsetzt, kommt es zur Linsentrübung (Katarakt). Die Linse entspricht dem Stratum lucidum der Epidermis, die bis zum 4.—5. Monat — wie die Linsenanlage selbst — die äußerste Schicht der Epidermis bildet. Die Verhornung der fetalen Haut setzt erst gegen Ende des 4. Schwangerschaftsmonats ein. Bis dahin ist mit der Gestaltbildungs*potenz* der Haut noch zu rechnen. Diese Zeit fällt etwa mit der Organbildungsstörung durch die diaplazentare Rötelinfektion des Embryos durch die Mutter zusammen.

Nach dem 3. Monat (12. Embryonalwoche) geht die Wahrscheinlichkeit einer Mißbildung durch Rötelinfektion der embryonalen Haut auf 8% zurück. (Von 60—70% zwischen Implantation des Keimes und der 4. Schwangerschaftswoche.)

Auf eine gleichsam „rachitische" Knochenbildungsstörung weist die oben erwähnte Entkalkung von Femur und Tibia. Es kommt dabei zu streifenförmiger Metaphysenentkalkung bei unregelmäßiger Verkalkung. Auch das Dysmelie-Syndrom (Thalidomid-Dysmelie) weist auf die Haut und die mesenchymalen Blasteme im Inneren (Somiten) als organinduzierende Potenzen hin. Die Extremitätenknospen entwickeln sich aus dem entsprechenden Hautareal von außen nach innen. Fingerstrahlen, dann das Handgelenk, dann Radius und Ulna, zum Schluß die Schulter werden in dieser Reihenfolge angelegt und entwickelt.

Sowohl bei Röteln als auch bei der Windpockeninfektion handelt es sich um Viren, die — mit den Kernsubstanzen verwandt — sich nur in lebenden Zellen vermehren können. Sie haben gleichsam keine eigene Vitalität. Sie bestehen aus Nucleopoteiden und Lipoiden und könnten — so theoretische Überlegungen — selbst aus zerfallenen Kernsubstanzen entstehen. Die Gestaltimpulse gehen bei der Organbildung von der Peripherie der Zelle, bzw. ihrer Umgebung aus. Der Kern wird „informiert" und zur Zellteilung induziert. (Vergleiche *E. Blechschmidt:* Vom Ei zum Embryo.) Interessant ist es, daß mit Auftreten des Exanthems (ähnlich wie bei Masern) die Virusvermehrung und -ausscheidung sofort abklingt. Auch dies zeigt, daß sich die eigentliche Auseinandersetzung mit der physischen Erbanlage in der Haut abspielt.

Das Blutbild ist ebenfalls Ausdruck der tiefen, ins Physische hineinreichenden Auseinandersetzung. Es kommt zur Leukopenie bei Lymphozytose und vor allem zur Vermehrung reticulärer Plasmazellen (wie sie auch beim Plasmozytom, Morbus Kahler auftreten), Thrombopenie mit Blutungen (vor allem, wenn die Rötelinfektion bis zur Geburt besteht) und die Hepato-Splenomegalie sind Zeichen für die Manifestation der Erkrankung im physischen Bereich[*]).

Infolge der Thrombopenie kommt es dann zu Blutungen. Die Lymphknoten, vor allem im Bereich des Nackens, des Halses, sind verhärtet. Die Milz, wie gesagt, vergrößert (in 50% der Fälle).

---

[*]) Vergleiche *H.-H. Vogel:* Das Blut (Abschnitt Thrombozyten).

Daß sich die Röteln vorwiegend im physischen Bereich abspielen geht auch daraus hervor, daß wenig Temperatur besteht, häufig afebriler Verlauf und kein Krankheitsgefühl auftritt. Auch die Blutsenkung ist stets niedrig. Der Manifestationsindex ist niedrig, der Immunitätsgrad hoch.

Effloreszenzen

Beginn (wie bei Masern) hinter den Ohren und im Gesicht. Die Papeln sind stärker erhaben als bei den Masern, das Gesicht jedoch nicht gedunsen und die Papeln nicht konfluierend (wie bei Masern), kleinfleckig, hellrot, es besteht eine leichte flächenhafte Rötung im Gesicht. Wenn Fieber auftritt, ist es zweigipflig wie bei Masern, d.h. Ende der Inkubationszeit (2—3 Wochen) im Prodromalstadium 1. Fieberzacke und beim Auftreten des Exanthems 2. Fieberzacke. Wie gesagt, bleibt das Fieber häufig aus. Die Infektiosität kann nach Auftreten des Exanthems noch eine Woche bestehen. Der Verlauf zieht sich im ganzen etwa 28 Tage hin (Mondrhythmus).

Therapie

Folgt man der oben geschilderten Ätiologie, d.h. der Auffassung, daß es sich bei den Röteln um eine Auseinandersetzung der Ich-Organisation mit dem physischen Leib in erster Linie handelt, dann ergibt sich für die Prophylaxe während der Schwangerschaft im 1. halben Jahr eine Behandlung mit Epiphysis und Blei; Epiphysis in tieferen Potenzen (D 6), Plumbum in Hochpotenz (D 30) — vergleiche Rachitis-Behandlung — Silicea (Quarz) D 30.

Postnatal kommt außerdem Lien in tieferen Potenzen in Frage, eventuell das Präparat Lien D 6, Plumbum D 30 (WALA) und ebenfalls Quarz in hohen Potenzen.

Varizellen

Bei den Varizellen handelt es sich unseres Erachtens ebenfalls um eine Auseinandersetzung der Ich-Organisation mit dem physischen Leib. Wie Röteln sind die Varizellen von einer Virusvermehrung begleitet. Der Manifestationsindex ist hoch, ebenso die Immunität.

Die Verwandtschaft mit Herpes zoster

(Angeblich der gleiche Virus)

Das Auftreten des Zoster im Bereich eines Dermatoms, meist einseitig, vor allem im Bereich des 2. Dorsal- bis 2. Lumbalsegmentes oder im Versorgungsgebiet des 5.—7. Hirnnerven, weist (beim Zoster) auf den Krankheitsprozeß im Physischen hin. Auffallend ist auch, daß trotz durchgemachter Varizellen-Erkrankung und spezifischer Varizellenimmunität ein Herpes zoster auftreten kann. Man sieht daraus, daß das Immunsystem geschädigt ist. Ein diaplazentarer Schutz bei Neugeborenen besteht nicht.

Embryopathien bei Varizellen sind extrem selten. Man nimmt an, daß der größte Teil der Bevölkerung Varizellen durchgemacht hat und nicht mehr empfänglich ist. Noch extremer wie bei den Varizellen ist der fast fieberlose Verlauf und das geringe oder nicht vorhandene Krankheitsgefühl. Auch dies wiederum ein Zeichen für den Krankheitsprozeß im Physischen.

Die Inkubationszeit beträgt 2—3 Wochen, die Infektiosität reicht bis zu einer Woche, danach Auftreten des Exanthems, also auch hier der Gesamtkrankheitsverlauf ähnlich wie bei Röteln 28 Tage. Die Effloreszenzen treten ganz plötzlich auf ohne Krankheitserscheinungen. Eventuell beobachtet man ein ganz leichtes „Vorexanthem". Befallen ist der gesamte Kopf, die behaarte Kopfhaut und der Stamm. Die Extremitäten sind kaum befallen, jedoch ähnlich wie bei Röteln starke Lymphknotenschwellung im Halsbereich. Das Exanthem bildet sich nur in den *oberflächlichen* Hautschichten ab. Es kommt zu einem raschen Übergang in wenigen Stunden von der Makula über eine Papula zur Vesicula mit späterer Krustenbildung und seltenen Blutungen mit Nekrosen. Seltener treten auch Bläschen an der Hornhaut, in den Konjunktiven und im Bereich der Genitalien auf.

Von großer Wichtigkeit ist das Auftreten in Schüben, d.h. in Rhythmen, so daß Effloreszenzen in allen Stadien nebeneinander bestehen können. Normalerweise heilen die Bläschen, auch wenn sie nekrotisch werden, rasch unter Zurücklassen eines leichten Pigmentes in ca. 3 Tagen ab. Die Anzahl der Effloreszenzen kann zwischen 10 und 100 schwanken (im Volksmund heißt es, daß *ein* Bläschen eine Narbe hinterläßt; dies sei eine echte Blatternnarbe). Die stecknadelkopfgroßen Bläschen enthalten eine klare Flüssigkeit und sind meist von einem roten Saum umgeben. Der rhythmische Verlauf weist auf einen Zusammenhang mit dem Rhythmus der Erneuerung der Keimschicht der Epidermis hin (28-Tage-Rhythmus).

Bei gleichzeitiger Immunsuppression durch Kortikoide kann der Krankheitsverlauf sehr schwer sein. Es ist dann nicht nur die gesamte Haut befallen, sondern auch innere Organe, d.h. die „inneren Häute". Dann kann sich auch die Varizellenerkrankung wiederholen. Es treten Riesenzellen auf, die Thrombopenie führt zu Blutungen, es kommt zu Kapillarnekrosen, die anfängliche Leukozytose geht über in eine Leukopenie, die BKS ist nur mäßig und am Anfang erhöht. Im Unterschied zu den echten Pocken ist das Prodromalstadium unbemerkt. Bei einer — wie gesagt — seltenen intrauterinen Infektion kommt es wie bei den Röteln zu Mikrozephalie, zu Mikrophthalmie und Katarakt, zu Hypoplasien der Gliedmaßen.

Therapie

Wir möchten auf einen wichtigen Unterschied bei der sonst ähnlichen Erkrankung von Windpocken mit Röteln hinweisen:

Der rhythmische Verlauf der Windpocken, das Abheben der obersten Epidermisschicht, die Bläschenbildung, die Wiederinfektion nach Immunsuppression und die nicht durchtragende Immunität nach Varizellen bei Herpes zoster weist darauf hin, daß die Varizellen zwar auch eine Auseinandersetzung der Ich-Organisation mit dem physischen Leib darstellen, jedoch handelt es sich nicht wie bei den Röteln in erster Linie um einen vorzeitigen Abschluß der Organreifung aus der Peripherie von der Haut aus (wir nannten dies einen Bleiprozeß), sondern um eine primäre Störung im Bereich der Matrix der Organe, d.h. im zellulären Aufbau der Organe. Dies spiegelt sich in der Haut innerhalb der Keimschicht, die, wie wir sagten, einem 28-Tage-Rhythmus (Mondrhythmus) unterliegt. Dies schlägt sich, auch wie oben gesagt wurde, im rhythmischen, sich wiederholenden Auftreten der Windpockeneffloreszenzen nieder.

Das Hauptbasismittel für die Windpockentherapie ist daher Argentum, und zwar in Hochpotenz oder Argentum nitricum (D 30). Als 2. Mittel kommt Thuja (Lebensbaum) D 30 in Frage. Bei Thuja ist die Vitalität und der Flüssigkeitsprozeß bis in die Zweige und die Nadeln erhalten und betont. Dies im Unterschied zu den übrigen Koniferen. Im Arzneimittelbild haben diese (Abietis) eine Beziehung zur Haut.

Thuja ebenfalls, jedoch im besonderen zur Keimschicht der Haut und zu den sich ständig erneuernden Schleimhäuten. Sowohl beim Argentum-Bild als auch beim Thuja-Arzneimittelbild haben wir es mit einem verstärkten zellulären Aufbau zu tun. Die Form- und Gestaltungskräfte, die wir dem Kiesel- und Bleiprozeß zugeordnet haben, bleiben zurück. Es entwickelt sich bei den Varizellen ein Argentum-Arzneimittelbild der Haut: starkes Jucken vor allem nachts, die Haut kann sich verfärben blaugrau oder violett, sie ist gespannt, es kommt häufig zu Kratzeffekten, zu Sekundärinfektionen und schließlich zu pustulösen Ecthyma.

Das Thuja-Arzneimittelbild: Kopfhaut berührungsempfindlich, Juckreiz, dann scheinbar Besserung, Bettwärme verschlimmert, nässender Ausschlag am Hinterkopf und an den Schläfen, Bedürfnis nach Wärme, Empfindlichkeit der Augen, Entzündung der Sklera, Iritis, Besserung durch Wärme, Lidrandentzündung, im Mund Aphthen, Geschwüre an der Lippeninnenseite, aufgetriebener Leib, empfindlicher Nabel, Genitalgeschwüre, Feigwarzen, Kondylome (Sykosis).

Haut

Pemphigus, Epitheliome, Herpes, Windpockeneffloreszenzen. Man könnte Thuja als das Silberbild unter den Nadelholzgewächsen bezeichnen. Die Verwandtschaft der Arzneimittelbilder von Argentum, vor allem Argentum nitricum, und Thuja zeigt sich — wie gesagt — in ihrer beider Beziehung zu Haut und Schleimhäuten, aber auch zu den „inneren" Häuten und Organabschlüssen, die unvollständig bleiben, bzw. es kommt zu Ulzerationen oder zu Wucherungen. Auf diesem ungenügenden Organabschluß, auch in der Ausreifung der Gewebe, wurde weiter oben hingewiesen. Der Zusammenhang beider Arzneimittelbilder, vor allem aber von Argentum, mit dem Nervensystem, vor allem den Nervensegmenten (Somiten) des Rumpfes und Halses ist offenkundig. Wir haben an anderer Stelle auf die „Verwandtschaft" von Argentumprozeß und Nervenbildung hingewiesen. Zum Silberbild gehört der substantielle Organaufbau, jedoch wenn das Bild einseitig sich entwikkelt, (auch konstitutionell) — kommt es zu einem frühen Nachlassen oder vorzeitigen Nachlassen des Organaufbauvorganges — so daß Organe infantil bleiben. Die Ausreifung, die wir früher geschildert haben, unterbleibt aus völlig anderem Grunde. Die Aufbaukräfte ziehen sich beim Silberkonstitutionsbild vorzeitig aus dem Organ zurück. Dies ist ein Signum für die Nervenbildung. Das Nervensystem zeichnet sich dadurch von allen anderen Organen aus, daß Aufbaukräfte frei werden als Grundlage der höheren freien Organtätigkeit (Bewußtseinsbildung). Das physische Organ selbst droht vorzeitig zu zerfallen. Virale Erkrankungen begleiten den Nerven- und vor allem Kernzerfall.

Das Bild der Windpocken zeigt im Anflug einen solchen Nervenprozeß, vor allem wenn es sich wie beim Herpes zoster im topographischen „sensiblen" Verlauf der Nerven abspielt. (Wir sprechen von einer Nervenwurzelneuritis.) Die Ulzeration im End- und Abheilungsstadium der Varizellen und des Herpes zoster und die immer wieder beobachtete Nekrosebildung weist auf den „nervlichen" Substanzzerfall hin.

Wir weisen schließlich auf ein 3. wichtiges Heilmittel sowohl bei Varizellen als auch bei Herpes zoster hin: Rhus toxicodendron.

Arzneimittelbild

Hautjucken unerträglich, entweder rötelartiger Ausschlag, Brennen vor allem nach Kratzen, Herpesartiger Ausschlag mit Jucken, Brennen, die Bläschen können nässen, es kommt zu Krustenbildung, die Umgebung erysipelartig, im Extremfall Pemphigus, Erysipel, ja sogar variolaartige Verschlimmerung. Auch hier ist Kältegefühl, Besserung durch Wärme charakteristisch. Interessant ist die Besserung durch Bewegung. Die Schmerzen verstärken sich gegen Mitternacht, es besteht Schlaflosigkeit, große Bewegungsunruhe, ständiges Frösteln, innere Kälte. Alles dies weist darauf hin, daß es sich um Erkrankungen im Bereich des Physischen handelt, wobei vor allem die mangelnde Wärmebildung als ein Haupt- und Leitsympton aufzufassen ist. Der Nervenprozeß ist so gesehen ein kalter Vorgang, oder anders ausgedrückt, Wärme wird vorzeitig freigesetzt und geht dem Aufbau verloren. Dies gilt außerhalb des physiologischen Nervenbildungsprozesses für alle übrigen Organe.

Zusammenfassung

Die Kinderkrankheiten Röteln und Windpocken sind nach unserer Auffassung Krankheitserscheinungen bei der Auseinandersetzung des sich inkarnierenden Wesens (Ich-Organisation) mit dem physischen Leib. Ort der Austragung ist die Haut (und die inneren Häute) als Organ der Ganzheit des Menschen und der physischen Organgestalt. Dies wurde in einen Zusammenhang gebracht mit den Arzneimittelbildern Kiesel und Blei (Röteln). Die Windpocken spielen sich ebenfalls auf der

Ebene der physischen Leibesbildung ab, die Krankheitssymptome weisen jedoch — im Unterschied zu den Röteln — auf einen vorzeitig zu Ende kommenden Organaufbauprozeß hin. Diesen Vorgang sehen wir im Zusammenhang mit den Arzneimittelbildern Argentum (Argentum nitricum), Thuja und Rhus toxicodendron. Ehe es zu einer Organausreifung kommt, beginnt schon ein gewisser Substanzzerfall. Dieser Prozeß wurde im Zusammenhang gesehen mit dem Nervenprozeß. Das Nervensystem zeichnet sich von allen anderen Organen und Organsystemen dadurch aus, daß die Organtätigkeit (Bewußtseinsbildung) einen „vorzeitigen" Substanzzerfall zur Grundlage hat. Besonders dieser Prozeß wurde als ein Silberprozeß bezeichnet.

Die rhythmische Wiederholung beim Auftreten der Windpockeneffloreszenzen — Makula, Papula, Vesicula — wurde mit den besonderen Qualitäten des Silbers (Mondrhythmus) und der rhythmischen Zellerneuerung (vergleiche 28-Tage-Rhythmus der Erneuerung der Hautkeimschicht und der Gebärmutterschleimhaut) in Zusammenhang gebracht*).

Masern (Morbilli)

Auseinandersetzung der Ich-Organisation mit dem Lebensorganismus

Auch für die Masern gilt, was von den Röteln und Windpocken gesagt wurde, daß der Krankheitsprozeß auf der Haut ausgetragen wird, d. h. auf einem Organ, das der Ich-Organisation die Eingliederung — bei den Masern in die Lebensorganisation — erlaubt.

Das Exanthem beginnt ebenfalls im Gesicht, hinter den Ohren (wie bei den Röteln) mit mittel- bis großflächigen, nach und nach konfluierenden 3—6 mm großen, leicht erhabenen, hellroten später dunkelroten Effloreszenzen. Das wesentliche jedoch bei den Masern im Unterschied zu allen anderen Kinderkrankheiten mit Exanthemen ist die ödematöse Schwellung der Haut, vor allem der Gesichtshaut. Sie wirkt aufgelockert, gedunsen. Die Quellung der Haut, die katarrhalisch exsudative Entzündung der Schleimhäute, vor allem der Augen-Bindehäute, der Nase, der Bronchien weist auf die mächtige Reaktion des Flüssigkeitsorganismus als Ausdruck der Lebensorganisation hin. Das katar-

---

*) Vergleiche *H.-H. Vogel:* Erkrankungen der Haut.

rhalische Stadium (Prodromalstadium) kann sich bis zu einer Woche hinziehen nach einer Inkubationszeit von 9—12 Tagen. Nach dem Befallensein des Gesichtes greift das Exanthem auch auf den Oberkörper über. Auch die Mundschleimhaut wird befallen (Enanthem). Charakteristisch sind die sogenannten *Koplik*schen Flecken, papulöse weiße Epithelnekrosen der Wangenschleimhaut. Die gedunsene Haut, die erhabenen papulösen Effloreszenzen, die gedunsene Schleimhaut sind die Symptome des in Auflockerung und lebhafter Reaktion befindlichen Ätherorganismus. Mit Auftritt des Exanthems hört die Vermehrung der *Masernviren* schlagartig auf und die Infektiosität klingt von da an rasch ab.

Auch die inneren Oberflächen von Magen und Darm und des Urogenitaltrakts können befallen sein. Aber nicht nur dies, die Lichtempfindlichkeit der Augen weist darauf hin, daß auch die Sinnesschicht des Augenhintergrundes empfindlich reagiert.

Es besteht hoher Manifestations- und Immunitätsgrad. Für die Tatsache der Auseinandersetzung von Ich-Organisation mit dem *Ätherleib* im Bereich der Haut spricht auch die Krankheitshäufigkeit innerhalb der ersten sieben Jahre, mit dem 6./7. Lebensjahr löst sich der Ätherorganismus, wofür der Zahnwechsel ein Symptom ist; Intelligenz und persönliches Gedächtnis werden frei. Häufigkeit der Erkrankung: 60% der Erkrankung bis 6. Lebensjahr, 30% noch bis zum 10. Lebensjahr, 10% im Erwachsenenalter (dabei häufig inapparente Masern). Fast die gesamte Bevölkerung (98%) hat Masern durchgemacht. Es scheinen also die Masern die Kinderkrankheit zu sein, in der sich das inkarnierende Wesen am stärksten mit dem Erbstrom, und zwar dem Bildekräfteleib *(Steiner)* auseinandersetzt, um ihn zu individualisieren.

Im Unterschied zu Röteln und Windpocken liegt bei den Masern ein schweres Krankheitsgefühl vor. Das Fieber steigt rasch nach Beendigung der Inkubationszeit auf 40° C, der Fieberverlauf ist wie bei Röteln zweigipflig im Prodromalstadium, dann leicht kurz abklingend und mit Auftreten des Exanthems erneuter Fieberanstieg.

Die früheste Masernerkrankung fällt in die Zeit nach dem 5. Monat (wenn die mütterlichen Antikörper abgebaut sind), die Kinder sind apathisch, weinerlich, die Mandeln sind (im Unterschied zu Scharlach) nur leicht gerötet, es bestehen jedoch Halslymphknoten- und vielfach auch Milzschwellung, beides als Ausdruck der Reaktion des Lebensorganismus.

Bei schwerem Verlauf kommt es zu Blutaustritten in das Exanthem, nach Abklingen des Exanthems vielfach kleienförmige Schuppung (im Unterschied zu den flächenhaft abblätternden, oberflächlichen Hautschuppungen des Scharlachexanthems).

Komplikationen

Charakteristisch für Masern, jedoch nur für den schweren Verlauf ist der Masern-Krupp, es kommt zum Larynxödem, Glottisödem, Laryngitis, Tracheitis. Die Ödemneigung wurde erwähnt, sie ist typisch für Masern! Auch die Masernencephalitis kann als etwas Typisches angesehen werden, da die Ödemneigung auch hier besteht. Im Liquor sind dann Zellen und Eiweiß nachweisbar (interessant ist, daß während des Exanthems bei den Kindern die Tbc-Reaktion ausfällt, später jedoch wieder auftritt).

Eine weitere charakteristische Komplikation ist die Otitis media. Auch hier der Einbruch der flüssig-ätherischen Organisation über die Schleimhaut der Eustachischen Röhre in die Schleimhaut des Mittelohrs. Auch die Pneumonie kann eine schwere Komplikation sein.

Das Versagen von Herz und Kreislauf fügt sich in das Bild der heftigen, ätherisch-flüssigen Gesamtreaktion des Organismus. Im Blutbild besteht eine Leukopenie mit Lymphopenie und Linksverschiebung der Granulozyten. Auch dies scheint uns ein Symptom für das Überhandnehmen des Flüssigkeitsorganismus zu sein, der am Anfang mit einem Rückgang der Leukozyten verbunden ist und einer Ausschwemmung unreifer Zellen. Damit geht eine Hemmung der weißen Blutkörperchen einher, allerdings zeigt sich in der Linksverschiebung eine starke Reaktion im Knochenmark (Auftreten unreifer Zellen).

Therapie

Bei starker Ödemneigung der Haut und Gefahr des Larynxödems oder sogar Hirnödems: Apis D 30.

Bei geringer Ödemneigung und starker exsudativer Entzündung der Schleimhäute, feuchte Haut, Schwitzen: Calcium carbonicum D 20, D 30 in Form von Conchae.

Bei ungenügender Fieberreaktion, vor allem bei kalten Extremitäten, Rötung des Gesichtes, heißem Kopf, hochgradiger Lichtempfindlichkeit, Konjunktivitis, Otitis: Belladonna D 30.

Bei Otitis hat sich sehr bewährt das Organpräparat Cavum tympani in D 15 zusammen mit Silicea comp. (WALA): Atropa Belladonna ex herba D 15, Argentum nitricum D 21, Silicea (Quarz) D 22. Beide Präparate auf dem Höhepunkt der Erkrankung und der Otitis 2 x täglich, dann 1 x täglich innerlich oder Silicea comp. auch als Zäpfchen.

Bei hämorrhagischer Diathese mit Kapillarnekrosen kann Phosphor in hoher Potenz zwischen D 15 und D 30 eine entscheidende Hilfe sein.

Zusammenfassend ist zu sagen, daß der entzündliche, vielfach hoch fieberhafte Verlauf und die Auflockerung von Haut und Schleimhäuten Ausdruck der „Revolution" im Ätherorganismus sind. Dafür spricht auch der relativ zeitlich ausgedehnte, sich etwa über 3 Wochen hinziehende Krankheitsverlauf mit ungefähr gleich langem Inkubations- und Prodromalstadium. Damit folgt die Masernerkrankung den Gesetzmäßigkeiten des Lebensorganismus. Sowohl das Fieber, als auch das Sichverselbständigen des Flüssigkeitsprozesses im Sinnesbereich und die Psyche offenbaren das sich relativ verselbständigende Geschehen im ätherischen Bereich.

Scharlach (Scarlatina)

Auseinandersetzung der Ich-Organisation mit dem Empfindungsorganismus

Während der Typus der Masernerkrankung in ihrem gleichsam „phlegmatischen" Ablauf (mit verhältnismäßig langer Inkubationszeit und fast gleich langem Prodromalstadium) im Erscheinungsbild (ödematöse Haut, Schleimhäute, eventuell Meningen) die Gesetzmäßigkeit des ätherischen Flüssigkeitsorganismus offenbart (dies zeigt sich auch in der weinerlichen Psyche), ist der Charakter der Scharlach-Erkrankung im deutlichen Gegensatz zu den Masern hochakut, heftig und beschleunigt auf den Höhepunkt der Erkrankung zueilend. Masern betonen den Lymphorganismus, Scharlach das *arterielle* Blutsystem. Man könnte daher auch — wenn ein mythologisches Bild gestattet ist — den Scharlach eine Mars-hafte Erkrankung nennen.

Nach einer verschwindend kurzen Inkubationszeit (2 Tage, höchstens 4 Tage) und praktisch ohne Prodromalstadium (!) kommt es zu einem abruptem Ausbruch der Scharlacherkrankung mit plötzlichem (!) Fieberanstieg, begleitet von folgenden klinischen Erscheinungen: hohes Fieber, rascher Puls, Angina follicularis (lacunaris), hochgradige Entzündung des Pharynx; Enanthem am Gaumen; Zunge zunächst belegt, die Papillen vergrößert, danach „Himbeerzunge" (Desquamation der Zungenpapillen, Warzenpapillen) nach Abstoßung des Zungenbelags; schmerzhafte (!) Anschwellung der Halslymphknoten und kurz danach (12 bis 24 Stunden nach Krankheitsbeginn) Ausbruch des Exanthems. Dies beginnt, auch wieder im Unterschied zu Masern, in den Beugen der Gliedmaßen, Achseln, Leistenbeugen; dann Rumpf und danach erst im Gesicht mit oft nur sehr geringem Exanthem mit starker Rötung der Wangen und großer Blässe um den Mund. Im Gesicht kann es seltener auch zu Bläschen kommen (Milaria scarlatinosa). Die Haut kann dann auch (beim Wegdrücken des Exanthems) subikterisch erscheinen.

Da es beim Scharlach zu toxischer Kapillarschädigung kommt, treten eher als bei anderen Exanthemen petechiale Blutungen am Gaumen und in den Gelenkbeugen auf. (Provokation durch Stauung, *Rumpel-Leede*-Zeichen.)

Weitere wichtige klinische Symptome: Kopfschmerzen, Erbrechen und eventuell „Fieberkrämpfe".

Das Exanthem ist feinfleckig, zeigt nicht die Erhabenheit wie das Masern- oder Rötelexanthem und ist nicht wie bei Masern konfluierend. Das Exanthem ist zunächst blaßrot, dann typisch scharlachrot, düstere flammende Röte, vor allem auch typische Scharlachröte der Tonsillen des weichen Gaumens.

Die *Hautschuppung* beginnt bereits nach einer Krankheitswoche, vorwiegend feinschuppig, ähnlich wie Masern, im Gesicht. Die eigentliche Schuppung in großen Lamellen setzt nach der 3. Krankheitswoche ein; sehr charakteristisch an den Fußsohlen, Handtellern, Zehen und Fingerspitzen und eventuell am ganzen Körper. Die Schuppung kann längere Zeit anhalten (!).

Die Scharlach-Erkrankung steht im Zusammenhang mit dem Auftreten β-hämolysierender Streptokokken (Gruppe A). Die Streptokokken-Angina — die hochakute Tonsillitis steht zunächst im Vordergrund des Krankheitsbildes — ist nach unserer Auffassung nicht die Krankheitsursache, sondern eine wesentliche Begleiterscheinung, denn Unterdrückung der Streptokokken-„Infektion" verhindert nicht das Wiederaufflammen und das Rezidivieren der Scharlacherkrankung.

Altersdisposition

Daß der Scharlach um das 5. bis 12. und 14. Lebensjahr (seltener vor dem 4. Lebensjahr und fast nie im 1. Lebensjahr) auftritt, zeigt, daß es sich um eine Auseinandersetzung der Ich-Organisation mit dem 1. Schritt des seelischen Selbständigwerdens des sich inkarnierenden Seelenwesens handelt. (Äußerung eines 4jährigen Kindes zu seiner Mutter in der Sprechstunde in reinstem Schwäbisch: „I soll immer welle wie Du willscht, i will aber welle wie i will".)

Blutbild: Leukozytose und Eosinophilie

Die Eosinophilie zeigt, daß eine Übersensibilisierung in Richtung Allergie vorliegt und daß die ungenügende Abwehrlage durch überschießende Granulozytenbildung kompensiert werden soll.

Die Tatsache, daß schon sehr früh Albuminurie auftritt und Urobilinogen vermehrt ist, weist auf den wesentlichen Zusammenhang mit der Nierenorganisation hin. Man muß unter allen Umständen an eine Nephritis denken, wenn sich der Scharlach in die 3. Woche hinzieht und das Fieber nicht abklingt.

Wir haben wiederholt auf den besonderen Zusammenhang des Nierenorgans mit der seelischen Organisation hingewiesen. Die Niere ist das empfindsame, seelisch reagible Organ. In der Niere individualisiert sich das sich inkarnierende Seelenwesen. Die Arterialisation der Niere und die Erregbarkeit des arteriellen Systems beim Scharlach ist der entscheidende Hinweis für die Auseinandersetzung des sich inkarnierenden Wesens mit dem Empfindungsorganismus. Daher findet man auch bei der Scharlach-Nephritis keine Streptokokken mehr.

Komplikationen

Scharlach kann hochtoxisch verlaufen — Scarlatina fulminans. Es kommt zu Höchsttemperaturen mit stärkster Unruhe, Benommenheit, Krämpfen, Erbrechen, Hautblutungen, Kreislaufversagen, Sepsis, Angina necroticans.

Lokale Komplikationen

Otitis media, Mastoititis, Retropharyngeal- und Peritonsillarabszeß, einschmelzende Halslymphknoten. Und schließlich bei weiterem Versagen der Abwehr Meningitis.

Myocarditis und Endocarditis — eventuell auch Hepatitis — können zu den schweren toxischen Verlaufsformen gehören. Die Leukozytose und Eosinophilie verlaufen in ihrer Heftigkeit der Intensität des Exanthems parallel. Das Exanthem, d. h. die kleinfleckigen Makula, können so dicht stehen (ohne zu konfluieren), daß der Eindruck einer gleichförmigen Hautrötung entsteht.

Psyche

Bei leichtem Verlauf und kaum in Erscheinung tretendem Exanthem — manchmal Verlauf ohne Exanthem — kommt es nur zu einer gewissen Unruhe oder besonderen Lebhaftigkeit der Kinder; bei schwerem Verlauf zu Unruhe und Sopor. Die Haut ist brennend heiß, bei starker Schwellung der Haarbälge rauh, kann auch leicht ödematös wirken. Allgemeine Erscheinungen: Appetitlosigkeit, großer Durst, heftige Halsschmerzen, geringe Harnausscheidung!

Besonders zu beachten ist eine mögliche „Zweitkrankheit", wobei sich die Symptome wiederholen können. Wir haben auf die Rezidivneigung vor allem nach Antibiotika-Behandlung hingewiesen. Das Rezidiv kann sehr schwer verlaufen. An dieser Stelle ist darauf hinzuweisen, daß jegliche Unterdrückung der Symptome und des Fiebers zu einer ungenügenden Austragung der Erkrankung auf der Haut führt. Die Erkrankung „schlägt nach innen". Bei geringer Fieberneigung und nur leichtem Exanthem ist es deshalb von Wichtigkeit, durch ansteigende Fußbäder dem Exanthem zum Ausbruch zu verhelfen.

Bei der typischen Nierenkomplikation handelt es sich um eine Glomerulonephritis, häufig mit frühem nephrotischen Einschlag. Die Nierenbehandlung, auch prophylaktisch, gehört deshalb zur Scharlach-Therapie.

Therapie

Beim Ausbruch der Erkrankung (ehe die Diagnose Scharlach zu stellen ist) ist auf die Art und Weise des Beginns zu achten: Die Heftigkeit, Plötzlichkeit des Fieberanstiegs und des Beginns der Tonsillitis veranlaßt uns, auf folgende Symptome zu achten: große Blässe und Durstlosigkeit oder großer Durst, große Blässe; oder großer Durst, roter Kopf, trockene Haut, Urinverhaltung. Im zuletzt genannten Falle: Aconitum Napellus D 30 (plötzlicher Beginn: trockene Haut, im Liegen gerötetes Gesicht, Schüttelfrost, zu Beginn Durst, Harnverhaltung).

Bei anfänglicher Durstlosigkeit und Blässe, leicht ödematöser Haut, brennenden Halsschmerzen, Hitzegefühl in der Haut und Brennen, Harnverhaltung: Apis D 30.

Bei starker Schwellung der Tonsillen, heftigen Schluckbeschwerden, rotem Gesicht, eventuell auch Beginn mit Schüttelfrost, kalten Extremitäten, leichter Schweißbildung im Kopfbereich, rascher, voller, weicher Puls: Atropa Belladonna D 30, das wohl zu den am häufigsten passenden Scharlach-Mitteln gehört. Kommt es zur Tonsillitis necroticans: Mercurius D 15 (bei gleichzeitigem Blutdruckabfall und Kreislaufversagen: Glandula suprarenalis cum Mercur D 4/15).

Die „klassische" Behandlung der Glomerulonephritis mit Hypervolämie, großer Blässe, geringem Durst, geringer Urinbildung, hoher Eiweißausscheidung, Gefahr eines nephrotischen Syndroms, ist Apis D 30. Es ist jedoch dann auch an Arsenicum album D 30 oder D 15 zu denken, wenn das Fieber zurückgeht, Kreislaufstörungen auftreten in Richtung Kollapsneigung, Schweißausbrüche, Durst, Kälte-Gefühl. Dann kommt unbedingt Arsenicum album in Frage.

Die Auseinandersetzung der Ich-Organisation mit dem Empfindungsorganismus ist zugleich eine Auseinandersetzung mit der vererbten Konstitution; so wie die Masernerkrankung eine Auseinandersetzung ist mit der übernommenen Temperamentsanlage, d. h. mit der Lebensorganisation.

Beide Erkrankungen, Masern und Scharlach, greifen nicht wie Röteln und Windpocken in die physisch-leibliche Organbildung ein. Dafür entwickelt sich ein stärkeres Krankheitsgefühl und Krankheitserlebnis. Darauf wurde weiter oben hingewiesen. Die Auseinandersetzung der mit dem Erbstrom übernommenen Temperamentsanlage (Masern) und Konstitutionsanlage (Scharlach) bedeutet für die Inkarnation jeweils einen weiteren Schritt „in der Überwindung fremder Hüllen." Lebensleib und Seelenleib wollen individualisiert sein. Mit der Überwindung der Masern- und Scharlach-Erkrankung macht die kindliche Entwicklung einen wesentlichen Schritt in Richtung einer notwendigen Selbstidentifikation und Befreiung. In der Genesung steht das Kind wie neugeboren, sicherer und harmonischer, nicht nur in seiner eigenen leiblich-seelischen „Umwelt", sondern auch in seinen Verhältnissen zur Eltern- und Erwachsenenwelt. Bis hinein in die Biographie kann damit eine Änderung eintreten (siehe *Eduard Mörike:* Die märchenhafte Novelle „Der Schatz", in der in imaginativer Weise das Wesen der Scharlach-Erkrankung zugleich mit ihrer schicksalhaften Bedeutung geschildert wird, wie auch das *Grimm*sche Märchen: „Die Gänsehirtin am Brunnen").

Zusammenfassung

Die wichtigsten Kinderkrankheiten: Röteln, Windpocken, Masern und Scharlach werden als Inkarnationsschritte auf dem Wege zur Selbstfindung geschildert; Röteln und Windpocken als Probleme der Inkarnation im Körperlichen (physischer Leib), Masern als Aneignung der Lebensorganisation (Äther-Leib, *R. Steiner*), Scharlach als Schritt zur Individualisierung des vom Erbstrom geprägten Empfindungsleibes (Astralleib, *R. Steiner*).

Hinter den „Entwicklungskrankheiten" steht die Doppelnatur der Inkarnation: Retardation und Akzeleration. Die Verzögerung der orga-; nischen Entwicklung kennzeichnet die Menschwerdung. Extreme (krankhafte) Retardation führt intraembryonal zur mangelhaften Organreifung (Defekte im Physisch-Morphologischen). Hierher gehören Röteln- und Windpocken-Infektion.

Die Rachitis wird als postembryonale Entwicklungshemmung interpretiert.

Durch Masern und Scharlach werden mit dem Erbstrom zusammenhängende Hemmungen — Temperamentsanlage (Masern), Konstitutionsanlage (Scharlach) — überwunden und der Weg zur Eigenprägung der organischen „Hüllen" geöffnet.

Es wird versucht, die Substanzprozesse, die als potenzierte Heilmittel bei der Behandlung der geschilderten Kinderkrankheiten in erster Linie in Frage kommen, in ihrer „Naturverwandtschaft" zum „Typus" der verschiedenen Krankheitsbilder darzustellen: Röteln — Plumbum und Quarz; Windpocken — Argentum, Thuja, Rhus toxicodendron; Masern — Calcium carbonicum, Antimonium crudum, Atropa Belladonna; Scharlach — Aconitum Napellus, Apis, Belladonna, Arsenicum album. Auf Komplikationen wird kurz eingegangen; in diesem Zusammenhang wird auf Mercurius hingewiesen als wichtiges Heilmittel bei nekrotisierender Tonsillitis und der Gefahr der Einschmelzung regionaler Hals-Lymphknoten.